JN437964

홍진속 紅塵

마음의 정화 淨化

홍진속 마음의 정화
紅塵 淨化

초판 인쇄 | 2016년 3월 2일
초판 발행 | 2016년 3월 9일

저 자 | 이종수
펴 낸 이 | 차영미
편 집 | 디자인그룹 여우비
펴 낸 곳 | 서정문학
주 소 | 서울시 강동구 풍성로 136, 삼성아파트 상가동 115호
전 화 | 02)720-3266 FAX | 02)720-3266
홈페이지 | http://cafe.daum.net/seojungmunhak.com
이 메 일 | sjmh11@hanmail.net
등 록 | 2008. 3. 10 제324-2014-000060호

ISBN 978-89-94807-45-4 04810
정가 12,000원

진솔한 삶의 철학이 행간마다 스며있는 이종수 작가의 네 번째 감성 수필 | 서정대표수필선 ③

홍진속 紅塵 마음의 정화 淨化

이종수 지음

도서출판 서정문학

서문

지난 2년간 틈틈이 써 온 글을 모아 이제 '홍진紅塵속 마음의 정화淨化'를 내놓게 되었다. 이로써 4번째 산문집이 되는 셈이다. 세월은 항상 유수같이 흘러간다. 사람이 어디에서 어떻게 생을 영위하던 잊지 말아야 할 것은 근본과 기본이다.

올해도 어김없이 결실의 계절이 다가왔다. 산천에는 모든 것들이 열매를 맺고 풍성한 수확을 준비하게 한다. 얼마 전 한가위도 지났지만 풍성한 수확을 앞두고 있는 농부들의 마음은 아직도 편치 않다. 결실이 끝나면 낙엽이 떨어지고 동면의 계절이 온다. 세상이 모두 숨죽이고 차갑고 힘든 어려움을 감내해야 한다. 인생의 어떤 주기 또는 굴곡이라는 것은 언제나 순환하고 되풀이되는 것을 인식하기도 쉽지 않은가 보다. 봄부터 그렇게 땀 흘리고 여름의 그 열기를 감내하면서 각고의 노력을 다했던 부분이 가을의 결실로 이어지게 된다는 것이 자연의 순리이고 섭리이고 이치인 것을 모두 알고 있지만 인생사도 그런 원인 관계로 점철되는 것에는 둔감한 것이 아닌가 여겨지기도 한다.

한창 세상을 떠들썩하게 하고 불안하게 했던 북쪽 움직임도 남북 고위급 회담을 통하여 해결의 실마리를 찾았다. 무릇 인간이 가장 두렵고 힘들어해야 할 것은 본성을 잃어버리는 것일 것이다. 세상에 고난과 역경을 겪어보지 않은 이가 어디 있겠으며 마음 아픈 상처를 갖고 있지 않는 이가 얼마나 되랴.

지난해 세월호 사고가 있었고 올해는 또 메르스사태가 빚어졌다. 경제가 저성장의 주기에 들어선 듯하고 우리 경제의 새로운 동력을 찾아 여러 모로 백방으로 노력을 다했지만 3%에도 미치지 못하는 성장세를 전망하고 있다. 그러나 우리 민족은 언제나 위기에서 국난극복의 저력을 발휘했고 극복해내는 능력을 가진 민족이다. 오늘날의 어려움과 위기도 그렇게 잘 이겨나갈 수 있으리라 믿는다. 인간의 의지, 힘, 열정, 자신감은 언제나 무궁무진하고 그 강력한 힘은 그 어떤 부분도 헤쳐 나갈 수 있게 해 줄 수 있으리라. 가을 하늘의 푸르름은 날로 더해가고 맑고 청정한 공기는 천고마비의 계절인 가을을 더욱 풍요롭게 한다. 얼마 지나지 않아 겨울이 다가오고 조락凋落의 계절을 맞이할 것이다.

얼마 전 가을여행을 한다고 해서 우리 부부가 설악산을 다녀왔다. 가을날의 설악산은 눈이 부실 정도로 멋진 모습을 간직하고 있었다. 아직 완전하게 단풍이 물들어 있지는 않았지만 경치는 일품이었다. 오랫동안의 가뭄으로 인해 천변은 말랐고 물들이 졸졸 흐를 정도였으며 바닥이 거의 드러나다시피 되어 있었지만 그것도 또 그런 대로의 운치를 보여주고 있었다. 우리만 그렇게 즐길 수 있을 것으로 여겼는데 그런 것도 전혀 아닌 듯했다. 세계 곳곳에서 우리의 명산 설악산을 찾고 있었고 즐기고 있었다. 진부령, 한계령 등도 이제는 다 터널이 뚫려 순식간에 오갈 수 있게 되었다. 산이 주는 편안함과 안락을 느꼈고 동해 바다의 깊은 파도소리 속에서는 세상사의 온갖 번뇌와 잡념을 떨쳐버릴 수 있었던 시간이었다. 뒤쪽에서 보는 설악산 울산바위의 우람한 모습도 세계의 절경에도 손색이 없을 지경이었다. 동해안 해안가의 파도는 하얀 포말을 일으키며 언제나 그렇듯 한결같게 밀려오고 또 밀려갔다. 철지난 바닷가라 한산하기 그지없고 밤바다의 적막은 더욱 처량해 보이기도 했지만 심신을 휴식하러온 이들에게는 더할 나위 없었다. 식사를 하기 위해 찾은 하조대는 고즈넉하기 그지없었다. 지역의 맛집으로 소문난 곳은 가는 곳마다 식도락가 마니아들 때문인지 북새통을 이뤘다. 이색적이 것은 옆 좌석에서 제법 연륜이 쌓인 듯한 수녀님 두 분이 수다를 떨며 맛있게 회를 먹고 있었다. 제대로 호사豪奢를 즐기는 듯했다. 비록 술은 없었지만 세속에 물들지 않고 고귀하게 길을 가고자 하는 의지意志가 느껴지기도 했다. 언제나 그렇듯이 산천은 변하지 않는데 사람은 모두 변화하고 늙어가는 것을 실감할 수 있었다. 잠시나마 한때 질풍노도의 시간을 겪었던 격동의 세월이 파노라마처럼 스쳐지나갔다. 서울에서 동해바다까지 장장 7시간의 수고 끝에 바라다 볼 수 있는 바다였고 파도였다. 황금 연휴 기간이라 너도나도 동해바다를 보러 나온 것으로 여겨졌다. 항상 느끼고 애써 강조해 왔던 것은 사람은 어디에 사느냐 하는 것보다 어떻게 사느냐 하는 것이 중요하다 라는 것이었다. 그런데 어느 순간 어디에 사느냐 하는 것도 어떻게 사느냐 하는 것만큼 중요하다 는 것을 깨치게 되는 데에는 그렇게 오랜 세월이 필요하지 않았다.

옛말에 이르기를 "사람이 나면 서울로 보내고 말이 나면 제주로 보내야 한다."고 했다. 역시 그것은 사람이 어떻게 사느냐 하는 것만큼 어디에서 사느냐도 많은 영향을 끼친다는 것을 반증하는 얘기라 할 수 있을 것이다. 맹모의 삼천지교도 그런 맥락에서 이해될 수 있을 것이다.

홍진이 가진 의미는 번거롭고 속된 세상을 비유적으로 이루는 말이다. 마음이라는 것은 너무나도 잘 알고 있는 데 그것이 뭔지는 잘 모르는 이들이 많다. 속설에 의하면 서양 사람들은 마음이 머리나 두뇌에 있다고 여긴다고 한다. 반면에 동양 사람들은 가슴속에 있다고 여긴단다. 이지적인 것이 인간의 본성에 더 가깝다고 여기는 것이 서양이라면 감성적인 부분이 더 인간의 본질에 충실한 부분일 수 있다는 의미를 담고 있는 것은 아닌지 모를 일이다. 정화라는 의미는 '불순하거나 더러운 것을 깨끗하게 한다.' 라는 의미를 담고 있다. 세상에서 마음을 깨끗하게 해서 지고지순한 상태는 어렵겠지만 그래도 맑고 밝고 착한 마음으로 순화시킨 상태로 유지될 수 있도록 하고자 하는 열의와 노력을 가지면서 사는 것이 필요하지 않을까 하는 생각에서 제목으로 정했다.

평소에 생각하고 염두에 두었던 인물이나 일상사 등에 관한 단편적인 소회를 적어 놓은 것들이라 그렇게 큰 의미를 갖고 있는 것들은 아닌 만큼 부담 없이 읽고 훌훌 털어버리면 될 것으로 여겨진다. 가을바다처럼 언제나 한결같고 일관되게 본성에 충실한 그런 모습의 인간이 과연 얼마나 될까. 이제는 일상사의 단조로움도 즐길 날이 얼마 남지 않은 상태이고 보니 마음도 종요로워지고 다급해지고 속절없어 지는 느낌이다. 새롭게 펼쳐질 앞으로의 남은 생에 많은 고민과 해법에 대한 모색이 계속적으로 있어야 할 것이다.

'호랑이는 죽어서 가죽을 남기고 사람은 죽어서 이름을 남긴다' 고 했는데 과연 얼마나 이름이 더 높여졌을지 고민해야 할 부분이다. '홍진紅塵속 마음의 정화淨化' 가 나오기까지 물심양면으로 도움을 아끼지 않은 가족들과 작가 이미애 선생의 아낌없는 지도 편달에 깊은 감사의 뜻을 전한다.

contents

제2부

제3부

제4부

제5부

제1부

카트린 드 메디치

검은 베일 속의 백합

얼마 전 우연한 기회에 '사람의 마음을 얻는 법' 이란 제하의 강의를 들을 기회가 있었다. 부제로 언급된 것이 메디치가의 사람들이었다. 350년을 이어온 중세 메디치가의 얘기에 얽힌 것이었다. 이탈리아 북부의 피렌체라는 곳에 근거지를 두었던 메디치가는 중세를 끝내고 르네상스가 발흥하는데 결정적인 역할을 한 것으로 유명했다.

기억해야 하는 핵심은 네 가지로 축약된다. 첫 번째는 손가락을 기억하라. 두 번째는 위기에 봉착했을 때는 정면 돌파하라. 세 번째는 인내하며 때를 기다려라. 그리고 마지막은 당나귀를 타고 간 코시모를 기억하라는 것이었다.

메디치가는 인문학을 열렬히 지원했고 걸출한 많은 인물들을 지원해서 문예부흥의 기초를 마련하는데 결정적 기여를 했다.

이 가문이 지원했던 인물이 마키아벨리, 레오나르도 다빈치, 미켈란젤로, 갈릴레오 갈릴레이, 아메리고 베스푸치 등 유수한 인물들이었다. 이로 인해 역사의 수레바퀴는 대전환의 기회를 갖게 되었다. 교황 두 명과 또한 왕비 두 명을 배출해서 역사에 이름을 길이 남긴 명문가로 자리매김하게 되었다. 최초로 식사를 할 때 포크와 나이프를 사용하게 했었고, 하이힐도 처음으로 도입하게 했으며, 오페라를 탄생하게 만들기도 했다.

존 보일이라는 이가 메디치가에 대해 남긴 말을 한번 음미해 보자. “메디치 가문의 사람들이 살아간 역사를 되돌아본다면 우리는 한편으로 그들을 존경하고 심지어 경외감까지 들 것이고, 또 다른 한편으로는 충격적이고 심지어 공포심까지 생길 것이다.”

처음 메디치가의 시작은 시골의 조그만 농장주에서 비롯되었다. 그러던 차에 은행업과 모직산업에 뛰어들게 되었다. 어떤 식으로든 은행업에 관여해야 돈을 벌 수 있다는 생각을 하게 되었고 새로운 자본주의 시대의 핵은 금융업이라는 것을 간파했다. 모든 재산을 팔아 피렌체로 이주했다. 영국, 네덜란드에서 양모를 수입해서 피렌체에서 염색 가공해서 다시 전 유럽에 판매를 해서 수익을 올렸다. 막대한 부를 축적하게 된 메디치가는 피렌체를 실질적으로 통치하게 된다.

그러던 중에 발다사레 코사라는 이가 나타나게 된다. 나폴리 출신의 해적이었다. 그러던 그가 명문 볼로냐대학에서 가짜 법학박사학위를 매입하게 된다. 다음으로 추기경을 매입한다. 그런 과정에서 필요한 자금을 메디치가의 은행이 대출하게 되면서 메디치가와의 인연이 시작된다. 첫 메디치은행의 고객으로 거래를 개시하게 된다. 그리고 1410년에 교황에 등극한 교황 요한은 23세로 취임한다. 1378년부터 1417년까지 30여 년간은 카톨릭 교회 분열의 시기였다.

세 명의 교황이 각각 활동을 하게 된다. 신성 로마제국의 개입으로 교회 통합을 위한 회의가 독일 콘스탄체에서 개최되고 1414년 마르틴 5세가 정식 교황으로 선출되면서 교황 요한 23세는 불법행위로 체포된다. 35천 플로린의 막대한 벌금도 함께 선고된다. 당시 중산층의 연수입이 150플로린이었다. 벌금액은 한 사람의 수입 총액에 맞먹는 것이었다. 메디치가문은 교황과의 신의를 지키기 위해 이를 대납한다. 그리고 망명생활에 필요한 자택과 생활비를 지원한다. 그리고 1419년 교황이 사망하게 되자 성 세례요한 성당 안에 교황 영묘를 제작해서 안치한다. 임종 직전 요한 23세는 자신의 마지막 재산인 성 세례 요한의 손가락을 기증한다. 이는 산타 마리아 델 피오레 성당 박물관에 전시되고 있다. 손가락은 무엇을 상징하는가. 메디치가문의 시작을 보라. 메디치 가문은 한번 맺은 신의를 결코 저버리지 않는다.

두 번째는 위기의 순간에 목숨을 건 정면 돌파를 선택하라. 로렌초 데 메디치라는 이의 얘기이다. 1478년에 파치의 음모라 해서 나폴리의 국왕 페란테가 사주해서 로렌초를 암살하는 시도가 있게 된다. 부활절 대성당에서 암살기도가 있었다. 다행히 로렌초는 살해의 위기를 모면하게 되나 대신 그의 동생 줄리아노가 살해된다. 그런 암살기도가 있은 이듬해에 페란테는 나폴리 교황군 연합군이 피렌체를 포위하게 되면서 항복 위협을 가하게 된다. 그때 로렌초는 배를 타고 프랑스로 원군을 구하러 간다. 그때 한 말이다.

"친애하는 원로 여러분, 위기와 절망에 처한 피렌체를 구하기 위해 이제는 말로써가 아니라 행동을 할 때가 왔습니다. 지금 우리 피렌체에 절실히 필요한 것은 평화입니다. 다른 모든 노력이 수포로 돌아간 지금, 피렌체가 더 큰 재난에 봉착하기 전에 제가 목숨을 걸 때가 왔다는 것을 깨닫습니다. 나폴리로 제가 가겠습니다. 저를 그토록 미워하고 죽이고 싶어하는 이들이 들끓는 그곳으로 제가 가겠습니다. 우리 피렌체에 평화를 가져올 수 있다면 적의 손에 저를 맡기는 것을 두려워하지 않겠습니다. 나폴리 국왕이 우리 도시에서 자유를 빼어갈 계획이라면 피렌체의 많은 사람들에게 그 재앙이 닥치기 전에 제가 먼저 그 최악의 순간을 맞이하겠습니다."

로렌초의 정면 돌파는 결국 원군을 데리고 오게 되었고 위기의 피렌체를 구하게 된다. 그것을 묘사한 것이 산드로 보티첼리의 작품 팔라스와 켄타우로스라는 것이다. 지혜와 승리의 여신 팔라스 아테나가 야만과 폭력의 켄타우로스를 제압하는 것을 묘사한 그림이다.

미국에서 9.11테러가 있었을 때 부시대통령이 그 현장으로 가서 외쳤다. "이 건물을 무너뜨린 사람들이 우리의 이 함성을 듣고 있다." 위기의 순간에 그것에 굴복하지 않고 그것을 극복하고자 하는 용기를 보여준 대표적 사례로 손꼽힌다.

다음 세 번째는 인내하고 때를 기다려라. 이는 카테리나 데 메디치(1519~1589)라는 왕비에 관련된 것이다. 마키아벨리의 가르침인 사자의 힘과 여우의 지혜를 언제나 기억했던 진정한 메디치 가문의 딸이었다. 메디치 가문의 두 번째 교황 클레멘트 7세의 후원을 받아 프랑스 왕자 앙리 2세와 1533년에 결혼한다. 피렌체 가문의 몰락과 교황의 서거로 불행한 결혼생활이 이어진다. 그녀는 이탈리아 여자라고 불렸고 시댁의 핍박을 받게 된다. "이 계집아이는 완전 알몸으로 내게 왔구나" 라고 프랑수아 1세의 한탄이 이어졌다. 앙리 2세는 미모의 애첩인 디안과 주로 생활을 하게 된다. 왕비가 의지했던 이는 세기적인 점성술사 노스트라 다무스(1503~1566)였다. 그의 예언은 이랬다.

"젊은 사자가 늙은이를 눕히리라. 싸움터에서 이상한 결투로 황금우리 속 그의 눈을 찌르리라. 두 집단의 하나 그리고 잔인한 죽음을 맞이하리라."

그녀는 그의 아버지가 헌정 받았던 마키아벨리의 군주론의 애독자였고 실천자였다. 최악의 상황에 처했지만 굳건히 자존감을 지켜갔고 피렌체 가문의 딸로서 자긍심을 잃지 않았다. 프랑스 왕비로서 또는 섭정왕후로서 역할을 충실히 수행해냈다. 종교전쟁의 와중에서도 30년 동안 프랑스를 실질적으로 통치했었고 지배했다. 부군이었던 앙리 2세의 죽음 이후 단호한 행동으로 왕실과 프랑스의 왕권을 장악하게 된다. 아들 세 명이 차례로 왕으로 등극하게 되고 영국, 스페인, 독일, 오스트리아 왕실과 사돈을 맺게 된다. 그녀의 좌우명은 "나는 빛과 평화를 가져온다." 그녀는 항상 검은 드레스를 입고 있었고 거의 웃지도 않았다. 그녀의 별명은 검은 베일 속의 백합이었다.

그녀는 여왕 마고라는 영화에서도 등장한다. 검은 드레스를 입고 30년동안 프랑스를 실질적으로 통치했던 분이었다. 마고의 어머니로 묘사되었고 조연이었지만 역사속에서는 주역이었다. 핍박과 인고의 세월을 굳건히 버텼고 자신의 원하는 바를 성취시킨 위대한 인물로 평가받고 있는 이가 바로 검은 베일 속의 백합이었다.

김유신

우리에게 너무나도 유명하고 말이 필요 없는 예전 삼국시대 삼국통일의 일등공신으로서 역사를 빛낸 위인의 반열에 올라있는 이가 김유신이다. 얼마 전 10월의 어느 멋진 날에 그의 탄생지를 방문할 기회가 있었다. 그곳 출신의 지인으로부터 그의 탄생에 얽힌 얘기까지 듣게 되었다. 대충 그 얘기를 간추려보자면 이러했다.

김유신의 아버지 김서현은 그 당시 각관 출신으로 하급관리로 있었던 낮은 신분이었다. 그런데 그의 부인이 된 만명 부인은 성골聖骨 출신의 고귀한 신분이었다. 가야국의 후손이었으며 장군 출신이었던 유신의 아버지는 만명 부인과 우연히 만나게 되고 첫눈에 반하는 사이가 된다. 그러나 신분의 벽을 뚫지 못한 둘의 관계는 순조롭지 못했다.

아버지는 만명 부인을 광에 가두고 자물쇠를 채웠다. 그러자 둘의 애처로운 사연을 알게 된 몸종이 광의 자물쇠를 부수고 만명 부인을 풀어주게 된다. 일설一說에는 벼락이 쳐서 광의 문이 열렸다는 얘기도 있다. 만명 부인은 김서현을 쫓아 줄행랑을 치게 된다. 우리나라판 로미오와 줄리엣이었다. 거의 이루어질 수 없는 사랑 얘기였고 애절함을 간직하고 있었던 신분의 벽을 뛰어넘는 연애담이었다. 김서현은 결국 만명 부인을 데리고 멀리 도망을 갔다. 그리고 정착을 한 곳이 진천이라는 곳이었다. 그리고 그곳에서 김유신을 낳았다. 김서현은 경진일庚辰日 밤에 형혹성熒惑星과 진성鎭星 두 별이 자신에게 내려오는 꿈을, 만명은 신축일辛丑日밤에 한 어린아이가 황금 갑옷을 입고 구름을 타고 집 안으로 들어오는 꿈을 꾸고 유신을 갖게 되었으며, 원래 경진일 밤에 서현이 꾼 태몽으로 얻었다 하여 이름을 경진으로 지으려던 것을, "날이나 달의 이름을 따서 이름을 지어서는 안 된다"는 《예기禮記》의 말에 따라, 경庚과 자획이 비슷한 '유庾', '진辰'과 발음이 비슷한 '신信'을 써서 이름을 유신이라 짓게 되었다.

김유신은 그곳에서 15살까지 성장하게 된다. 유신은 부모의 각별한 사랑을 받으며 무럭무럭 자랐다. 15살이 되자 화랑이 되어 전국 산천을 주유하며 심신을 단련하였고 얼마 후에는 화랑의 우두머리가 되었다. 그러던 와중에도 젊은 시절 한 때는 주색酒色에 빠져 지내기도 했다. 그러면서 작심을 하고 술집으로 가는 것을 끊을 결심을 하게 되었다. 그런데 평소 하도 자주 가던 길이었고 그것에 길들여진 말馬이 문제였다. 항상 가던 대로 술집을 향하여 가게 되자 유신은 그 자리에서 말의 목을 베어버린다.

다음은 김춘추와의 일화이다. 그는 유신보다 아홉 살이나 아래였다. 신분이 낮았던 유신에 비해 진골眞骨 출신의 고귀한 신분이었던 김춘추와는 비할 바가 아니었다. 둘이 축국을 하던 차에 유신이 춘추의 옷을 밟아 옷고름을 찢어버렸다. 그러자 유신은 춘추를 데리고 자기 집으로 가서 여동생에게 춘추의 옷을 꿰매게 했다. 유신에게는 두 여동생이 있었다. 첫째가 보희였고 둘째는 문희였다. 어느 날 첫째가

희귀한 꿈을 꾸게 되었다. 서악에 올라가 앉아 소변을 보니 소변이 흘러내려 경성을 가득 채우게 되었다. 동생인 문희에게 꿈 얘기를 했더니 동생이 대뜸 그 꿈을 자기에게 팔라고 한다. 그리고 비단을 한필 주었다. 얼떨결에 비단에 눈이 멀어 동생에게 소중한 꿈을 팔고 만다. 김춘추의 옷을 꿰매게 될 때에도 언니는 싫다고 한다. 반면에 동생은 흔쾌히 승낙해서 옷을 꿰매준다. 그런저런 사연으로 해서 김춘추는 유신의 여동생과 연분을 맺게 된다. 김춘추는 문희와 가깝게 지내게 된다. 그리고 깊은 관계에 빠진다. 처녀의 몸으로 임신까지 하게 된 문희를 본 김유신은 뒷마당에 불을 피운다. 그러자 이상히 여긴 선덕여왕과 김춘추가 사연을 알아보라고 한다. 그러자 그렇게 된 내막을 듣게 된 여왕은 누가 아이의 아버지냐고 김춘추에게 묻는다. 그러자 김춘추는 자신이 아이의 아버지라고 한다. 그러자 여왕은 곧바로 김춘추에게 가서 문희를 데려오라고 한다. 그리고 둘은 정식으로 결혼절차를 거치게 되고 결혼에 이르게 된다. 김춘추와 결혼한 얼마 후에 그가 왕으로 등극하면서 자동적으로 왕비로 된다.

김춘추는 당나라에 원군을 요청하러 갔다 오기도 한다. 김유신의 탄생 얘기를 해주던 지인에 의하면 김유신과 강감찬 장군이 있었는데 김유신의 태생지는 성지화聖地化가 되지 못했다. 그러나 강감찬은 낙성대에 모셔져 있고 성지화가 되었다. 그 차이는 김유신은 외세를 통해서 통일을 달성했기에 성역화가 되지 못했다고 해석하기도 했다. 김유신은 명민하기 그지없었고 총기발랄하고 뛰어난 무장으로서 지도력을 충분히 발휘하여 삼국통일의 위업을 달성히였고 죽은 후에 왕으로 추존된 유일한 인물이라고 한다. 백제와 황산벌 전투에서 초반에 상당히 고전을 하게 된다. 계백이 이끄는 오천결사의 완강한 저항에 속

수무책이었다. 계백은 자신의 패배를 예감하고 치욕적인 굴욕을 당할 것을 우려해 미리 처자식을 모두 죽인 후에 결전에 임하고 있는 상황이었다. 화랑 관창이 어린 나이에 선봉에 서서 맹렬히 적진을 향해 돌진한다. 사로잡힌 관창은 너무나 어린 나이여서 살려서 말에 태워 본진으로 보내진다. 다시 각오를 새롭게 한 관창은 다시 한 번 선봉에서 돌진한다. 그러자 이번에는 용서할 수 없다며 죽임을 당한 채 그 시신을 말의 안장에 묶어 신라군 진영으로 돌려보낸다. 그러자 신라군은 처참하게 죽은 시신을 보고 전의를 불태우며 임전무퇴臨戰無退, 결사항전決死抗戰의 각오를 새롭게 한다. 전투의지를 불태운 신라군은 파죽지세로 백제군을 섬멸한다.

혹자는 그렇게 얘기한다. 우리나라에는 세종대왕과 이순신을 제외하고는 그렇게 숭상 받고 존경의 대상이 되는 영웅이나 불세출의 위인을 찾아보기 힘들단다. 그러나 반만년 역사를 통틀어 본다면 숱한 영웅, 위인, 인물들이 명멸했을 것이다. 우리가 아직 제대로 발굴을 해내지 못하고 있는 것인지 모른다.

미국이라는 나라는 300년 정도의 짧은 역사를 갖고 있지만 수많은 영웅들과 위인을 갖고 있고 그들을 숭상해가는 것을 볼 수 있다. 현존하는 대통령들만 하더라도 그들의 숱한 실책과 악행을 저질렀다 할지라도 깊은 존경과 흠모하는 자세를 갖는 것에서 우리는 본보기로 삼아야 할 것이다.

이런 얘기가 있다. 존 F 케네디가 젊은 시절 몸이 약해 군에 입대할 수 있는 상태가 아니었음에도 그의 아버지는 기필코 신체적 약점을 보완해서 해군장교로 입대케 했다. 그가 해군장교로 근무하지 않았다면 결코 대통령이 될 자격이나 면모를 갖추지 못했을지 모른다.

그는 태평양전쟁 당시에 어려운 여건 속에서도 작전 수행 중 물에 빠진 부하들을 여럿 구해내는 전쟁영웅으로서 각광을 받았다. 이와 같은 전력들이 그가 대통령에 당선될 수 있는 밑거름이었을 것이다.

옛속담에 될성부른 나무는 떡잎부터 알아본다고 했다. 모든 이들이 영웅이 되고 위인이 되는 지도자로서의 자질을 다 갖추고 있는 것은 아니다. 그러나 그것이 빛나고 존경을 받을 때에는 누란의 위기에 빠진 나라를 구한다거나 아니면 위중지란에 빠진 부하를 구하는 것과 같은 아무나 할 수 없는 일들을 해내는 데서 지도자로서의 특출함이 돋보이게 된 것이다.

우리나라에도 이런 영웅, 위인, 인물들이 끊임없이 발굴되고 배출될 때 진정한 선진국으로 자리매김 되고 부러움의 대상이 되는 나라가 될 수 있지 않을까.

조선 책사

얼마 전 한창 공전의 흥행 기록을 남겼던 '관상'이라는 영화가 있었다. 그 속에서 관상가를 찾아간 한명회는 자신의 사후에 관한 얘기를 듣는다. 결국 사후에 그는 그렇게 다시 한 번 죽음을 맞이하는 부관참시剖棺斬屍를 당하게 된다.

오래전 오자서란 인물의 얘기가 전해지는데 거기에 부관참시에 관한 것이 있었다. 아버지와 형을 잃은 오자서는 복수의 칼을 갈고 오吳왕을 섬기며 호시탐탐 그 기회를 엿보았다. 그리고 세월이 흐른 후 결정적인 기회를 잡아 초나라를 쳐서 조왕을 부관참시하면서 자신의 복수극에 막을 내리게 된다. 타국에서 떠돌며 철천지한徹天之恨을 품고 살았던 오자서의 사무치는 원한이 해소된 것이다.

한명회는 세조를 왕위에 올린 일등공신이다. 칠삭동이로 태어나 제대로 주목을 받지도 못하고 음서로 공직에 취임하여 궁지기로 있던 이가 일약 최고의 공신으로 거듭나고 용의 여의주로 화해 혁혁한 공훈을 세우게 된다.

친구 권람의 소개로 수양대군을 알게 된 그는 제대로 용을 알아본 것이었다. 측근 30여 명을 천거하고 수양의 야심을 성취시켜 나가게 된다.

계유정난을 기획하고 실행하고 수양의 권력을 반석 위에 올려놓은 것이다. 계유정난은 그때 당시 실세라고 할 수 있는 김종서 등을 제거하기 위해 정변을 일으킨 것이었다. 그때 그가 작성한 것이 살생부라는 것이었다. 국가 비상사태를 맞아 대궐로 대신들을 불러들이는 과정에서 살생부에 적혀있는 이는 곧바로 죽임을 당해 황천길로 갔던 것이다.

이로써 수양의 입지는 굳건해졌다. 선위禪位의 형식을 빌려 왕권을 찾은 수양은 다음으로 단종복위운동을 빌미로 해서 사육신을 다 몰아세운다. 수양은 용이었고 여의주가 없었다. 그 여의주의 역할을 한 것이 한명회였다. 그는 조선 최고의 책사로 손색이 없었다. 세조가 되었을 때 그는 한명회를 그렇게 평했다. 나의 자방이라고 했단다. 한고조 유방의 최고 책사 장자방을 빗댄 것이리다.

세조가 왕이 된 후 명나라 사절을 환영하는 행사가 있었다. 이를 기회로 사육신은 세조를 몰아내고 단종을 복위시킬 음모를 계획하게 된다. 그러나 행사는 단출하게 치러지고 거사계획은 순연된다. 그러던 중 김질이라는 이가 음모 내용을 고변하게 되고 성삼문 등 사육신은 옥고를 치르고 결국 역모죄에 몰려 삼족이 멸하는 화를 당하게 된다.

한명회의 첫딸은 신숙주의 아들과 혼인을 하게 되고 둘은 사돈이 된다. 신숙주는 수양이 명나라 사은사로 가는데 동행하면서 세조의 권유를 받아 세조의 사람으로 변해가게 된다.

신숙주와 한명회는 세조의 두 축으로 작용하게 된다. 신숙주가 세조가 왕좌에 앉은 후에 왕권을 유지해 가는데 공훈을 세웠다면 한명회는 왕권을 세우는데 진력을 다한 것이다. 비록 그것이 반역이라는 맥락에서는 정당성을 확보하지 못했지만 그러나 왕권을 공고히 하는 데는 도움이 되었다.

한명회의 셋째 딸과 넷째 딸은 각각 예종과 성종의 정비가 됨으로써 한명회의 부귀영화와 권세는 더욱 공고해지게 된다. 두 딸이 비록 원자를 생산하지는 못했지만 한명회의 권세를 유지시켜 가는 데는 어느 정도 역할을 한 것이다.

어느 날 세조가 세자를 앉혀놓고 한명회와 신숙주가 마주앉아 정담을 나눈다. 그러던 중 세조는 신숙주에게 자신의 팔을 잡아보라고 한다. 한참 머뭇거리던 신숙주는 세조의 팔을 꽉 움켜진다. 얼떨결에 술에 취해 무심코 한 행동이었다. 그러자 세조는 세자에게 "너는 결코 이렇게 하면 안 된다."라고 이른다.

술자리가 끝난 후 한명회가 신숙주에게 "오늘은 집에 가면 책을 읽지 말고 일찍 잠자리에 드시오."라고 하자 영문도 모른 채 신숙주는 한명회가 이른 대로 그렇게 평소와 같지 않게 일찍 잠자리에 들었다. 후에 들린 얘기로는 내관이 신숙주 집에 들러 신숙주의 방에 불이 꺼진 것을 확인했다는 것이다. 불이 켜져 있었더라면 술자리에서 행동이 심히 불손한 행동으로 여겨졌을 것이라는 것이다. 신숙주는 집현전 학사였다. 세종의 총애를 받았고 집현전에서 탁자에 엎드려 자고 있는 모습을 보여 임금이 직접 자신의 호피를 벗어 덮어주었다는 일화도 전해진다. 그랬던 신숙주는 세종의 은총도 잊고 그렇게 변심을 했다.

아무튼 한명회는 엄청난 예지력을 갖고 있었고 실행력과 기획력을 갖고 세조를 왕위에 올리는데 충성을 다한다. 한때 남이장군 등의 위세에 눌려 잠시 권좌에서 물러나기도 했지만 그 외에는 순풍에 돛을 단 듯 일취월장日就月將하여 최종적으로는 영의정까지 오르게 된다.

그러나 성종조에 왕비가 일찍 죽고 난 후에는 권세에서 물러난다. 명의 사신을 접대하는 과정에서 소홀함이 있어 공직에서 물러나는 계기가 되기도 한다.

결국 말년에 그는 압구정에 은거하며 노후를 보내게 된다. 그러면서 천수를 누린다. 사후에 불미스러운 일을 당하기도 하지만 어쨌든 그는 수양을 왕으로 만드는데 최고의 역할을 해냈던 것이다.

역사는 승자의 편이라고 한다. 왕권을 확립하기까지 매순간이 살얼음판을 걷듯 아슬아슬한 순간의 연속이었다. 한 치라도 빈틈을 보인다면 언제 어떻게 상황이 돌변할지 모를 일이었다. 그런 속에서 일관된 계획을 가지고 그것에 좇아 일을 진행시켜 나갔고 그러면서 세조를 왕위에 올린 것이다. 세조는 왕이 되고 난 후에 병마에 시달렸고 자식도 일찍 죽게 되는 횡액을 겪는 등 어려움이 있기도 했다. 역사적으로 업적에 있어서도 왕권을 공고히 하고 초기 왕조를 굳건히 하는데 큰 역할을 한 것으로 평가되고 있다.

시대에 따라 사관에 따라 역사는 해석하기 나름이지만 조선 책사로서 손색이 없었던 것만은 분명해 보인다.

최영 장군 묘를 참배하면서

얼마 전 한파가 절정으로 치닫던 날이었다. 사무실 직원들과 오랜만에 외식을 하러 나갔다. 전날 회식이 있어 제법 술을 마신 후였기에 해장을 한답시고 인근의 대구탕 집을 찾았다. 여러 가지 메뉴 가운데 단연 인기가 있는 것은 생대구탕이었다. 가격도 꽤 비싼 편이었다. 주재료인 생대구가 국산이라는 것이 고객들의 선호도를 높여주었고 주문이 넘치는 주 종목의 메뉴였다. 미리 예약을 해두었고 끓여놓았던 터라 바로 식사를 할 수 있었다.

식사를 마치고도 나름의 여유가 있어 인근의 최영 장군 묘를 둘러보기로 했다. 이정표를 좇아 제법 올라왔다고 생각했는데 쉽게 찾을 길이 없었다. 눈대중으로 묘역 비슷한 곳을 뒤적이다보니 그럴 듯해 보이는 곳을 한군데 찾아서 무작정 올라가다 보니 그곳은 얼토당토 않은 성령대군의 묘역이고 사적지였다. 묘역 앞쪽으로 사당 같은 건물이 이어져 있었고 뒤편으로 묘역이 아주 잘 단장되어 있었다. 태종의 넷째 아들이고 세조의 동생으로 14세에 홍역으로 인해 돌이기신 대군이었다. 부인의 묘도 있었고 대군의 묘역답게 잘 관리되고 보존되는 듯했다. 제법 찬바람이 불고 있었고 얼마 전 내린 눈의 흔적이랄 수 있는 잔설이 고스란히 드문드문 남아 있었다. 인적은 드물었고 차도 거의 지나다니지 않는 외진 곳이었다. 아무튼 장군의 묘역을 찾아야 했기에 지나가는 차를 급히 세워놓고 장군의 묘역에 대해서 물어보았다. 좀 전에 되돌아 나온 막다른 길에서 걸어 올라가야 한다는 것을 설명 듣고 다시 좀 전에 빠져 나왔던 곳으로 되돌아갔다.

차를 주차해 둔 후에 주변을 살폈다. 조그만 팻말에 장군의 묘역에 관한 안내 표식이 있었다. 좀 전의 성령대군의 묘역과 참 대비되는 부분이었다. 그곳에서 600미터를 더 올라가야 하는 곳에 묘가 있었다. 가파른 산길을 10여 분을 올라가니 묘소 입구에 표식이 있고 안내 표지판이 나왔다. 돌로 된 계단이 죽 이어져 있었다. 장군의 아버지 가르침 중에 '황금 보기를 돌같이 하라' 라는 경구가 있었다. 청렴결백한 공직자로서의 기본자세를 깨우쳐준 것이었다. 고려 말 홍건적을 이방실 장군과 함께 물리쳤으며 제주도 민란도 평정하였고 왜군의 침략도 봉쇄한 역사에 길이 남은 업적을 세운 장군이었다.

묘역을 둘러보니 장군의 묘위에는 장군의 아버지이셨던 최원직 님의 묘가 위치하고 있었다. 고려의 혼란했던 말기에 고려를 지키기 위해 멸사봉공의 자세로 최선을 다했었지만 역사의 수레바퀴를 되돌릴 수 없었던 비운의 운명을 가졌었다. 이성계 등의 신진 사류 무리들이 명나라와 요동을 정벌하기 위해 출격할 때 고려왕을 지켜야 한다는 지엄한 명에 의거 궁궐에 남아 있었던 장군은 결국 신흥 세력의 위화도회군에 의해 졸지에 권좌에서 몰락하는 운명을 맞았다. 유배를 당해 위안리치 당하고 결국은 억울한 최후를 맞이하게 되었다. 비장한 각오로 죽음을 맞이한 장군은 그런 유언을 남겼다. 자신에게 허물이 없다면 자신의 무덤에 풀이 나지 않을 것이고 그렇지 않다면 풀이 날 것이라고 했단다. 1970년대에 이르기까지 풀이 나지 않았다. 그 이후부터 풀이 났다고 하니 그의 유언은 허언이 아니었던 듯하다. 73세까지 천수를 누렸지만 억울하게 생을 마감했고 말년에는 문하시중까지 올랐을 정도로 막강한 권력을 구가하기까지 했었지만 역사의 도도한 흐름을 바꾸기에는 어려움이 있었을 것이다. 이성계 태조도 그의 죽음에 대해서는 안타까워했고 비통해 했었다. 그는 조선 초기의 남이 장군과 더불어 무속인들에게도 숭배의 대상으로 추앙받고 있다. 고려 말 충신 삼인 중에 한 명이었던 야은 길재의 시조에 '오백년 도읍지를' 옮겨본다.

오백년 도읍지를

길재

오백년 도읍지都邑地를 필마匹馬로 돌아드니
산천山川은 의구依舊한데 인걸人傑은 간데 없네
어즈버 태평 연월太平烟月이 꿈이런가 하노라…

'고려 말의 태평성세가 이제는 끝나고 새로운 이조시대로 변화되어 개성을 말을 타고 돌아보았더니 산천은 변함이 없는데 그 예전 인재와 준재들은 다 어디 가고 없구나 아 태평성대의 옛 고려의 그 아름다웠던 시절이 꿈같이 그립구나' 하는 의미를 담고 있다. 이 인걸 중의 한 사람이 최영 장군이 아니었을까 여겨진다. 장군묘를 돌아본 다음날에 우연찮게 또다시 그곳을 찾게 되었다. 그것은 공교롭게도 같이 식사를 하게 된 이들이 죄다 최씨였고 그들의 선조라고 우겼고 그것이 빌미가 되어 다시 또 장군의 묘역을 찾게 되었던 것이다. 이제는 그곳을 제대로 알아서 찾아 참배를 하게 되었다. 그래서 약주를 준비해 가지고 갔다. 안내도 일사천리로 할 수 있었다. 참배를 온 후손들은 정중히 술을 따르고 참배를 했다. 장군의 아버님부터 장군까지 순례를 하고 참배를 했다. 옆에서 안내를 했던 우리도 덩달아 참배를 하기에 이르렀다.

한 시대를 풍미했고 일세를 구가했던 구국의 영웅이었던 이가 이제는 한줌의 준토가 되어 자리를 지키고 있었다. 일개 범부로 살아가는 이로서는 더없이 존경스럽고 흠모해 마지않는 분의 묘를 참배하면서 감회가 새로웠다. 운명運命이 다하고 쇠락衰落해가는 왕조를 지키고자 애를 쓰고 혼신의 힘을 다했지만 결국은 역사의 큰 물줄기를 바꾸진 못했던 것이다. 대하처럼 도도히 흐르는 흐름은 결국 그렇게 순리를 쫓아서 흘러가게 마련인지 모를 일이다. 역사의 수레바퀴를 되돌리는 사람은 엄청난 의지와 역량을 가지고 역사의 흐름을 되돌릴 것이다. 이제 지나고 보면 참으로 부질없는 망집에 휩싸였던 것이 아니었던가 하고 여겨질 수도 있겠지만 그 시대를 산 이들로서는 그 상황에서는 최선을 다했다고 항변할 수 있으리라. 역사는 강물처럼 그렇게 대의를 향해 꿋꿋하게 흘러갈 것이다. 어떤 것이 정의이고 어떤 것이 순리인지는 역사를 배우면서 스스로 터득해 갈 수밖에 없다. 역사의 수레바퀴를 돌릴 수 있는 자만이 역사 속에서 주체자일 수 있을 것이다. 주체자의 위치에서 역사의 수레바퀴는 아무나 누구에게나 허용되는 그런 부분은 아닐 것이다. 역사는 대의를 쫓아서 순응해가고 크나큰 섭리 속에서 흘러가는 것이리라.

화엄경에 이렇게 쓰여져 있다. "나무는 꽃을 버리지 않으면 열매를 맺을 수 없고 강은 강물을 버리지 않으면 바다에 이를 수 없다.” 지고지순한 가치의 실현을 위해서는 자기를 버리는 그런 희생위에서 꽃피울 수 있다는 의미로 다가온다.

최영 장군의 숭고한 뜻을 되새기면서 그 거룩한 정신이 빛날 수 있도록 오늘을 새롭게 살아야겠다는 생각이 든다.

빌리 엘리어트

엊그제 주말에 TV를 보는 과정에 전기현의 음악세상에서 빌리 엘리어트를 소개하는 것을 보고 불현듯 이 영화를 한번 보아야겠다는 마음이 들었다. 그래서 주말에 빌리 엘리어트를 감상하게 되었다.

대충의 줄거리는 이미 다 알고 있었던 터였다. 시작은 빌리가 할머니의 아침을 준비해 주는 것부터 시작이 된다. 11살의 소년 빌리는 더럼의 한 광산촌인 도시에 춤을 좋아하는 어린이였다. 아버지인 재키 엘리어트와 형인 토니 엘리어트는 광산에서 광부로 일을 한다. 어머니는 얼마전 돌아가셨다. 빌리의 일과 중 과외시간은 권투를 배우는 것이었다.

어느 날 권투도장에 발레 선생이 학생들을 데리고 들어오게 된다. 권투도장의 한쪽편에는 발레 연습장이 만들어진 것이다. 권투를 하면서 염증을 느꼈던 빌리는 호기심 가득한 눈으로 발레 연습을 하는 장면을 본다. 그리고 그 매력에 빠져든다. 그는 청일점으로 발레를 배우기 시작한다. 이를 알게 된 아버지는 아들에게 호통을 치고 다시는 발레를 하지 못하게 막는다.

아버지와 형은 광산의 광부노동조합에 가입해서 파업을 주도하는 위치에 서게 된다. 빌리는 남몰래 발레에 빠져들게 되고 그 실력도 일취월장하게 된다. 공교롭게도 발레학교의 오디션이 있게 되는 날에 형이 파업을 하다 경찰에 잡혀가게 되고 빌리는 결국 오디션에 불참한다. 발레선생 윌킨슨 부인으로부터 이런 내용을 듣게 된 아버지와 형은 다시 고민하기 시작한다. 아들을 위해서 배신자 소리를 들어가며 아버지는 파업에 불참하고 일터로 돌아간다. 빌리는 자신이 충분히 노력해서 여러 번의 턴을 하는 동작을 완벽하게 익히게 되는 순간 그 희열에 미소를 짓는다.

결국 아버지 앞에서 환상적인 발레 솜씨를 선 보인 빌리는 아버지의 마음을 고쳐먹게 만들고 발레에 전념하게 된다. 그리고 아버는 형에게 그렇게 얘기한다. 우리 빌리가 어쩌면 발레의 천재인지도 모른다. 할머니도 발레를 했었다. 그런데 가정형편으로 인해 그 꿈을 접어야 했다. 어머니도 피아노를 쳤었다. 아버지는 아들의 꿈을 접게 하기 위해 피아노를 부셔버린다. 빌리는 발레선생님으로부터 개인교섭을 받게 되고 실력이 일취월장되고 괄목상대刮目相對한 실력을 갖추게 된다.

발레 선생님 윌킨슨 부인은 백조의 호수에 얽힌 얘기를 들려준다. 낮이 되면 백조가 되는 여자가 있었다. 낮 시간에만 사람으로 있고 밤이 되면 백조로 변한다. 그러던 차에 왕자님과 사랑에 빠진다. 그런데 왕자는 변심을 하게 되고 다른 여자를 왕비로 맞게 된다. 백조는 진정한 사랑만이 자신을 백조에서 벗어나게 할 수 있고 사람으로 환생할 수 있게 된다고 믿었는데 왕자의 배신으로 그녀의 꿈은 산산조각이 난다. 주인공 백조는 울음을 울게 되고 슬픔에 빠져 절망하게 된다. 본래 백조의 호수의 발레에 줄거리는 간단했다. 조그마한 나라 왕자 지크프리트가 성년식 전날에 사냥을 나가 호수에서 백조를 쏠려고 할 때 왕녀 '오데트'가 나타나 이 조그마한 백조들은 본디 사람이었으나 악마의 마술에 걸려 낮에는 백조, 밤에는 사람의 몸으로 되돌아 간다는 얘기를 들려준다. 이에 왕자는 오데트를 사랑하게 되고 내일 있을 무도회에 초대한다. 그런데 동이 틀 무렵 아름다운 아가씨들은 백조가 되어서 날아간다. 무도회 날, 성년식 무도회에서 배필을 정하기로 한 독일의 왕자는 오데트를 기다리는데 나팔 소리가 울리며 그녀가 나타나지만 이 오데트는 악마가 자기 딸 오딜을 오데트로 둔갑시킨 것으로 왕자는 아무것도 모른채 오데트로 오인하여 그녀와 결혼할 것을 선언한다.

얼마 후 악마의 흉계가 드러나자 진짜 오데트를 찾아 호수로 가서 오데트에게 모든 것이 잘못되었다고 사과한다. 그러자 분노한 악마가 호수의 물을 넘치게 하여 왕자를 호수에 빠트린다. 그 순간 왕자가 "언제든지 당신을 위해 죽겠노라"고 외치자 이 진정한 사랑의 힘 때문에 마법이 풀리고 그들은 행복한 보금자리를 꾸미게 된다는 것이 주요 내용이다.

백조의 호수는 차이코프스키의 3대 발레곡인 잠자는 숲속의 미녀, 호두까지 인형 중 가장 많이 공연되는 곡이다. 그리고 세계적인 발레 3편에 백조의 호수가 들어가 있다. '백조의 호수, 잠자는 숲속의 미녀, 지젤' 이 그것이다.

결국 아버지는 발레 선생을 찾아가고 얼마나 비용이 드는지 등을 상의한다. 아버지는 돈을 모아 결국 런던으로 아들을 데리고 로열발레스쿨로 그들과 같이 오디션을 보러 가게 된다. 빌리는 연습한 대로 마음껏 실력을 발휘하게 되고 면접도 치른다. 그들과 같이 오디션을 보러온 친구를 쥐어박아 심사위원들을 혼란스럽게 하기도 한다. 심사위원이 묻는다. 춤을 출 때 기분이 어떠냐고 한다. 그러자 빌리는 기분이 좋단다. 그리고 전기가 주는 충격처럼 그런 느낌을 받는단다. 그리고 새처럼 날아가는 기분이 든단다. 아버지는 심사위원들이 전폭적으로 지원할 것인가라고 문의하자 그렇다고 확신에 찬 목소리로 답변한다.

드디어 심사결과가 우편으로 통보된다. 모든 가족이 식탁에 앉아 있다. 빌리는 학교에서 돌아와 편지를 집어들고 다른 방으로 가서 읽어본다. 오디션 결과 합격이 통보된 것이었다. 아버지는 마을의 술집으로 달려가 아들의 합격을 알린다. 그런데 광부들의 파업이 종결되었다는 소식을 듣는다. 빌리는 가방을 가지고 가족들과 작별을 고하고 발레학교로 떠난다. 그의 친구와 작별을 고하고 가족들과도 별리한다.

수년의 세월이 흐른 후 빌리는 드디어 무대에 서게 된다. 아버지와 형은 그것을 보기 위해 극장에 들어간다. 옆에는 빌리의 친구가 장성해서 앉아있다. 아버지는 종사직원에게 가족이 와 있다는 것을 빌리에게 전해 달라고 한다. 드디어 빌리가 등장한다. 무대로 나온 빌리는 한 마리의 백조처럼 그렇게 비상하고 도약한다.

빌리 엘리어트는 실화를 바탕으로 제작되었다. 필립 마스든이 그 실제 주인공이란다. 영화를 보는 내내 힘든 현실과 대항해 자신의 뜻을 이뤄가고 성취시켜 가는 것에서 인간승리의 전형을 보는 듯했다.

우리나라 발레리나 강수지의 성공도 생각났다. 수천 켤레의 신발을 닳게 했던 그녀의 발도 기억나게 했다. 영국 영화로 영국의 아카데미 주연상 등을 수상한 수작으로 정평이 나있다. 한 발레리노의 빛나는 성취와 성공을 한편에 담고 있는 감동적인 영화라 아니할 수 없었다.

빌리 엘리어트는 뮤지컬로도 공연되고 있고 소설로도 출판되기도 했다. 처음에는 댄서라는 제목이었다가 변경이 되었단다. 아무튼 인간의 의지의 위대성이 빛나는 것을 보여준 명작이라 할만했다.

토요일 밤에
티브를 보면서
TEARS
Tears
TTL
피도
피초
8282
편지
흙에 살리라
흰구름 먹구름
011-274-3039
010-9335-3039
www.crfont.com

S군의 형극 같았던 삶

그는 전쟁이 끝나가던 해에 태어났다. 위로 형과 누나가 있었다. 김천군 증산면의 조그만 시골 농가에서 평범하게 첫울음으로 시작했다. 10여 리 떨어진 곳에 있었던 초등학교를 다녔다.

증산면은 성주군과 인접해 있었고 김천에서도 꽤 멀리 떨어진 외진 곳이었다. 면소재지 내에 초등학교가 세 곳이 있었다. 한 학교에 보통 300명씩 있었으니 무척 많은 편이었다. 지금은 오로지 한 초등학교만 명맥을 유지하고 있고 60명 정도 수준이라고 하니 격세지감을 느끼지 않을 수 없다.

중학교를 갈 때가 되었는데 형편이 그리 썩 좋지는 않았다. 집을 떠나는 수밖에 도리가 없었고 정상적으로는 학비 등을 마련할 길이 없었다. 그래서 그는 부산에 있는 B중학 야간부에 입학을 했다.

밤에만 학교를 가면 되었기에 낮에 여러 가지 경험을 해볼 수 있었다. 물건을 팔러 다니기도 했고 신문을 돌리는 것도 하고 다양한 경험을 통해 세상을 익혔다. 친구의 학자금을 밑천으로 해서 둘이 서울행을 감행하기도 했다.

고등학교는 고향 부근의 한 학교에 들어갔다. 그리고 학교의 소사로 취업을 했다. 그것이 고등학교 2학년 때이니 참 어린 나이에 공직에 들어선 것이었다. 고등학교를 졸업하고 공채로 9급 공무원이 되었다. 그로부터 39년의 공직생활이 시작된 것이었다. 군에도 가기 전이었으니 앳된 나이에 사회 첫발을 내디딘 셈이었다.

첫 부임지는 진주였다. 1년 여를 근무한 후 부산으로 발령을 받았다. 그리고 얼마간 근무를 한 후 군에 들어갔다. 군은 자원입대를 한 것으로 공군을 지원해서 입영했다. 근무기간이 더 길었지만 그 길을 택했다. 군복무 3년을 마치고 다시 부산의 체신청 산하기관에 복직했다. 그리고 얼마 후에 제주도로 발령을 받았다. 홀로 생활하기가 힘들었기에 모친이 밥을 해주러 와 있었다. 그러면서 어머니의 엄명은 되도록 제주도 여자와는 사귀지 마라는 것이었다. 제주 근무를 마치고 발령을 받은 곳은 부산이었다. 그리고 나이가 차다 보니 맞선을 보고 결혼까지 하게 되었다. 80년대 초였다.

결혼 후 얼마 있다가 발령을 받은 곳은 울릉도였다. 둘이 울릉도로 들어갔는데 나올 때에는 넷이 되어 나왔다. 아들과 딸을 얻어 나왔다.

그곳에 있을 때 당한 일이라고 했다. 교육을 받으러 갔는데 다른 직원에게는 상사가 열심히 하라고 얘기도 해주고 권고를 해주는 데 자신에 대해서는 홀대를 하더란다. 그래서 독기를 품고 교육을 받으면서 밤낮으로 공부에 매진했단다. 24명의 교육생이 있었는데 성적이 1등이었다. 그래서 상장과 부상을 받았다.

그것을 들고 처갓집을 찾아가 장인께 보여주었더니 장인이 좀 안심하는 눈치였단다. 그리고 얼마 후에 장인어른이 돌아가시게 되었다. 참으로 안타까운 일이었지만 그래도 장인은 사위를 듬직하게 여겼고 자랑스러워 하셨으리라 믿었다. 그 다음으로 근무하게 된 곳은 봉화였다. 집은 서울에 얻어두었다.

초등학교 동창생 중에 연배가 좀 있는 이가 있었는데 농아로 장애아였다. 이 사람에게는 형도 있었는데 그도 농아였다. 두 사람을 데리고 봉화의 한 한약방을 찾았다. 그리고 약을 지었다. 그런데 약값은 외상인 셈이었다.

그런 연유로 해서 돈은 없고 갚을 방법을 생각하다 묘책을 낸 것이 일을 해주는 것이었다. 그곳에서 기식을 하면서 틈나는 시간마다 약방 일을 도운 것이었다. 그는 같은 성씨였고 아들을 낳게 하는 효험 있는 약을 지어주는 것으로 평판이 자자했다. 6개월간을 그 집에서 기식을 하며 약재도 썰고 약봉지도 싸고 처방전도 써주는 등 잡일을 했다.

그곳에서 그는 방송통신대학을 거쳐 안동대학의 대학원 과정을 다녔다. 그리하여 석사학위를 취득했다. 그리고 근무하게 된 곳은 보은이었다. 속리산이 속해 있는 곳이었고 국립공원으로 지정되어 있는 곳이었다. 최초로 충청도에서 근무를 하게 된 것이었다. 그리고 서울로 올라와 본청에서 근무를 했다. 그것은 보라매공원 내에 소재해 있었다. 그러던 차에 중국을 갈 기회가 있었다. 아들은 고등학교 2학년이었다. 가느냐 그냥 남느냐 등으로 한참을 고민했으나 결국 가는 것으로 해서 결정을 내렸다. 대학입시가 코앞인 상황에서 외국행이 쉽지 않은 결정이었으나 잘 따라 주었다.

아들은 고등학교를 졸업하고 입학을 북경대학 정치학과에 들어갔다. 그 후 2년이 지난 후에는 다른 남쪽 대학에 편입해서 졸업을 했고 한국에 들어와서는 서울대 국제정치대학원에서 수학해서 석사학위를 받았다. 아들은 컴퓨터, 자동차 등에 굉장한 집중력을 발휘했다. 학업을 마치고 군복무는 해외로 신청해서 나이지리아에서 근무를 했다. 그로 인해 영어, 중국어가 다 소통가능하게 되었다. 군복무 후 취업은 한국중공업에 취업을 했고 3년 후 아리따운 아가씨를 만나 결혼까지 했다.

딸도 중국에서 대학을 마쳤고 한국에 돌아와 얼마간의 직장생활을 하던 중에 현재의 남편을 만나 오빠보다 먼저 결혼을 했고 지금은 예쁜 딸을 낳은 엄마가 되었다. 사위는 처음에는 삼성에 취업해 얼마간 직장생활을 했으나 관두고 생산성본부에 경력사원으로 채용되어 현재에 이르고 있다.

중국으로 간 그는 박사학위를 취득했다. 그리고 다시 복직해서 근무를 하다가 인천기상대장이 되었다. 그러다가 제주 성산포 기상대장을 했다. 마지막에는 천안기상대장으로 마무리가 되었다.

지난 1년간은 공로연수를 했고 금년 6월 말일 자로 정년을 마감했다. 파란만장했고 굽이굽이 굴곡투성이였던 공직생활 39년의 종지부를 찍게 된 것이었다. 녹조근조훈장을 받았다. 평생을 공직에 봉직한 것이었다. 퇴직 후 바로 다음 달부터 연금을 수령하게 되었다. 적지 않은 금액으로 부부가 생활하기에는 불편함이 없었다. 어려운 가운데서도 홀로 자신의 삶에 최선을 다하고 잠시도 쉬지 않는 배움의 열정을 쏟았기에 더할 나위 없이 값지고 성실하고 복된 인생이었다고 생각된다.

앞으로도 계속해서 S군은 그 식지 않은 열정을 품고 사회에 그의 특출했던 경험과 능력을 환원할 수 있는 또 다른 기회로 삼기를 기대해본다.

버큰헤이드호와 진정한 용기

오늘까지도 세월호에서 생존자의 구조소식은 없었다. 참으로 안타까운 일이고 가슴 아픈 일이다. 모든 국민이 갈구하고 기도하고 소원하고 있지만 기적은 좀처럼 일어나지 않고 있다. 국가 개조론이 나올 만큼 반성과 자책과 자학의 목소리가 온 나라를 뒤흔들고 있다. 구조를 하던 민간 잠수사의 안타까운 얘기도 더한 슬픔을 안겨주고 있다.

이제는 우리의 지나온 역사와 과정을 되돌아볼 때가 된 듯하다. 고속 성장이었고 한강의 기적이었고 불가능을 가능케 한 경제성장을 이루었지만 이번 세월호 참사를 계기로 우리가 잊고 있었던 것을 회복하고 되찾고 차근차근 정비해 가야 하는 것을 짚고 넘어가야 할 것만 같다. 기본부터 잘못되어 있었고 그 기본을 바로잡아야 하는 관이 더 진흙탕에 빠져 있었으니 그런 사고가 언제든 일어날 위험성을 엄청나게 많이 안고 있는 사회를 살아온 것이다. 대한민국이 싫어 이민을 떠나고 어떤 이는 하늘나라로 가는 극단의 선택을 하는 그런 나라가 이 대한민국인가 말이다.

영국은 오랜 전통을 갖고 있는 신사의 나라이다. 그들에게 이어져 오는 전통 중의 하나로 "버큰헤이드호를 기억하라"라는 것이 있다.

해군수송선 버큰 헤이드호는 630명의 군인과 승객을 태우고 남아프리카 공화국으로 가고 있는 중이었다. 케이프타운 66킬로미터를 앞두고 새벽 2시에 암초에 부딪쳤다. 배는 두 동강이 났고 절대 절명의 순간이었다. 선장 시드니 세튼은 전 병력을 갑판 위에 집결시켰고 부동자세로 서 있게 했다. 구명정은 세척이었다. 정원 60명이었으니 탈 수 있는 인원은 180명이었다. 맨 먼저 태운 이들은 여자와 아이들이었다. 가족이 130명 정도였다. 그들이 다 구명정에 탔다. 그리고 그들은 부동자세로 꼿꼿이 배와 함께 침몰하는 장병들을 보며 울음을 삼켜야 했다. 배가 가라앉은 후 선장은 널빤지 하나를 붙잡고 있었다. 그러던 중 두 명의 선실 보이가 물속에서 허우적거리는 것을 보고 그 널빤지를 넘겨주고 자신은 배와 함께 수장되었다고 한다.

그가 남긴 말을 음미해보자. "나는 내 아들에게 부끄러운 아버지가 되고 싶지 않다. 이곳에서 자네들과 함께 끝까지 명예롭게 운명을 같이 할 것이다."

구조선은 다음날 나타났다. 사망인원 436명, 구조인원 194명이었다. 구명정에 탄 인원을 제외하면 구조인원은 거의 14명에 불과한 실정이었다. 그들은 그 어느 누구도 구명정을 향해 헤엄치지 않았다고 한다.

다음은 그때 생존한 한 장교의 말이다. "우리는 모두가 다 선장의 명령에 따랐습니다. 그 명령은 우리에게 죽으라고 하는 거나 다름없었지만 그것을 잘 알면서도 우리는 평소처럼 상관의 명령에 따랐던 것입니다. 그때 우리가 보여준 의연함은 상상을 뛰어넘는 것이었습니다. 저는 어린이와 여자들을 살리기 위해 자기 목숨을 버리는 쪽을 선택하여 부동자세로 서 있었던 병사들과 함께 남자답게 행동했다는 사실이 너무나 자랑스럽습니다."

-존 우라이트 대위의 회상-

다음은 와이더너 부자에 관한 얘기를 들어보자. 1912년 타이타닉호를 탔던 와이더너 가족은 필라델피아의 억만장자였다. 배가 침몰하는 순간에 그렇게 속삭였다고 한다. '버큰헤이드호를 기억하라' 고 말이다. 억만장자 부자는 부인과 하인을 구명정에 실어 보내고 배와 함께 그 운명을 같이했다고 한다. 이후 살아남은 부인이 아들의 모교인 하버드에 도서관을 지어 기증했다. 그리고 그 하버드의 와이더너 도서관은 3백만 권의 장서를 보관하고 있고 365일 동안 언제나 꺼지지 않는 불을 켜놓고 있고 그 불빛에 의해 오늘의 미국이 성취된 것이라고 한다.

그들은 자랑스럽게 그렇게 얘기한다고 했다. 지구상에 종말이 온다고 할지라고 이 도서관만 있다면 우리는 모든 것을 새롭게 창조해 낼 수 있다고 말이다.

왜 우리에게는 이러한 위대한 전통을 가진 조상을 갖지 못했는가를 반성해야 하리라. 후손에게 부끄럽지 않는 아버지로 기억될 수 있도록 매사에 진중하게 처신하는 것이 필요한 것이다.

이제는 제대로 선진화된 나라 문화강국 어느 누구도 손가락질 못하고 존경하고 우러러볼만한 국격을 갖춘 그런 나라를 만들어 가는데 온 힘을 모아야 할 것이다. 전쟁에서의 패배는 병가의 상사라고 한다. 그러면 그런 일이 반복되고 계속되게 해서는 안 되는 것이다.

왜 전쟁에서 졌는지를 깨우쳐야 하고 그런 전철을 되풀이 하지 않기 위해 모든 노력을 다해야 하고 진력을 다해야 할 것이다. 패배의 쓰라림을 가슴에 안고 절치부심해서 다음에는 기필코 그 적을 무너뜨릴 수 있는 힘을 배양하지 않으면 결국 패망의 길로 갈 수밖에 없게 된다.

세계가 부러워하는 그런 나라를 만들기 위해서 기초부터 차근차근 새롭게 모든 것을 혁신할 필요가 있다. 법과 원칙 기준과 기본을 무시하는 만연되어 있는 관행을 모두 없애고 기초생활적인 것에서부터 하나하나 모든 것이 바로 설 수 있도록 만들어가는 것이 선행되어야 할 것이다. 기본적인 철학 세상을 사는 지혜 철칙이 무너지지 않도록 모든 수단과 방법을 강구해서라도 우리의 의식 속에 고질적으로 박혀 있는 것들을 다 깨부수고 조직을 위해서 사회를 위해서 국가를 위해서 해야 할 역할과 의무에 최선을 다하고 자신에 주어진 업에 관해서도 투철한 사명감과 자존감을 갖고 임할 수 있는 그런 올곧은 나라를 가꾸어가야 할 것이다.

교묘하게 법망을 피하고 파렴치하고 몰염치한 그런 사람이 잘살고 대우받고 존경받는 그런 사회가 아니라 바른말이 넘쳐나고 그런 말을 수용할 줄 아는 인물들이 주도하고 이끌어가는 정의가 바로 선 사회를 만들어가야 할 것이다. 머나먼 미래를 내다보고 세계를 주름잡는 선진대국으로의 지향을 위한 비전을 설정하고 세부적이고 구체적인 추진 방법과 세부 실천계획을 마련해서 차근차근 단계를 밟아서 발전과 도약을 이루어 나가야 하리라.

진정한 용기를 보여준 버큰헤이드호를 잊지 말아야 할 것이며 와이더너 부자의 거룩한 희생도 깊이 새기면서 그런 이들이 넘쳐나는 나라를 만드는데 우리의 정성과 노력을 다해야 하리라.

1
지리산의
메아리
2
지리산의
메아리
3
지리산의
메아리

존경하옵는 조선배님 귀하

안녕하십니까.

저는 농촌사랑 지도자 연수원 부원장으로 근무 중인 이종수라고 합니다. 이렇게 지면으로 인사 올리게 되어 대단히 송구한 말씀부터 올립니다. 무덥던 여름의 폭염이 지나고 이제는 제법 아침저녁으로 선선한 가을바람이 불어올 정도로 시원해진 듯합니다. 건강하고 편안하게 잘 지내고 계시는지요.

얼마 전에 선배님이 저술하신 지리산 메아리를 받아보고 열심히 읽어보았습니다. 저희 연수원이 독농가 연수원에서 시작해서 새마을 연수원으로까지 발전했고 새마을운동의 발상지로 역할을 했다는 것을 처음으로 알게 되었습니다.

저는 1986년 입사하여 선배님을 직접 뵈올 일은 없었지만 그 명성은 익히 들은 바 있습니다. 제가 모셨던 분 중에는 선배님의 까마득한 후배 되시는 A모 조합감사위원회 위원장도 있었고, B모 한국화훼농협 상임이사도 있었습니다. A모 위원장의 실형이신 C모님에 대해서도 면식은 없습니다만 제 집사람이 성모병원에서 소화기 계통의 수술을 받을 때 집도하신 적이 있어 그 높으신 고명高名은 보통사람들의 존경을 받기에 충분했던 듯합니다. 김추기경님의 주치의로도 활약을 한 바 있다고 들었습니다. 선배님이 저술한 책에 나와 있는 이로는 임모군이 저와 입사동기였고 자재부에서 같이 몇 년 동안 동고동락했던 적이 있었습니다. J모 회원종합지원부장은 요즘에 부회장실에서 개최되는 매주 화요일의 정기회의 때에 만남을 갖고 있습니다. 농민신문사에 근무하던 때에 모셨다는 얘기를 들을 수 있었습니다.

저는 태어나기는 의령군의 시골 벽지 농촌에서 태어났습니다. 학창시절 대부분을 부산에서 보낸 탓에 농촌에 대한 애틋함은 그리 많이 갖고 있진 못합니다. 전공을 법학을 한 탓에 농업에 관해서도 무지한 편입니다. 농업인의 편익을 증진시키고 삶의 질을 향상시켜야 한다는 협동조합의 이념에 투철한 이념무장이 되어 있지도 않습니다. 28년 동안 농협생활을 통해서 나름대로는 주어진 여건과 상황 하에서 최선의 노력을 경주한다고 했습니다만 부족함이 많았습니다. 천학비재淺學非才한 제가 선배님처럼 그런 훌륭한 업적을 쌓은 것도 아니고 탁월한 역량을 발휘한 것도 아닙니다만 제가 살아온 흔적을 글로 만든 세 권의 책을 내었습니다. 그래서 선배님께 우송해 드리오니 시간이 나시면 한 번 훑어봐 주시기를 바랍니다. 책은 1권이 『푸른 노을』, 2권이 『색다른 낯설음 저 너머』, 3권이 『심향에로의 여정』이라고 제목을 정했습니다. 짤막한 단편으로 엮어져 있으니 부담 없이 일독一讀하실 수 있을 것으로 사료思料됩니다.

저희 연수원 앞에는 권태헌님의 동상이 세워져 있습니다. 처음 협동조합의 시작을 위해 노력하시고 농협학원의 초석을 다졌던 것으로 그 노고가 이루 말할 수 없을 것으로 여겨집니다. 제가 아는 원로 분 중에는 새농민회 회장을 하셨던 윤회장님이 있습니다. A교육원에 팀장과 부원장으로 근무하면서 자주 뵈었습니다. 제가 기억하는 원로직원으로는 S모, H모, L모님 등이 있습니다. 제가 모셨던 부장으로 J모님이 있었는데 투철한 운동가의 성향을 가지고 있었던 듯합니다. 함석헌 님의 '뜻으로 본 한국역사'를 읽고 서울대학의 농과대학으로 방향을 전환했다는 말씀을 들은 적이 있었는데 그 부분은 선배님과 유사한 공통점이 있는 듯합니다.

N모 선생은 서울지역 본부장일 때 저는 서울시내 지점의 출납담당대리로 근무했었습니다. P모 부장님도 상당히 뛰어난 업적을 남기셨던 듯합니다. H모 사장도 4년 정도 같이 근무했고 부장과 원장으로 모셨던 분입니다. 이제는 다 내려놓으시고 전북대학교에서 강의전담교수로 활동하고 있습니다. 우리 젊은 후배들이 선배들의 그 협동조합에 대한 열정과 신념 그리고 업무추진력에 반에 반이라도 따라가야 하는데 그렇게 미치지 못함에 대해 송구스럽기 그지없습니다.

협동조합의 정체성 또는 강점 성공 DNA 등에 대해 논의도 하고 어떤 핵심적인 요소들을 부각시키고 직원들에게 몰입될 수 있도록 노력을 기울이고 있습니다만 2012년 사업구조 개편 이후 상당히 퇴색되고 있고 무뎌지고 있는 것을 느낄 수밖에 없는 것이 현실인 상황입니다. 언젠가 기회가 된다면 선배님을 한번 뵈올 기회를 갖도록 하겠습니다. J부장도 2007년 이후 연락이 두절되었다고 했습니다.

항상 건강하시고 하시는 일 모두 다 잘 풀려나가시길 기원 드리며 편안한 생활로 무탈하게 지내시길 바랍니다. 안녕히 계십시오. 감사합니다.

2014. 8. 12

농촌사랑지도자연수원 부원장 이종수 올림

진짜 형사

오랜만에 여유로웠던 한가위 연휴 닷새가 끝났다. 여유로움 속에서 모처럼 미드 한편을 보았다. 제목은 진짜형사True detective다. HBO에서 방영된 것으로 매회 시청률이 경이적이었다. 시즌2가 9월부터 촬영에 들어가고 콜린 파웰과 테일러 키치가 주인공으로 내정되었다는 얘기도 있었다. 방영은 내년 여름이라고 하니 1년을 기다려야 할 것이다. 하루 온종일을 투자했다. 총 8편이었다. 루이애나주에서 벌어진 엽기적인 살인사건을 다룬 것이었다. 기존의 수사극과는 차원이 다른 것이었다.

첫 얘기부터가 가공할 만큼 엽기적이었고 잔뜩 호기심을 부추길만 했다. 한 여자가 나무 앞에 두 손이 묶인 채 꿇어 엎드린 자세로 변사체로 발견되었다. 그녀는 알몸인 채였고 머리에는 사슴뿔로 장식이 되어 있었다. 또한 등에는 무슨 회오리 같은 표식이 되어져 있고 몸의 여러 곳에 자상을 입은 채였다. 감식을 해보니 마약의 일종인 SD에 중독되어 있었고 28세의 매춘부로 밝혀졌다.

두 형사는 파트너로 만난 지 불과 3개월도 채 되지 않은 때에 사건을 맡게 되었다. 그것은 1995년도의 일이었다. 두 형사는 이제 형사도 사직한 상태로 각자가 1995년의 사건의 경위에 대해 심문을 받는 형태로 스토리가 진행된다.

한 형사는 러스트 콜매튜 매커너히 이라는 형사고 또 다른 형사는 마티 하트우디 해럴슨이다. 한국판 살인의 추억과 유사하다고 한다. 러스트는 태어나기는 남부도시에서 태어났으나 어머니가 일찍 돌아가시게 되자 아버지와 함께 알레스카에 가서 어린 시절을 보내게 된다. TV도 못 보고 자연과 더불어 자란 것이었다. 그리고 다시 남부로 돌아와 형사가 되었다. 까칠하기 그지없고 상사고 동료가 성질을 건드리면 골치 아픈 형사였다. 오로지 마티 만이 유일한 친구였다. 그러나 범인을 심문하는데 있어서 일가견이 있는 이였다. 한번 그의 심문을 받게 되면 모조리 다 토설하고 자백하게 만드는 천재적인 능력을 발휘한다. 그림도 잘 그리며 상당히 철학적이고 한번 몰입하면 끝까지 파헤치고 마는 집념을 보여준다. 결혼해서 몇 년간 살았는데 아이가 교통사고로 죽자 아내와 결별하고 계속 혼자 살게 된다. 마티의 부인이 여자를 소개시켜주기도 해서 한때 관계를 이어가기도 하나 곧 헤어지기도 한다.

마티가 콜을 집으로 초대한다. 그런데 콜은 술을 한잔 한 상태였다. 동료 형사의 호출로 빨리 집을 떠나라고 종용하지만 그는 그대로 남아서 얘기를 나눈다. 사적으로 서로간의 간섭을 극도로 싫어하는 콜과 그래도 어느 만큼은 파트너로서 알건 알자고 하는 마티는 서로가 잘 맞지 않다는 것을 알면서도 서로를 존중하고 믿고 의지하게 된다.

마티는 법원의 서기 일을 하는 여자와 바람을 피기도 한다. 두 형사와 무도장에 가서 부인과 여자 친구가 한잔 하는 자리에 마티의 애인이 다른 남자와 같이 있는 것을 보게 된 마티는 분노를 참지 못하고 애인의 집으로 가서 한바탕 소동을 피운다. 열 받은 여자는 그와의 관계를 마티의 부인에게 폭로한다. 이로서 마티는 위기를 맞게 된다. 그리고 콜의 집 2층에서 기거한다.

두 형사는 사건을 집중적으로 조사해서 남부 늪지 해안가에 있는 창녀촌을 가보기도 하는 등 수사에 박차를 가한다. 마약을 제조하는 이와 관련이 있다는 것을 알게 된 콜은 마약반에서 근무했던 것을 기화로 다시 마약 제조업자들에게 잠입하려 한다. 그러자 마약업자는 그와 함께 범행을 하자고 하고 흑인들이 마약을 만드는 곳을 급습한다. 그러나 일이 틀어지고 콜은 마약중개상을 데리고 탈출한다. 그리고 결국 범인을 찾는데 성공한다. 원래는 다른 형사들의 도움을 받아 습격을 하려 했으나 그곳에는 핸드폰도 두절된 곳이라 결국 둘이 잠입한다. 곳곳에 부비트랩이 설치되어 있고 지뢰도 매설되어져 있다. 범인은 둘이 있었는데 체포에 성공한다. 그러나 마티는 분노를 참지 못하고 범인을 살해한다. 그리고 그것을 정당방위로 하기 위해 수갑을 풀어놓고 대응사격을 한 것처럼 콜이 AK자동소총으로 숲을 향해 난사한다.

2002년이 되어 7년 만에 사건이 해결된 것으로 판단한다. 언론에서는 두 사람을 영웅시했고 대서특필된다. 마티는 부인과 극적으로 화해해서 다시 재결합하게 된다. 그녀는 의사로서 병원에 근무하고 있고 딸 둘을 키우고 있다. 2002년에 무슨 일이 있었냐고 추궁하는 형사들에세 두 전직형사는 사건의 내막과 둘이 결별하게 된 경위를 애기한다. 다시 또 여자의 유혹을 이기지 못한 마티는 바람을 피게 된다. 그것을 알게 된 부인은 이제 더 이상 그를 용서할 수 없는 지경에 이르게 된다. 그러자 그는 콜을 찾아간다. 그리고 거의 자포자기自暴自棄의 심정인 채 의도적으로 둘이 관계를 맺게 되고 그것을 기화로 둘은 결별의 수순을 밟게 된다. 해안가를 따라 실종 아동이 발생하고 있고 그것은 야외 선교활동을 하는 것과 관련이 있는 것으로 파악된다. 그리고 그것은 또한 마약과 연계되어 있고 감옥에 있는 피살자의 남편과도 관련이 있는 것으로 보였다. 폭주족과도 연계가 있었고 얽히고 설켜있는 것으로 파악된다. 그리고 또 불타버린 교회 등에서는 의식을 행한 장면이 묘사된 그림과 표식 등이 동시에 발견되기도 한다.

콜은 상사에게 불온한 태도를 보였다는 것으로 해서 정직 1개월을 당한다. 더 이상 이렇게 살 수 없다고 판단한 그는 곧 사표를 제출하고 루이지애나를 떠난다. 그는 결코 자신의 정보의 보고인 창고를 보여주지 않는다. 그리고 2012년에 10년 만에 다시 돌아와 연쇄살인범을 쫓는다.

콜이 사표를 낸 후 4년을 더 근무한 마티는 2006년에 사표를 내고 사설탐정으로 전직한다. 그가 사표를 내게 된 동기는 그랬다. 한 살인 현장에 갔는데 너무 지독해 차마 눈뜨고 볼 수 없는 끔찍한 현장이었는데 그것은 엽기적이라 할만하였다. 그것은 바로 살인범이 애기를 전자레인지에 넣고 돌려버렸다는 것이었다. 그것을 보고 더 이상 그런 끔찍한 장면을 봐서는 안 되겠다는 심정이 되어서 사표를 냈다는 것이다. 자기 아내에게서 자신의 가장 소중한 파트너와 동침했다는 애기를 듣는 순간 그는 극도로 분노한다. 생부와 딸이 숲으로 갔다는 애기가 있었는데 이것의 실종사건을 은폐한 보안관이 있었다. 그는 고위층의 비호를 받아 호의호식하고 있었는데 마티가 보트로 초청하여 자신의 행적을 털어놓게 콜의 심문을 받게 된다. 그리고 경찰서로 찾아온 콜과 맞장을 뜬다. 그리고 그들은 결별한다.

그런데 10년 후에 콜이 마티를 찾아온다. 그리고 옐로우 킹이라는 살인범을 추격하게 된다. 바텐더로 일을 하고 있는 콜을 찾아간 마티의 아내는 마티가 안전하도록 지켜주기를 부탁한다. 흉터를 가진 페인트 공이라는 단서를 가지고 집요하게 추적해서 끝내 그의 아지트를 발견해 낸다. 그리고 그를 잡으러 간다. 마티는 집안을 수색하고 콜은 바깥에서 추적해간다. 상원의원의 집에 몰래 침입해서 부두교 의식을 진행하는 장면이 담긴 비디오테이프를 찾아낸 콜은 그것을 마티에게 보여준다. 마티는 미성년자인 딸을 성폭행한 녀석들이 경찰서에 들어오게 되자 혼찌검을 낸다. 콜이 먼저 범인에게 칼에 찔려 치명상을 입는다. 마티도 현장에 도착했는데 범인이 날린 도끼에 의해 치명상을 입는다. 결국 둘의 합동작전에 의해 범인을 체포하였지만 두 형사가 다 꼼짝달싹도 할 수 없는 상태로 구조를 기다린다. 콜은 의식불명상태로 병원에 옮겨지게 되고 병원으로 문병 온 가족을 만난 마티는 자신의 범인체포를 자랑스러워하는 가족과 재회를 이룬다.

하나의 사건이었지만 끊임없이 얘기되는 스토리 전개에 한 치도 눈을 뗄 수 없을 만큼 박진감이 넘쳤다. 무수히 많은 형사물이 있었지만 상당히 스토리 전개가 스펙터클한 모습을 보여주었고 기존의 일상적이고 정형화된 형사물과는 또 다른 면모를 보였다.

결코 자기가 해야 할 일에 대해 자신이 잡아야할 목표에 대해 집요하게 추궁해가는 것에서 관객이 카타르시스를 느끼게 해주는 듯했다. 부두교의 의식인 듯했고 학교도 관련되었고 수많은 실종사건과도 관련이 있었고 고위층도 비호하는 듯한 인상을 주기도 했다.

진정한 형사가 어떠해야 하는가의 모범 또는 전형을 보여준 것이 아닌가했다. 그러면서도 그들의 내면 가정사 등을 솔직하고 담담하게 그려내기도 했다. 오랜만에 가슴이 뻥 뚫리는 기분을 느끼게 해주는 작품을 하나 감상한 셈이다.

전체 내용을 제대로 소개하기에는 부족한 부분이 없잖아 있었지만 이 정도에서 마무리 하려고 한다. 두 형사 간의 철저한 직업의식과 끝까지 악을 응징하고자 했던 결의가 진정성을 발휘한 것이 아닌가 여겨지기도 했다.

크리스토퍼 콜럼버스

그는 이탈리아 제노바에서 1451년 도미니코 콜럼버스와 수산나 디 폰타나로사의 맏아들로 태어났다. 아버지의 직업인 양모 직공일을 했었고 가톨릭을 신봉했다.

그는 1476년 26세 때에 배를 타고 나갔다가 해적의 습격을 받아 구사일생으로 리스본으로 상륙한다. 이후 그는 그곳에서 지도 제작일을 하며 생활한다. 수학자 P토스카넬리에게서 받은 지도에 의해 그는 지구는 둥글고 계속 서쪽으로 가면 육지에 도달한다는 것에 확신을 가졌다. 그리고 검은 바다로 알려졌던 대서양을 횡단하기 위해 후원자를 찾아다닌다.

그러던 중 포르투갈 관리이자 선장의 딸인 펠리자 페레스트 델로에모니즈를 만나 1478년에 결혼한다. 장인에게서 항해술도 배우게 되고 여러 가지 도움도 받게 된다.

그러던 차에 스페인의 이자벨 여왕의 후원을 받아 대서양 횡단에 나선다. 그가 요구했던 것은 새로 발견한 곳에 대한 시배권과 수익의 10%, 그리고 귀족 칭호와 제독 칭호 등이었다. 그는 여왕으로부터 배 두 대를 지원 받는다. 그것은 핀타호와 니야호였다. 그리고 선원으로

의사, 목수, 은세공사, 에스파니아 황실의 사절 아랍어 통역자 등 90명이었다. 다른 배 한 척은 선장이었던 핀손 형제가 제공한 배의 이름은 산타 마리아호였다.

1492년 8월 3일 항해가 시작된다. 본래 계획은 한 달을 항해하면 신대륙을 발견할 것으로 확신하고 갔지만 거의 두 달이 넘어서도 망망대해 속이었다. 오랫동안의 항해에 지친 선원들은 한없는 원망과 푸념을 늘어놓는다.

9월 24일 항해일지에서 그는 그렇게 썼다. '육지가 나타나는 조짐이 보이지 않는데도 현재 나와 선원의 관계는 심각한 상태다.' 그리고 며칠 후 이제는 10월이 되자 선원들의 동요는 더욱 심해졌다. 그러자 콜럼버스는 말했다. "육지가 보이지 않는다면 내 머리를 잘라라. 그럼 여러분 모두 편안하게 고향으로 돌아갈 수 있을 것이다." 10월 12일 새벽이 되자 드디어 육지를 발견한다. 그것을 최초로 발견한 이는 핀타호의 로드리고 데 트리아나였다.

"육지가 보인다." 새로운 역사가 만들어지는 순간이었다. 최초로 상륙한 곳은 히스파나올라는 곳이었다. 그곳에서 그는 담배와 해먹(흔들침대)을 가지고 귀국한다. 그리고 열렬한 환영을 받는다. 인디오 7명도 같이 데리고 갔다. 그런 다음 두 번째 항해는 여왕의 전폭적인 지원에 힘입어 엄청난 규모로 이루어진다.

1495년에 1700명을 데리고 간다. 그가 식민지에 남겨두었던 선원 약 40명은 모두 원주민에 의해 모조리 죽임을 당했다. 이제부터 총독이 된 콜럼버스는 더욱 악랄해지고 포악해진 정복자가 된다. 인디오들로부터 금을 약탈하고 노예로 팔아먹기도 하고 금을 가져오지 않는 피정복민들에게 가혹한 형벌을 가한다. 그러자 그에 대한 원성이 높아지게 되고 여왕은 그를 강제 소환한다. 세 번째, 네 번째 항해까지 하게 된 콜럼버스는 파나마제도까지 발견하게 되고 더욱 식민지 지배를 공고히 하게 된다. 그러던 차에 여왕이 죽고 그는 후원자를 잃은 상태에서 더 이상 지원을 기대할 수 없게 되었다. 그는 항해를 처음으로 성공했다는 데 의의를 찾을 수 있을 것이다.

그가 서인도제도라고 착각하며 발견한 이후 그를 폄하하려 했을 때 나온 이야기가 계란 세우기였다. 계란을 세워보라고 하자 아무도 그것을 세우지 못했다. 그러자 콜럼버스는 그것의 끝을 조금 깨뜨려 세우는 법을 보여준다. 그로써 그는 세계의 역사에 빛나는 영웅으로 자리매김 하게 된다.

그는 1506년 스페인 바야돌리드에서 죽음을 맞이하게 된다. 최초로 그곳에 묻히게 된 후 그가 마지막 유언으로 남긴 말은 그랬다. “다시는 죽어도 스페인의 땅을 밟지 않겠다.” 그의 유해는 다시 산토도밍고의 성당으로 옮겨지게 된다. 그러던 차에 그곳이 다시 프랑스의 식민지가 되자 아바나로 옮겨졌다. 그러다가 세월이 흘러 그에 대해 새롭게 재조명되고 스페인의 영웅으로 칭송되게 되자 그를 세비야의 성당으로 그의 유해는 옮겨진다. 인도양을 발견한 바스코다가마와 태평양을 발견한 마젤란 등과 함께 콜럼버스는 어쨌든 아메리카를 발견한 인물로 기억될 것이다.

어느 날 TV를 보다가 콜럼버스의 시신이고 유해가 안장되어 있는 세비아 성당을 보게 되었다. 하늘에 붕 떠있는 자세로 있는 특이한 모습이었다. 성자가 아님에도 그런 대성당에 안치될 수 있는 것도 무척이나 대단한 일이 아닌가.

그의 시신이 안장된 형태가 공중에 떠 있게 된 것은 그의 유언을 충실히 반영한 결과였다. 즉 그는 죽어도 스페인 땅을 밟지 않겠다고 유언을 남겼다. 그의 동상은 바르셀로나에 세워져 있다. 미국 뉴욕에도 있고 멕시코에도 있다고 하나 바로셀로나의 것이 제대로 된 것이라고 여겨진다. 한평생 대서양을 횡단하며 인도를 발견하고자 했던 위대한 항해자 콜럼버스는 여러 가지로 평가가 엇갈리고 있는 인물로 정평이 나 있는 것 같다.

우리나라의 역사로 보면 조선이 세워진지 100년이 지난 후 일어났던 일이다. 세계가 새로운 식민지지배를 시작하던 때였다. 미국이 독립한 1774년까지로 보면 콜럼버스의 발견 이후에도 거의 200년 가까이 식민지배시대를 갖게 된 것이다.

지금 한창 재조명되고 있는 임진왜란이 시작되기 100년 전인 것이다. 끊임없이 도전하고 그 신념하에 신대륙 발견이란 성취를 이뤄낸 위대한 업적이 역사를 만들어가는 기초가 되는 것이리라. 한사람의 선각자 또는 선구자가 결국은 그의 불굴의 신념과 의지의 궁극화를 통해 결국 역사가 이루어지는 것이다. 그것은 곧 역사발전의 원동력이고 불씨가 되는 것이리라. 항상 처절한 고통과 아픔 희생이 있지 않으면 그 어떤 것도 이뤄낼 수 없다는 것을 보여준 것이 아닐까 생각된다.

그에 대한 이야기는 영화로도 제작되어 방영되기도 했다. 1992년에 제작된 '1492 콜롬버스' 라는 영화였다. 리들리 스콧 감독의 작품이었다. 그 영화 속의 주제가는 '파라다이스의 정복' 이라는 노래였다. 가수는 '다나 위너' 라는 이였다. 벨기에 출신 가수로 단아한 음색으로 공전의 히트를 기록했다.

멕시코에서는 그의 동상이 훼손되고 사장될 위기에까지 몰렸다고도 한다. 그들이 받았던 핍박과 홀대에 비하면 그것은 아무것도 아닐 수 있으리라. 아무튼 그는 포악한 정복자이기도 했지만 위대한 항해사로 역사에 길이 빛날 위인으로 기억될 것이다.

멜리나 메르꾸리

요즘 한창 인기를 끌고 있는 예능프로 중에 '꽃보다 할배' 라는 것이 있다. 이번에 나온 여행기는 그리스편이었다. 국가채무 과다로 인해 한창 어려움을 겪고 있는 나라로 알려져 있지만 서구문명의 발상지로도 유명한 곳이다. 그런데 그 프로 중에 할배 한 분이 일행과 따로 떨어져 뭔가를 향해 가고 있었다. 그것은 멜리나 메르꾸리 흉상을 향해 가는 것이었다. 과연 그녀는 누구인가? 궁금증을 유발하고 있었다. 얼마나 대단한 여배우였길래 아직도 그를 기리기 위해 그렇게 흉상까지 만들어 놓았을까? 호기심이 일었다.

간단히 얘기하는 것으로 그녀를 살펴보면 1925년에 태어나서 1994년 향년 69세에 지병인 암으로 사망했다. 아테네에서 태어난 그녀는 부모님의 이혼으로 인해 30년간 아테네 시장을 지낸 할아버지 스피로스 메르꾸리의 손에 의해 자란다. 고등학교시절 영국으로 유학을 해서 캠브리지 연극학교에 입학해서 교육을 받는다. 그런 와중에 백만장자와 결혼해시 지내디기 대학을 졸업하면서 남편과 결별한다. 1954년 영화 스텔라로 데뷔한다. 1960년에 미국인 영화감독 쥘 다생이 감독한 영화 '일요일은 참으세요' 에 주연으로 출연해서 칸느영화제 여우주연상을 거머쥐면서 스포트 라이트를 받기 시작한다. 그리고 그녀는 쥘 다생과 결혼한다. 쥘 다생은 미국인이었지만 메카시즘에 의해 미국에서 추방당한 영화인이었다. 그는 그리스에 정착한다.

다음으로 1962년에 '페드라 죽어도 좋아' 라는 영화에서 팜므파탈적인 여주인공으로 공전의 히트를 기록한다. 그러던 중에 1967년 4월 21일에 그리스에 군사쿠데타가 발생한다. 요르고스 파파도풀로스 대령이 콘스탄티노스 2세를 축출하고 정권을 잡는다. 그녀는 그때 당시 프랑스에 있었는데 결국은 망명을 요청하게 되고 그리스로 돌아가지 못하게 된다.

그녀는 이렇게 말했다. "쿠데타는 나에게 겁탈과도 같은 영향을 미쳤다. 겁탈당하면서 조용히 반응할 수는 없을 것이다. 부르짖고 반항하며 할퀼 것이다." 그녀는 결국 뉴욕까지 가게 된다. 그리고 그곳에서 뮤지컬배우로 활동한다. 그러면서 반정부 인사들의 자금지원을 적극적으로 돕게 된다. 군사정부는 그녀를 반정부인사로 지목하게 되고 그녀의 모든 그리스내 재산을 몰수하고 암살까지 기도하게 되지만 수포로 돌아가기도 한다.

그녀는 이렇게 호소했다. "군정이 계속되는 동안에는 아무도 그리스를 여행하지 마라." 군부의 시녀였던 그리스 정교회는 그녀를 파문한다. 그녀는 절규했다. "나는 그리스인으로 태어났고 그리스인으로 죽을 겁니다. 파코스타는 파시스트로 태어났고 파시스트로 죽을 겁니다." 이렇게 말한 것은 그리스 레지스땅스 들의 슬로건이 되었다. 그녀는 그때 당시 세계적인 프리마돈나 마리아 칼라스에게 자신처럼 그렇게 조국 그리스를 위해 노력해 줄 것을 요청하지만 칼라스는 일언지하에 거절하고 말았다.

어느 기자가 물었다. “어떻게 그렇게 자연스럽게 눈물을 흘릴 수 있고 그것이 그렇게 순조로울 수 있습니까?” 그녀는 그렇게 기자에게 얘기했단다. “나는 눈물을 흘려야 할 슬픈 상황이 되면 그렇게 생각했습니다. 나의 조국 그리스를 생각합니다. 그러면 저절로 슬픔에 젖어들게 되고 나도 모르게 눈물을 흘리게 됩니다.”

1967년 7월 12일 드디어 군사정부가 종국을 고한다. 드디어 그녀는 망명생활을 청산하고 고국인 그리스로 돌아온다. 그리고 사회당 소속으로 국회의원에 출마한다. 그러나 33표차로 낙선하고 만다. 다음 선거에서 그녀는 압도적인 표차로 국회의원이 된다. 그러던 그녀는 81년부터 문화부장관으로 발탁되어 89년까지 오랫동안 장관직을 수행하게 된다. 무려 43번의 개각이 있었지만 문화부 장관만은 그녀가 독보적으로 그 직을 유지하게 되었다.

그녀가 심혈을 기울였던 역점사업은 문화재의 반환이었다. 오스만 제국 주재 대사 엘긴 경이 ‘소벽 조각상’이라는 것을 가져가 대영박물관에 비치해 놓고 있었다. 파르테논에 있던 17개의 조각상으로 ‘엘긴 마블스’라는 명칭으로 불렸다. 그녀는 심혈을 기울였지만 끝내 그 반환을 못보고 눈을 감고 말았다. 1994년 지병이었던 암으로 인해 생을 마감하게 된 것이다. 그리스의 잔다르크로 명명되기도 했다.

그녀의 주연영화에 대해 잠깐 살펴보자. ‘일요일은 참으세요’라는 영화이다. 일리야라는 페레우스 항의 여걸은 뭇사내의 흠모를 받는 존재였다. 옷을 하나씩 벗은 후 비키니 수영복 차림으로 바다 속으로 뛰어든다. 그러자 그녀를 추종하는 남자들도 모든 일을 팽개치고 물속으로 뛰어든다. 그녀는 자신이 원하는 남자만 상대하는 이였다. 호머라는 미국인 기자가 일리야를 갱생시키기 위해 노력한다. 밤의 세계를 주도하는 얼굴없는 그림자라는 두목은 호머에게 물적지원을 통해 일리야를 조정하려 한다. 일리야는 호머를 통해 새롭게 갱생되게 되고 그와 사랑에 빠져들게 되기도 한다. 그러나 그의 뒤에 배후세력을 알게 되자 돌변하게 된다. 거리의 여자들과 단합된 일리야는 집단행동을 하게 되고 감옥에서 단체행동에 나선다. 결국은 방세 등을 현실화시키고 단합된 힘을 과시하게 된다. 결국 호머도 배를 타고 미국으로 떠나게 된다. 일리야와 호머는 야외 공연장에서 공연을 구경하기도 한다.

다음은 '페드라'이다. 거대한 배인 페드라호 진수식을 갖는다. 페드라는 그곳에서 수많은 사람이 지켜보는 가운데 자신의 이름을 딴 배의 테이프를 끊는다. 남편은 멋진 반지를 페드라에게 선물한다. 그녀는 최근에 해운회사 사장과 재혼을 한 상태였다. 자신의 집안도 굴지의 해운회사를 갖고 있는 상황이었다. 남편에게는 젊은 아들이 있었다. 이 결혼에 불만을 품은 채 영국에서 미술학도로 공부를 하고 있었다. 페드라는 그를 설득하기 위해 영국행을 감행한다. 그리고 둘은 사랑에 빠져버린다. 꿈같은 나날을 보낸 둘은 이제 그리스로 돌아올 수밖에 없는 입장에 처한다. 결국 남편에게 사실을 고백한 페드라는 고민에 빠진다. 남편은 아들을 다른 처녀에게 결혼시켜려 하지만 페드라의 반대에 직면하게 되고 새엄마를 사랑한 아들을 혼내킨다. 결국 아들은 차를 몰고 해변가로 달려가고 마지막으로 페드라를 연호하며 절벽 아래로 떨어진다. 그러던 차에 페드라는 약을 먹고 생의 마지막 순간을 맞는다.

그리스의 배우 겸 가수 겸 국민적 영웅으로 칭송받는 이로 여겨졌다. 이탈리아의 여우 소피아 로렌이라는 이가 있는데 그 배우와 비슷한 인상으로 다가오기도 했다. 그런데 내막을 알고 보니 차원이 다른 듯했다. 조국을 사랑했고 열정적으로 삶을 살았던 것에서 충분히 동상이 세워질만한 국민적 흠모를 받았음직 했다. 죽은 후 4일 동안을 추모기간으로 정하고 모든 이들이 고인을 추억하고 기리도록 했단다. 참으로 대단한 메르꾸리가 아닐 수 없는 부분이었다. 우리에게도 이런 국민적인 숭상의 대상이 되는 지도자를 가져볼 수는 없을까 하는 회한이 든다.

2015년 범 농협 신규직원 통합교육과정
협동과 혁신으로 농협의 미래를 창조하자!

고귀한 분 VVIP를 모시면서

지금으로부터 두 달전 쯤이었다. 연수원에서 초청강사로 전임회장님을 모시게 되었다. 한창 봄기운이 무르익어 가던 때였고 신록의 푸르름이 하루가 다르게 더해가던 시기였다. 오후 늦은 강의였지만 연수원에서의 강의로 처음이었기에 무척이나 조심스러웠고 긴장되는 분위기였다. 서울 중심부였던 댁에까지 가서 모셔 오는 것으로 계획을 잡고 있었는데 뜻밖에도 다른 일정이 있어서 오후 세시쯤에 프레스센터로 오라는 전언을 받았다. 거의 충분히 여유롭게 시간을 잡는다고 해서 1시간을 잡고 연수원에서 출발했다. 역시 서울시내의 교통사정은 평일이라고 해서 여유롭고 한적한 것이 아니었다. 결국은 거의 3시가 다 되어서 겨우 도착했다. 전화를 드리니 당신께서 직접 정문으로 나오시겠다고 해서 정문에서 대기했다.

오랫동안 농협생활을 하였고 한 때는 국회의원까지 역임하셨던 터라 연륜과 관록이 몸에 배여 있는 듯했다. 동승해서 연수원까지 오는 내내 강의 주제와 교육대상자 등에 관해 사세하게 말씀을 드렸고 연수원의 현황과 운영내용에 대해서도 간략하게 설명을 드렸다. 현역시절 그 열정적이셨던 모습이나 활력은 찾아볼 수 없었다. 하지만 그

형언할 수 없는 날카로운 눈빛은 여전했고 전체를 아우르는 관록과 통찰력은 더욱 빛을 발하는 형국이었다.

80여 명의 여성 리더들에게 자신의 경험과 지도사업을 주도했던 얘기를 들려주시는 내내 교육장의 분위기는 숙연했고 엄숙했다. 한 시간여에 걸쳐 진행된 강의시간 내내 활기가 넘쳤고 팔순을 넘기신 노구를 이끌고 흔쾌히 강의에 나서주신 고귀한 분에 대해 아낌없는 성원의 박수갈채를 보냈다. 강연을 마치고 인근 식당에서 식사를 하면서도 특유의 달변가로서의 기질을 유감없이 발휘하였고 우레와 같은 사자후를 토하면서 강의에서 못다한 얘기들을 해 주셨다.

굳이 전철역까지만 데려다 달라고 하는 것을 그것은 결코 예의가 아니라고 해서 댁까지 모셔다 드렸다. 서울시내 퇴근길 교통정체는 하루 이틀에 해결될 문제가 아니었다. 거의 두 시간 여가 소요되었다.

고귀한 분은 유일무이하게 농협직원에서 시작해서 최고의 지위까지 오른 분이었다. 처음에는 청와대에 파견되어 했었고 새마을 지도자 연수원에서 새마을 정신을 교육하고 지도하기도 했다. 30대에 서울시조합 전무를 역임했다고 하니 그 당시로서도 상당히 파격적인 일이었고 대단한 일이었다.

내가 그분을 배알한 것은 1993년이었다. 한강변의 어느 숙박업소에서 승진시험 문제를 출제하러 차출당해 있을 때였다. 정말 의외의 일이었다. 회장님께서 직접 시험 출제장에 격려차 오신 것이었다. 20여 명의 출제자들을 모아놓고 일장연설을 하셨고 그리고 일일이 격려를 해주신 후에 돌아가셨다. 그때 그분이 한 말씀 중에는 자신이 농협에서 거의 모든 일을 겪었던 것 같은데 출제위원은 해보지 못했다는 얘기를 했었다. 지엄해 보였고 범상치 않은 위엄에 압도당했던 순간이었다.

회장이 되었어도 쌀수입개방 반대 100만인 서명을 받아내기도 했었고 농업인의 이익과 보호를 위해 진정한 의미에서의 농업인 대변자였었다. 철두철미하게 농업인 본위로 정책이나 업무를 추진하고자 했었고 그렇게 농업인의 실익 또는 편익을 증진시키기 위해 진력을 다했었다. 고귀한 분을 모시기 전이었다.

또 한분의 고귀한 분을 잠깐 연수원에서 뵐 기회가 있었는데 그 분은 그런 얘기를 하시기도 했다. 지금은 많이 변화가 되었는데 예전에는 꼭 그렇게 했었다면서 하는 얘기가 그것이었다. 기획예산처장관 등 실세 장관들이 농림축산식품부 장관으로 가서 일을 하도록 했다. 현 대통령의 아버지 시절 얘기였다. 그렇게 하는 이유가 그렇게 해야 농림분야의 예산을 충분히 확보하고 충분한 농정을 펼칠 수 있게 된다는 것이다. 언제라도 대통령을 만나면 꼭 그 얘기를 들려주고 싶다고 자신의 소회를 피력하였다.

평생에 고귀한 분을 만날 기회가 자주 있을 수는 없을 것이다. 그러나 그런 기회를 가졌다는 것에서 가슴 뿌듯함이 긴 여운으로 남겨져 있을 것이고 그분의 뜻이나 기상 의지를 꼭 간직하고 마음속 깊이 담아 두어야 할 것이라는 느낌이 들었다.

예전 어느 교수님이 얘기한 것을 들은 적이 있다. 최고의 사람을 만나게 하라는 것이었다. 자녀교육에서도 최고의 가치 있는 것은 그 분야의 최고인 사람을 만나게 해서 그렇게 되고 싶어하는 꿈을 갖게 하라는 것이었다. 클린턴도 어린시절 케네디 대통령을 만나서 대통령의 꿈을 꾸게 되었다고 한다. 또한 반총장도 어린시절 케네디 대통령을 배알 했단다.

아놀드 슈왈츠 제네거는 세 가지 꿈을 가졌단다. 영화배우가 되는 것 두 번째 케네디가의 사람과 결혼하는 것 세 번째 캘리포니아 주지사가 되는 것이었단다. 세 가지 꿈을 모두 이뤘단다. 꿈을 꾸는 사람은 그 꿈을 이뤄가기 위해 노력하기 마련이다.

고귀한 분을 모시면서 모든 꿈을 이뤘던 성공한 성취자의 면모를 가까이에서 뵐 수 있는 기회를 가졌던 것에서 큰 보람이 있었던 듯하다. 항상 건승하고 편안한 노후를 보내시길 기원해 본다.

J 화백의 멋진 인생

엊그제 목요일이었다. 10여 년전에 같이 근무한 적이 있었던 J 화백을 만났다. 퇴직한지 5년 이상이 지났음에도 아직도 왕성하게 생활하고 있는 모습이 활기차 보였다. 서오릉 부근의 옻닭집이었다. 벽제 쪽에 사시는 분을 원흥 전철역에서 만나 차로 이곳까지 모시고 온 것이었다. 먼저 소맥으로 한잔을 마시며 오랜만의 만남을 기념했다.

전남 나주가 고향이신 화백님은 75년에 첫발령을 받은 곳이 아무 연고도 없었던 진도군지부였다. 서기로 첫 출발을 한 것이었다. 신참 서기가 한참 대 직장선배 상무를 모시고 조도를 방문한 적이 있었단다. 육지에서 시골 오지로 오신 높으신 분을 모신다고 해서 그당시로서도 귀했던 애저를 내놓았단다. 처음 먹었던 애저에 속은 메쓱거렸고 시골의 모기가 쉴새없이 달겨드는 통에 잠도 설치고 아주 좋지 않은 추억으로 남아 있었다. 3년의 직원 생활을 마치고 고향이었던 나주로 오게 되었다.

그러던 상황에서 사모님을 만나게 되었단다. 맞선을 보는 자리였다. 통상 나오는 것이 딸과 어머니가 나오는 것이 통상의 관례였었는데 기이하게도 아버지가 같이 나왔다. 첫 만남 이후 소원한 관계가 이어지고 있었는데 어느 날 장인어른으로부터 편지가 왔다. 근황을 얘기하고 안부 편지였다. 그렇게 연락이 이어졌고 결국은 결혼으로까지 이어졌다.

80년대 중반에 A교육원으로 전출이 되어 교육원 생활을 하게 된 것이 시발이었던 듯했고 그것은 계속해서 교육원에 빠져들게 되는 단초였다. 아들을 둘 두게 되었다. 80년대 후반 승진이 되어 다시 고향쪽으로 가게 되었는데 이번에는 얼토당토 않게 보성의 벌교지점으로 가게 되었다. 얼마간의 시골생활을 겪은 후 전주교육원으로 다시 전출하게 되었다. 그런 연후에 팀장급으로 승진이 되었고 다시 A교육원으로 전출이 되었다. 얼마 후에는 총무팀장에 이르게 되기도 했다. 취미로 했던 그림이 아주 일취월장하게 되었고 전문적인 수준에 이르게 되었고 개인전을 열기도 했다. 항상 카메라를 가지고 다니며 풍경이나 아름다운 경치가 있으면 그것을 앵글에 담았고 그것을 회화화했다.

A교육원시절에는 유럽여행을 아들과 함께 다녀오기도 했고 대학원의 석사과정을 마치기도 했다. 학교가 수원이어서 만만치 않은 거리였고 힘들었지만 성공적으로 학위를 취득했다. 평소에 테니스도 즐겨했고 수준급의 실력을 갖추고 있었다.

항상 건강식으로 현미를 주식으로 취식하는 습관을 오래전부터 갖고 있었다. 본래 건강상 문제가 있기도 했으나 현미식으로 바꾸면서 건강상 문제가 다 해결되기도 했다. 사모님은 피아노를 교습해서 가정에 도움이 되기도 했다. 아이들도 현미식에 익숙해져 오랫동안 밥을 씹는 습관이 형성되어져 있었다.

군에 입대해서 식사를 늦게하는 통에 다소 애로를 겪기도 했단다.

교육원 생활에서 팀장급 생활이 마무리되고 이제는 관리자 급으로 승진이 되어 지점장이 되었다. 지점장을 하면서도 지점 사무실내 그림을 전시해서 고객들의 전폭적인 성원을 얻기도 했다.

항상 진실한 마음을 가지고 성실하게 자신의 맡은바 업무를 충실해 해냈던 터에 무사히 정년퇴임의 영광을 안았다. 농협직원으로 특출나고 특이한 삶을 산 것은 아니지만 한 직장인으로 무난한 삶을 살았고 아이들도 잘 키워 결혼까지 시켰고 이제는 손자를 기다리고 있는 상황이었다.

그림솜씨 못지않게 글 솜씨도 탁월해서 산문집 두 권을 내기도 했다. 하나는 '아빠를 부탁해' 라는 제목으로 얼마전 출간되기도 했다. 퇴직 후에도 계속 그림을 그려 이제는 유명한 화가로 메스컴에 오르내리기도 하는 상황이 되었다. 작년에는 강강수월래 늘봄점에서 개인전을 개최하기도 했다. 아이패드로 그림을 그리는 것으로 정평이 나고 유명해서 요즘은 한창 유명세를 떨치고 있기도 했다. 나와의 인연은 2001년부터 2004년까지 3년간을 같이 근무했었다. 숙소에서 자주 회동해서 술잔을 기울이며 인생의 애환을 공유하기도 했었다.

예술가로서 멋진 삶을 사는 선배의 모습에 매료되기도 했었다. 경제적으로 유복한 형편은 아니었지만 착실하게 삶을 살았고 멋지게 인생을 구가했었다. 여러 가지로 마음고생이 있기도 했지만 모든 역경과 어려움을 극복하고 편안한 노후를 즐기고 있었으며 멋지게 정년이후의 삶을 영위해가고 있는 모습이었다. 요즘에는 벽제쪽에 집을 구하고 그곳에서 정착해서 왕성하게 은퇴 후의 삶을 알차게 엮어가고 있는 중이었다.

술자리가 끝날 때쯤 조그만 액자의 그림을 꺼내 놓고 자문을 구했다. 그림을 얼마를 받으면 좋겠냐는 것이었다. 그림의 제목은 '독도의 꿈'이라는 것이었다. 독도도 다녀온 것으로 여겨졌다. 섬과 바다와 갈매기가 멋지게 그려져 있는 모습이었다. 원가가 만2천 원이라고 했다. 2만 원이라고도 했고 3만 원을 얘기하는 이도 있었다. 아무튼 술자리는 유쾌하게 마무리가 되었다. 이제는 환갑도 넘겼고 노인에 접어들고 있었음에도 건강하게 뭔가를 위해서 몰입해서 자기 업을 가지고 열정을 다하는 모습에 부러움을 샀다.

얼마 후 은퇴를 남기고 있는 후배 입장에서도 J 화백의 멋진 삶은 더할나위 없이 좋아 보였다. 회합에 같이 갔던 팀장은 그런 얘기를 했다. 자신도 오래전에 그림을 경매에서 산 경험을 얘기했다. 자신은 아주 좋은 뜻을 가지고 좋은 의도로 경매에 참여해서 35만 원의 거금을 주고 그림을 낙찰받았다. 그런데 그것이 제대로된 감정을 받아보니 별로 가치가 있는 것이 아니라는 평가를 받고 실망감이 컸었다고 했다.

우리나라도 이제 곧 국민소득 3만 달러 시대가 될 것이라고 했다. 아직 그것이 쉽게 성취될 만한 것이 아니라는 것이 느껴지고 있지만 말이다. 그렇게 되면 문화의 시대가 오고 여행이 일상화되는 시대가 될 것이라고 예견되고 있었다. 얼마 지나지 않아 예술을 하는 이들이 존경받고 대접받고 본받고 싶어지는 시대가 될 것이다. 아직은 예능이 대세인 시대가 되고 먹방, 쿡방이 대세인 시대이기는 하지만 조만간에 시대의 패러다임이 변화되고 바뀐시대로 곧 진입이 될 것으로 전망하고 있었다.

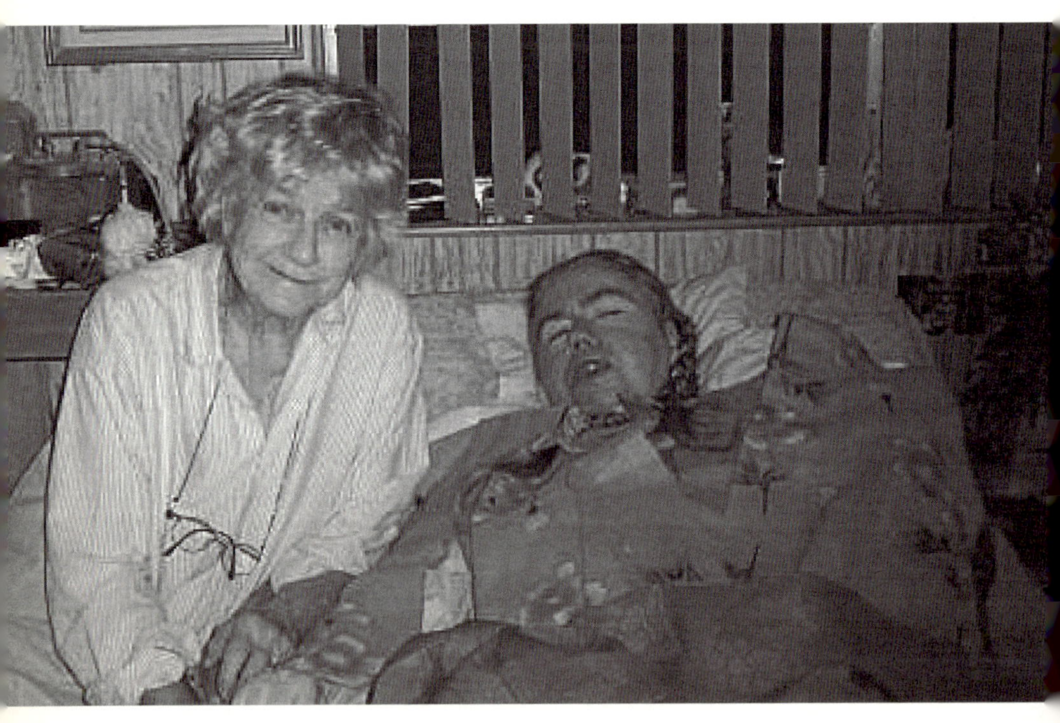

엄마의 약속

1970년 1월 미국 마이애미에서 일어났던 일이다. 17세의 여자 고등학생 에드워다 오바라는 학교에서 수업 중 갑자기 구토 증세를 보이며 쇼크 상태가 되어 119 구조대원에 의해 급하게 응급실로 옮겨졌다. 마지막일지 모르는 순간에 에드워다는 엄마를 찾았다. 엄마 손을 꽉 잡으며 얘기했다. "엄마는 언제나 내 곁에 있어 줄 거죠." "물론이지. 항상 네 곁에 있겠다." "약속은 약속이다" 그렇게 해서 엄마는 딸을 지켜주겠다고 약속을 했다. 그 약속의 무게는 전혀 가늠하지 못한 채였다. 이렇게 혼수상태에 빠진 딸은 42년간을 그렇게 식물인간인 채로 살다가 세상을 떠났다. 그녀의 나이 59세였다. 우리식으로 얘기하자면 꽃다운 나이인 17세에 병원에 실려 갔다가 호호백발의 할머니가 되어 이승을 떠난 것이다.

어머니 케이 오바라는 그보다 먼저인 2008년에 그녀를 간병하던 그 자리에서 잠든 채로 숨졌다. 그녀는 26세 되던 해에 조 오바라와 결혼해서 에드워다 오바라를 낳았다. 젊고 발랄했던 에드워다는 미래의 꿈으로 소아과 의사가 되겠다는 소망을 가진 꿈 많은 소녀였다. 그런데 당뇨병이 있어 그 치료제를 복용하던 중에 약물의 부작용으로 인해 혼수상태가 되었다. 감기기운이 있었던 터라 당뇨병의 인슐린 약제가 녹지를 않아 부작용이 생겼다. 심장이 멈췄고 그로 인해 뇌의 기능들을 상실되게 된 것이다. 심장은 즉각적인 수술을 통해 다시 박동을 하게 되고 제 기능을 발휘하게 되었지만 뇌의 기능들은 다 상실하게 된 것이었다.

의사들은 병원에서 계속 치료해나갈 것을 권고했으나 집에서 돌보겠다는 완강한 의지에 따라 그렇게 집에서의 생활이 이어졌다. 하루에도 몇 번씩 자세를 바꿔주어야 했고 계속적으로 영양을 공급해 주어야 했다. 음식을 유동식으로 해서 튜브를 통해 공급해 주어야 했다. 또한 2시간마다 그녀의 자세를 바꿔주어 욕창 등의 병고가 더 이상 생기지 않도록 돌보아야 했다. 1시간 30분 이상을 잘 수 없는 구조였다. 하루 종일 곁에서 지켜주어야 했다.

그녀는 한 언론과 인터뷰에서 그렇게 얘기했다. 그녀는 결코 식물인간이 아니었단다. 엄마가 딸의 손을 꽉 잡으면 그 손을 움켜지는데 어떻게 식물인간이냐고 반문했다. 참으로 대단한 헌신이었고 지극정성의 간호였으며 돌봄이었다. 인간 희생의 극치라고 여겨질만 했다. 이런 얘기는 본인들이 밝히고 홍보해서 된 것이 아니었다. 그것은 주치의 웨인 다이어 박사가 펴낸 책 "약속은 약속이다." 라는 책을 통해서 세상에 알려지게 되었다.

아버지 조는 1973년에 심장마비가 와서 3년간 병고를 겪은 후 1976년에 사망하고 말았다. 어머니 케이 오바라는 독실한 가톨릭 신자였다. 방안 곳곳에 성모마리아 상 등 갖가지 성스러운 상징물로 장식을 해 두었다. 음악을 들려주고 책을 읽어 주었으며 항상 살아있는 것으로 존재감을 심어주며 생활해 나갔다. 가톨릭교회에서는 가장

성스러운 훈장을 그녀에게 수여했다. 그녀는 평생을 딸을 간호하면서 일생을 보냈고 마치게 되었다.

딸이 발병했을 때에는 42세였다. 그리고 38년을 간호하고 나니 80세가 되었고 딸은 55세가 되었다. 두 사람 모두 백발이 성성해졌다. 결코 한 번도 희망을 포기하지 않았다. 그녀가 베고 잔 베개에는 십자수로 수놓은 글귀가 있었다. " 희망은 결코 죽지 않는다." 라고 새겨져 있었다.

38년 간호한 어머니가 돌아가시고 난 뒤에는 그녀의 동생이었던 콜린 오바라가 그 간호를 맡았다. 4년간을 지극정성으로 돌보았다. 추수감사절이 지난 어느 날 에드워다를 목욕시킨 후 잠깐 커피를 타러 간 사이에 그녀는 영면하고 말았다. 참으로 장구한 세월이었고 유사 이래로 그렇게 오랫동안 혼수상태를 유지한 경우가 전무후무했다. 다음으로 오래된 기록은 39년이라고 했다. 에드워다가 살던 집에는 총알 자국이 남아 있단다. 세 차례에 걸쳐 총격이 있었다. 과격한 사람들이 에드워다를 병원으로 보내라며 총격을 가했던 흔적이었다. 그녀가 딸의 곁을 떠난 것은 두 차례였다. 한번은 남편의 장례식 때였고 또 한 번은 둘째 딸의 결혼식 날이었다. 42년간의 병상생활로 인해 생활고는 극도에 달했고 평생 지게 된 빚은 30만 불이라고 했다. 오바라 재단에서는 장례식 때에도 가급적이면 부조금을 보내달라고 요청할 만큼 극도로 빈한한 재정 상태를 보였다.

혹자에 의하면 에드워다가 기거했던 방에는 성령의 기운이 가득했고 성스러움이 꽉 차있는 느낌을 받았다고도 한다. 젊고 예뻤던 에드워다가 백발이 성성한 할머니가 될 때까지 42년간을 한결같은 마음으로 간호했던 두 모녀에 대하여 모두가 위로와 존경의 박수를 보냈다. 케이 오바라와 콜린 오바라의 지극한 간호는 그녀를 결국 하늘나라로 갈 때까지 이어졌지만 유례가 없고 헌신적인 각고의 노력을 아끼지 않은 두 분에게 감동을 느끼지 않은 이가 없었다.

통상 우리가 상상하고 경험하고 느꼈던 것은 치매에 걸린 부모님을 자식이 지극정성으로 뒷바라지하고 돌보는 것을 익히 보아왔다. 하지만 이렇게 장구한 세월 동안 엄마가 그 어떤 것보다 더 정성을 쏟고 마음을 다해서 정성으로 돌보았다는 것은 유례를 찾을 수도 없는 일로 여겨지기에 더욱 뜻깊고 의미가 있다. 오랫동안 병고에 시달리는 부모의 수발을 드는 예는 심심찮게 화제에 오르기도 하고 그 효성이 갸륵해서 효자상의 대상에서 빠지지 않기도 했었다. 통상 사람들은 그런 혼수상태에 빠지게 되면 얼마동안은 의료적인 처치에 의존해서 얼마간의 생존을 유지하게 하다가 생을 마감하기가 일쑤다. 그 유명한 영화 잠수종과 나비라는 영화에서도 그는 혼수상태에 빠진지 얼마 지나지 않아 영면하고 말았다. 기적적으로 왼쪽 눈의 깜빡임 만으로 의사소통을 해서 잠수종과 나비라는 책을 남기기도 했지만 말이다. 이렇듯 혼수상태가 되면 거의 가사 상태에 빠져서 훨씬 면역력이 약화되고 질병이나 합병증 등에 노출되기가 더욱 쉬워지기 때문에 얼마동안을 유지하고 버티는 것도 쉽지 않은 일이다. 그럼에도 불구하고 42년을 그렇게 유지하고 보존하며 지탱했다는 것도 놀라울뿐더러 그것을 어머니가 홀로 간병하고 지켜내고 생명의 끈을 유지시켜 나갔다는 것도 참으로 경이로운 일이 아닐 수 없다.

엄마는 하나님이 자신을 내려 보낼 수 없어 대신 내려 보낸 사람이라고도 한다. 그리고 지상에서 가장 아름다운 영어 단어로 꼽히는 것이 Mother엄마라고 한다. 엄마의 사랑이 가장 위대한 것이라고도 한다. 훌륭한 위인 뒤에는 항상 위대한 어머니의 헌신과 노고가 있다. 우리는 엄마와의 약속을 잊지 말아야 할 것이고 앞으로 더욱 약속을 잘 지키도록 삶의 자세를 공고히 할 필요가 있을 것이다. 모든 세상사람들이 엄마의 말을 더 잘 들었더라면 지금보다는 더 나은 삶을 사는 사람으로 살고 있을지도 모를 일이다.

6개월 이상 숙성시키면 많이 좋습니다
냉장고에 넣어놓고 드시면
맛있게 드시면 됩니다
감사합니다

제주도 호랑이

연전에 한 번 출장을 가는 직원들을 따라서 마을을 살펴보러 간 적이 있었다. 여직원에 대해 남자 직원이 하는 얘기가 별호가 호랑이라고 했다. 목소리가 크고 여장부라고 했다. 출신이 제주도이니 제주도 호랑이가 별명으로 적당할 듯했다. 중년의 나이에 접어들었으니 인생을 살만큼 살았다고도 볼 수 있다.

두어 시간 차를 타고 가면서 그녀의 세상살이를 들어볼 수 있었다. 그녀는 어린시절과 학창시절을 제주도에서 보냈다. 바닷가가 바로 지척인 곳에서 생활을 했단다. 교복을 입은 채로 바다로 뛰어들기도 했다. 마음껏 낭만을 그리며 그렇게 삶을 살았다. 3남3녀의 둘째 딸로 자라났다. 큰언니는 일어를 잘했고 막내딸은 미용기술을 익혀 미용사가 되었다. 그리고 막내는 결혼 후 호주로 이민을 갔고 그곳에서 정착을 했다. 그녀는 본래 독신주의자였다. 그런데 어느날 갑자기 친구같았던 남자가 프로포즈를 해왔다. 그는 결코 결혼을 하려고 하지 않았다. 그런데 시부모를 만나러 갔던 때를 잊을 수가 없었다. 시어머니의 따뜻한 한마디가 있었다. 그것은 “어서 오너라” 였다. 아주 편안하게 쓸 수 있는 말이고 특별한 의미가 담겨 있지 않았는데 그렇게 정겹고 따뜻할 수가 없었다. 어디에선가 또는 언제가 만난 듯한 그런 느낌을 주었고 깊은 인연의 끈을 절실히 느끼지 않을 수 없었다. 그렇게 해서 15년전 쯤에 결혼을 했다. 아들을 낳고 딸도 한 명 낳았다. 그런 후 아이들은 시어머니의 몫이었다. 동료직원들 중에는 아직 미혼들도 꽤 있었다. 이제는 거의 몸이 불어 아줌마 몸매가 다 되었다. 한때는 2주간 다이어트를 시도해 8㎏을 감량하기도 했다. 처음에 결혼을 할 때 남편은 그렇게 편한 친구 사이였기에 상당히 애로가 있었다. 그래서 마음속으로 그렇게 외쳤다. "좋아하는 마음이 생겨라" 라고 외치며 계속 그것을 되뇌였다. 그렇게 한 것이 주효했는지 아무튼 결혼을 할 수 있었다.

항상 시어머니가 아이들을 잘 챙겨주시고 지원해주고 후원해 주었기에 편안한 가운데 직장생활을 20여년 이상 무탈하고 성공적으로 할 수 있었다. 아이들이 그렇게 하소연하기도 한다. 엄마가 우리를 위해 해준 것이 무엇인가? 할머니가 밥해주고 챙겨주고 뒷바라지 다 해주었다. 요즘에 와서는 밥도 해주고 용돈도 주고 하는데 이제는 같이 해보기도 전에 손사레부터 친다고 한다. 그래서 휴가도 그냥 둘이만 가면 뭐하냐고 해서 미뤄두고 있다. 큰아들은 180센티미터의 거구라고 한다. 오전에 축구하고 귀가하면 게임에 빠져 있단다. 한참 먹을 나이인데 웬일인지 축구를 하고도 수돗물만 마신다고 한다. 그리고 뭐든 사 먹으라고 준 용돈을 차곡차곡 모았다고 한다. 딸은 중1이라고 한다. 키가 159센티미터에 이른다. 인피니티라는 아이돌 그룹에 빠져 있단다. 올해 7번의 공연이 있는데 두 번을 가야 한다. 제주도의 호랑이인 그녀도 아들에게는 이제 큰 소리를 치기도 힘들다. 술도 적당히 먹으라고 하는 바람에 상당히 조신하게 술자리를 갖고 있다. 시댁이 있었던 속초는 4월 초의 한식쯤에 시아버지 산소를 보러 가족 간에 왕래를 하고 있고 제주도는 가끔 서너 차례 왕래를 할 정도라고 한다.

지금은 충실히 직장생활을 하면서도 자신의 전문성을 갖추기 위해 박사과정까지 밟고 있는 억척스러운 이이기도 하다. 언제나 매사에 열심이고 충실히 맡은바 역할을 해내는 베테랑 직원이고 열혈 직원이라고 볼 수 있다. 사무실 내에 유일한 홍일점이기도 하지만 전혀 남자들에게 못지않은 열성을 갖고 생활해가는 직원으로 자타가 공인할 만큼 믿음을 주는 이이다. 한때는 언론 쪽에도 근무를 했었고 또 얼마간은 여의도에서 오랫동안 생활을 했었던 이였다. 남자들 빰칠만큼 화끈하고 넉살도 좋은 맏언니같은 든든함을 주는 이로 정평이 높다. 상사로부터의 신망도 두텁고 임무가 주어지만 어떤 일이 있더라도 확실하게 책임지고 처리해 내는 능력자이기에 믿음을 갖게 하는 힘을 지니고 있다. 동료나 부하직원으로부터도 존경과 신뢰를 한 몸에 받고 있는 훌륭한 직장인으로 이름이 나있다.

한 번은 그런 일이 있었다고 한다. 휴가를 가려고 했는데 예전 모셨던 상사로부터 연락이 왔다. 그것은 다름이 아니라 자신이 가기로 했던 숙박지를 물려주는 횡재였다. 그래서 신나게 잘 놀고 왔다. 그 숙박지에서 제공되는 서비스는 모두가 무료였었다고 하니 그런 횡재가 또 어디 있었겠는가.

얼마전 한 친구가 독신으로 직장생활을 잘 해오고 있었는데 50가까운 연세에 그만 취침 도중에 뇌졸중이 와서 갑자기 병원에 입원하게 되었다. 그렇게 홀로 살다가 병원에 입원하게 되니 간병해 줄 이도 없고 그야말로 대략난감이더라고 했다. 그러고 보면 결혼을 잘한 것이라고도 할 수 있다.

남편이 필요할 때를 얘기하라니 몇 가지를 얘기했다. 첫째는 청소할 때 그리고 두 번째는 운전할 사람이 필요할 때란다. 세 번째는 무거운 것 드는 것 등 힘이 필요할 때라고 한다. 참으로 머슴 이상의 그 무엇도 아닌 게 남자인 듯해 쓴웃음이 나왔다.

은퇴 이후의 삶에 있었서 여자에게 필요한 것 몇 가지가 있지만 그 속에 남편은 포함되어 있지 않다. 전혀 불편한 게 없고 오히려 속만 썩히는 애물단지로 전락한다는 것이 정설이다. 일식이, 이식이, 삼식이 등으로 불리기도 하는 천덕꾸러기로 변해버렸다. 꼭 필요한 것으로 되어 있는 것 중에 하나는 딸이다. 뭐니뭐니 해도 제속으로 나온 피붙이로 잘 통할 수 있고 공감대를 형성할 수 있는 것에 딸보다 더한 것은 없다는 것이다.

남자에게는 꼭 필요한 1순위가 아내다. 그만큼 남자에게는 여자의 뒷바라지가 절실하고 필수불가결한 요소이고 핵심적이지만 여자에게는 상황이 전혀 다르다는 것이다. 여자에게 있어 남자는 늙은 후에는 경제적인 능력도 잃어버리게 되면 빛좋은 개살구 신세가 된다는 것이다. 그래서 이삿짐을 싸면 제일 먼저 남자가 해야 할 일이 부인의 애완견을 꼭 가슴에 품고 있어야 버림을 받지 않는다는 우스개도 나오게 되었다. 그렇지 않으면 그냥 내버려두고 이사 가버린다는 얘기다. 참으로 애처로운 신세에 처하게 되었다.

신랑이고 처가가 모두 바닷가이니 회를 무척이나 좋아하겠다고 했더니 맞장구를 치며 좋아했다. 생선은 떨어지지 않고 자주 먹고 즐겨먹는다고 했다. 얼마전까지 다문화가족 교육을 맡았던 적이 있었고 이제는 그것에 정통한 전문가가 되려고 이것저것 열심히 파헤치고 있다. 박사과정에서 어느 만큼 고참이 되다 보니 회장직을 맡아야 한다고 해서 졸지에 회장 소리를 듣게 되었다고 난처한 표정을 짓기도 했다.

아무쪼록 제주도의 호랑이에 걸맞게 천하를 호령하는 호탕하고 당당하고 멋진 여장부로 계속 승승장구하기를 기원해 본다.

BRANDCALL
1599-0000

어느 택시기사의 자잘한 행복론

엊그제 시골에 가야할 일이 있어 택시를 잡아타고 서울역으로 향했다. “이제 휴가철로 접어들었으니 막히지는 않겠죠?”라고 물었더니 대꾸가 정겨웠다. “그럼요. 휴일이고 출근도 않고 휴가들을 많이 갔으니 서울이 텅텅 비었죠.”라고 답변을 했다. 그러면서 늘어놓는 사설이 보통이 아니었다. 연세가 얼마냐고 했더니 “6학년 7반입죠”라고 했다.

묻지도 않았는데 그때부터 자신의 살아온 인생을 쭉 늘어놓았다. 젊은 시절에는 운동을 좀 했다고 한다. 그러다 이제는 은퇴하고 제2의 인생을 사는 중이라고 했다. 얼마 전에는 두어 달 동안 마누라를 설득해서 하던 일을 관두게 했다. 본래는 간호사였는데 하도 힘들어하고 어려워하는 듯해서 급거 만류하고 설득해서 일을 놓게 하고 마음대로 놀러 다니라고 했다. 참 행복하게 사는 부부 같아 보였다. 젊은 시절에 권투선수였던 그는 항상 어디가 찢어지고 그러면 병원에 가서 상처를 치료하고 또다시 아물면 시합을 뛰게 되고 그러다 보면 또다시 상처를 입고 병원을 가게 되는 것이 다람쥐 쳇바퀴 돌듯 이어졌다. 그러다 간호사였던 지금의 아내를 만나게 된다. 처음으로 예비

사위로서 장인 장모를 만나러 갔다. 한상 가득히 차려진 음식을 앞에 두고 그랬다. “김치가 마음에 들지 않습니다. 윗부분을 자르고 통째로 내어주세요” 한보시기의 김치를 가져오라고 해서 거두절미하고 맛있게 식사를 했다. “만약 결혼을 하게 된다면 결코 아내를 밥 굶기지 않고 속 썩히지 않고 행복하게 해주겠습니다.” “저를 믿어주세요” 딸만 셋인 처갓집에 그렇게 해 장가를 들었다. 말은 그렇게 청산유수로 약속을 철석鐵石같이 했지만 집사람 속을 많이도 상하게 했단다. 그러나 지금까지 35년의 결혼생활을 잘 유지해 오고 있고 얼마 전까지는 7년 동안 홀로 된 장인을 모시고 살았다. 얼마전 돌아가실 때 장인의 연세는 91세였다. 선영봉사를 할 사람이 없어 아내와 아이들과 함께 장인장모의 제사까지 모신다. 아직도 장인어른의 방에 들어가면 그 흔적이 남아있고 그 체취가 느껴진다고 했다. 그는 그렇게 뼈다귀해장국을 좋아했다. 밥을 그렇게 소담스럽고 맛깔나게 먹는 것이 그의 특기라고 했다. 단 하나의 철칙은 있었다. 그것은 밥상에 최소한 생선 한 마리는 올라와 있어야 한다는 것이다. 그것이 비록 볼품없는 고등어나 꽁치일지라도 말이다. 아이들도 다 공부시켜 놓았고 이제 결혼만 시키면 된다. 큰아들도 대기업에 취직해서 잘 근무하고 있다. 딸도 서울 유수병원에 간호사로 근무하고 있다. 이러한 개인사를 들려주었다.

그러면서 개인택시의 4부제 시행에 대한 의견을 물었다. 이런 정책이 시행되다 보면 개인택시 기사들의 삶은 자체적으로 더 여유로워지기는 하겠지만 경제적으로 필요성이 더 많은 사람에게는 불편이 따를 것이다. 언젠가 택시기사에게서 들은 얘기 중에 이런 얘기가 있었다. 서울의 택시기사의 문제를 해결하면 서울시장이 될 수 있다. 그만큼 서울시의 교통문제는 심각하고 문제의 소지를 많이 안고 있다는 것이다. 얼마 전에 서울시의 교통을 변화시키는 부분에서 택시도 대중교통화 돼야 한다는 부분이 제기된 적이 있었지만 결국 유야무야 되고 말았다. 개인택시 가격도 보통 문제가 아니라는 얘기도 했다. 예전에는 개인택시만 한다 해도 충분히 중산층이라 할 만큼 여유로웠었는데 지금은 어림도 없는 얘기라고 한다. 게다가 기사들의 고령화도 상당한 문제로 대두되고 있는데 건강하고 활동적인 부분에 전혀 문제가 없으면 상관 없지만 그렇지 않으면 골머리를 앓게 하는 부분이 상당하다고 한다. 할아버지뻘이나 아버지뻘 되는 기사가 부지기수인데 비해 손님들은 각양각색이어서 그네들이 원하는 바를 다 맞추기가 만만치 않다는 것이다.

예전에는 서울시내 지리를 알려면 택시를 최소 5년 이상 했어야 한다는 얘기가 있었는데 지금은 어불성설이 되었다. 내비게이션이 있으니 웬만한 길은 다 통하는 것으로 되어 있다. 택시도 회사택시가 있고 개인택시가 있고 또 모범택시도 있다. 모범택시의 경우 서민들은 거의 꿈도 꾸지 못할 지경이 되어 있는 것이 오늘날의 현실이다. 예전에 한 친구의 넋두리에 의하면 그래도 술이 많이 취하면 대중교통을 이용하는 것보다는 택시를 이용하는 것이 실수를 줄이는 것이라고 했다. 어떤 이는 의정부까지 가야 하는데 더 멀리 가서 곤욕을 치르기도 한다는 것이다. 남쪽으로 가는 이는 수원까지 가야 하는데 천안까지 가서 그곳에서 택시로 오는 바람에 낭패를 당하기도 했다. 또 어떤 이는 지하철 선동차의 주차장까지 요금을 받으러 따라갔다. 그리고 일어나보니 빈털터리 신세가 되었다. 대략난감 그 자체였을 것이다. 또 어떤 이는 지하철 2호선을 타고 가다가 그냥 가는 바람에 순환선에서 몇 바퀴를 돌고서야 겨우 정신을 차리기도 했다.

일설에 의하면 서울의 택시가 너무 많다고도 한다. 많이 축소를 시켜야 한다는 얘기였다. 버스는 그래도 대중교통화 해서 기사들의 복지 임금 등은 충분히 보상되고 지원됨으로써 어느 정도는 대중교통으로서의 역할을 다하고 있다고 한다. 서울 외곽선의 입석금지가 얼마 전에 시행되기도 해서 여러 가지로 부작용을 유발시키기도 하고 있다. 아무튼 가, 나, 다로 3교대운행을 하는 개인택시도 줄여야 하고 회사택시도 대폭적으로 감축해야 한다는 얘기도 나온다. 어쨌든 서울의 대중교통은 이해관계인의 사활이 너무도 복잡하게 얽혀있다는 게 문제이다. 하루속히 원만하고 쾌도난마와 같은 속 시원한 해결책이 시도되고 실천되어서 모든 사람이 편하고 안심하게 택시를 이용할 수 있는 그런 날이 빨리 오기를 기대해본다.

제2부

扩大开放
进发展

5일의 마중歸來

지난 주말에 영화를 한 편 보았다. 본래 중국영화를 그렇게 썩 내켜하지 않는데 보게 되었다. 아마도 특별한 느낌을 주는 듯해 호기심을 가득 안고 보게 되었다. 감독은 장예모 감독이고 주연은 진도명과 공리였다. 암울했던 문화대혁명 시기가 배경이었다.

문화대혁명은 66년부터 시작되어 76년에 끝이 났다. 본래는 옌거닝의 육범언식陸犯焉識이라는 것이 원작이고 이것은 류엔스의 일생을 그린 것으로 되어 있었다. 귀래라고 되어 있는 것은 본래의 자리로 돌아간다는 의미를 담고 있는 것이란다. 그렇게 본래의 자리로 돌아가고자 했던 류엔스의 희망은 결국 이뤄지지 못한 소망으로 귀결되고 만다. 국가가 저질러 놓는 역사적 사건은 개인의 크나큰 아픔으로 작용되는 것임을 극명하게 보여주는 듯했다. 이로 인하여 한 가정이 풍비박산이 나고 아픔을 겪게 되는 내용으로 가슴 뭉클해지는 감동이 있었다.

처음 시작은 기차역에서였다. 웬 남자 하나가 철도역에서 웅크리고 있다. 그리고 곧 장면이 바뀌고 그 남자의 아내와 딸이 호출된다. 그리고 그의 탈출 소식을 알려주고 만약에 발견하게 되면 즉시 신고

하라고 한다. 20년 동안 단 한 번도 만나지 못했던 딸은 당연히 당의 지시에 협조하고 신고하겠다고 의사표명을 한다. 하지만 부인은 마지못해 그저 그렇게 수긍하는 듯한 모습을 보여준다. 딸인 단단은 무용수로서 주역을 꿰차고 싶은데 마음먹은 대로 되지 않는다.

비가 내리는 날에 탈출한 류엔스는 집으로 찾아온다. 평선생은 남편이 온 줄 알면서도 차마 문을 열어주지 못한다. 빗속에 집의 계단 위를 오르던 단단은 정체불명의 남자와 마주치게 되고 직감적으로 그가 아버지임을 인지하게 된다. 류엔스는 내일 아침 8시에 역에서 엄마를 만나서 엄마에게 전해달라는 얘기를 남기고 사라진다. 그러면서 그는 벽보에 붙어있는 종이를 찢어 만남에 대한 장소와 시간을 적어 문틈으로 밀어 넣는다. 불안을 느낀 단단은 공안 담당자에게 아버지를 밀고하게 된다. 그러면서 무용극에서 주연을 차지할 수 있도록 해달라고 한다.

드디어 다음날 여덟 시가 되고 평선생은 남편을 만나러 역으로 간다. 단단도 가고 공안 당국자들도 미리 잠복하고 있는 상태가 되었다. 수많은 인파들 속에서 결국 류엔스는 체포를 당하게 되고 그렇게 해후할 수 있는 기회는 사라져 버렸다.

3년여 세월이 흐른 후 류엔스는 방면되고 석방을 맞는다. 마중 나온 사람은 딸인 단단이었다. 그리고 아빠를 데리고 자신의 기숙사로 데리고 간다. 의아하게 생각한 류엔스는 집으로 찾아간다. 그리고 평선생을 만난다. 그러나 오랫동안의 결별로 인해 심인성 기억상실증에 걸린 그녀는 남편을 평아저씨로 오해하고 내쫓는다. 의사를 찾아간 류엔스는 의학적으로 어떻게 할 수 없는 병이라는 것을 알게 된다. 그러면서 그녀의 기억을 돌아오게 하기 위해서는 조금씩 그의 옛 추억을 되살려내야 한다는 얘기를 듣게 된다. 집에서 쫓겨난 류엔스는 결국 당에서 얻어준 숙소를 사용하게 된다.

류엔스는 평선생의 병을 고치고 기억을 돌아오게 하기 위해 별의 별 수를 다 써보지만 백방이 무효했다. 류엔스는 편지를 쓰고 5일에 돌아가겠다고 한다. 그리고 5일에 나타나지만 그녀는 그를 알아보지 못한다. 피아노를 즐겨 쳤던 류엔스는 피아노를 조율하고 직접 피아노를 연주하면서 그녀의 기억이 돌아오기를 희망하지만 잠시 돌아왔던 기억은 또다시 희미해져 버리고 만다. 결국 그의 짐을 소포로 부치게 되고 그 짐 속에는 그가 그녀에게 보낸 편지가 한가득 담겨져 있었다. 매일 평선생의 숙소에서 편지를 읽어주며 그녀의 기억이 돌아오기를 소망해 보지만 효험이 없다. 편지로 딸 단단을 집안으로 돌아와 같이 살게 하는데 성공하지만 제대로 기억을 회복시키지는 못한다. 단단은 아버지에게 그날의 일을 고백한다. 자신이 그렇게 아버지를 밀고했다고 실토한다. 그러자 류엔스는 다 알고 있었던 일이라고 한다. 5일 날의 마중은 끝없이 계속되는 일상이 되어버렸다.

얼마만큼 관계가 호전되어 류엔스는 그녀가 자고 있는 방에 들어가 이불을 덮어주려고 하는데 그것을 자신을 해코지 하는 줄로 안 평선생은 그를 몰아세우고 쫓아내 버린다. 그러자 류엔스는 딸 단단에게 평아저씨와 무슨 일이 있었냐고 다그친다. 그러자 단단은 평아저씨가 밥주걱으로 얻어맞은 적이 있었다고 한다. 그러자 그는 과연 평아저씨가 어떤 사람인지를 확인해보기 위해 먼 길을 떠나 그를 찾아보려 한다. 먼 길을 찾아가보지만 그는 이미 옥살이를 하고 있는 처지여서 만나지도 못하고 그의 부인으로부터 온갖 구박만 받고 돌아서고 만다.

그렇게 또 세월은 흘러 어느 눈 내리는 겨울의 5일이 다가오고 평선생은 호호백발의 할머니가 되어서도 오지 않는 류엔스를 맞이하기 위해 5일의 마중을 나간다. 눈 내리는 날에 피켓을 들고 역에서 오지 않을 사람을 기다리며 평선생은 갈구하고 있다. 그 님이 오기를…….

드라마나 TV에서 자주 봐왔던 인물이 진도명이었는데 영화에서 본 것은 이번이 처음이었다. 와신상담이나 강희대제 같은 역사물에서 주인공으로 멋진 연기를 보여주던 이였는데 이번에는 5일의 마중에서 제대로 명연기를 보여준 듯했다. 또한 여주인공인 공리도 아직 건재하며 얼마든지 멋진 모습을 보여줄 수 있다는 것을 새삼 느끼게 해주었다.

예전 윤정희라는 배우가 '시詩'라는 영화에서 노년의 아름다움을 멋지게 표현해 낸 적이 있었는데 그런 느낌이 들었다.

결국 인간은 뭔가 이루어질 수 없는 것에 집착하고 매달리고 갈구하는 것에서 인생의 참모습이 있는 것이 아닌가 하는 메시지를 전해주는 것만 같다. 인간은 본래 자신의 자리에 돌아가고 싶어 하지만 상대의 닫혀버린 마음을 여는 것에는 실패한 것이 인생에 대한 참의미란 해석을 내리고 있는 듯하기도 했다. 인간의 힘으로 어쩌지 못하는 그 뭔가가 생의 깊은 심연 속에 내재되어 있는 것은 아닐까 싶다.

베니스의 상인

엊그제 아들에게서 문자가 왔다. "이제 프랑스 여행을 마치고 베니스로 가요." 참 멋진 여행을 하고 있는 듯했다.

얼마 전에 본 영화 베니스의 상인이 불현듯 떠올랐다. 왜 그렇게 유럽 사람들은 유태인을 싫어했을까. 아마도 유태인들의 선민의식 때문이었으리라 여겨진다. 스페인에서는 16세기에 유태인을 추방했다. 그리고 포르투갈도 추방했다. 그러자 유태인들은 네덜란드로 갔다. 스페인은 몰락하고 네덜란드가 부강한 나라가 되었다. 이탈리아, 프랑스 등에서도 유태인들을 박해했다. 카토라고 하는 일정한 구역 안에서만 생활하도록 되었다. 그리고 일정한 직업에는 종사할 수 없었다. 그래서 불법적인 고리대금업 등에 종사했다. 베네치아에도 카토가 있었다. 그 카토는 운하로 둘러싸여져 있었고 두 개의 다리만 있었다. 밤늦은 시간에는 밖으로 나올 수도 없었고 나오려면 붉은 모자를 써야 했다. 유태인이란 표식을 하고 돌아다녀야 했다. 참으로 굴욕적인 삶이었고 어렵고 힘든 삶을 살아야 했을 것이다.

현재 노벨상의 20% 이상을 유태인이 수상하고 있다는 통계도 있었다. 히틀러는 4백만의 유태인을 학살했다. 유태인들은 고난과 핍박

속에서도 굳건하게 자신들을 지켜갔고 탁월한 능력들을 발휘해서 세계문명에 지대한 공헌을 한 바 있다.

세상에서 가장 빠른 정보력을 가지고 있고 자기들만의 정보전달체계를 가지고 있다. 70년대 초 이스라엘과 중동전쟁이 터졌을 때 그것을 가장 빨리 알아차린 사람들이 유태인이었다. 전쟁이 발발한지 24시간 내 전 세계 유태인이 알게 되었다. 다음으로 정보를 알게 된 이들이 중국의 화교들이었다. 다음으로 정보력이 빨랐던 이들은 사카이 상인으로 이름을 날렸던 일본이었다. 참으로 대단한 민족이지 않은가. 언제든지 조국을 위해 전쟁터로 달려가기 위해 채소나 금金 장사 등 현금화를 빨리할 수 있는 상품을 취급하는 것인 유태인이란 상인의 특징이라고 했다.

베니스의 상인 샤일록은 참으로 굴욕적인 모욕을 당한다. 안토니오가 지나가면서 침을 뱉으며 지나간 것이다. 그에게는 어여쁜 딸이 하나 있었다. 안토니오는 배를 몇 척 가지고 있고 무역을 해서 부를 축적해 가는 상인이었다. 그런 그에게는 바사니오라는 절친한 친구가 있었다. 어느 날 바사니오는 종자를 데리고 안토니오를 찾아온다. 벨몬트에 사는 포샤라는 여자가 있는데 그 여자에게 청혼을 하기 위해서는 지참금이 있어야 했다. 그래서 그것을 안토니오에게 부탁하게 된다. 안토니오는 결국 샤일록을 찾아가 차용증을 쓰고 돈을 빌린다. 그리고 그것에는 만약 기한 내 돈을 갚지 못할 경우에는 심장에 가까운 부위의 살 1파운드를 떼어가도록 한다는 것이었다. 돈을 빌린 바사니오는 감사의 의미로 샤일록 등을 초대해 파티를 연다. 샤일록의 종자는 악독한 샤일록을 떠나 바사니오의 종자가 되기로 한다. 바사니오는 포샤에게 간다. 포샤는 청혼자들에게 시험을 한다. 금, 은, 납이 든 세 개의 상자를 놓고 그것을 하나 선택하게 하는 문제를 낸다. 제대로 선택을 하게 되면 그 속에는 포샤의 초상이 그려진 것을 발견할 수 있을 것이라고 한다. 숱한 사람들이 시도를 하지만 아무도 해법을 찾지 못한다. 결국 바사니오는 납을 선택해 포샤와 결혼이 성사된다. 포샤는 징표로 반지를 준다. 결코 언제 어디에서든 그것을 빼서는 되지 않고 누구에게도 주지 않아야 한다는 서약을 한다. 좋은 아내를 얻게 된 바사니오는 친구에게 빌린 돈을 갚아야 한다고 해서 돈을 가지고 안토니오에게 간다. 그런데 약속된 변제기한이 경과되어 버렸다. 기한을 넘겨버린 변제는 의미가 없어지고 채무불이행의 조건에 의해 계약 내용대로 살 1파운드를 잘라내야 하는 절체절명의 위기 순간을 맞는다. 과연 안토니오는 죽음을 맞을 것인가, 바사니오는 제안한다. 기한은 늦었지만 빌린 돈의 2배든, 3배든 원하는 대로 갚겠다. 그러니 채무불이행에 따른 벌칙부과는 제외시켜달라고 한다. 그러나 샤일록은 막무가내이다. 곧이곧대로 하겠다는 얘기였다.

재판관은 난감해한다. 그러면서 이 재판을 주관할 새로운 재판관을 소개한다. 그녀는 현명하고 똑똑한 포샤가 남장한 인물이었다. 그녀는 계약이 성사된 대로 채무불이행이 있었으므로 그대로 살 1파운드를 잘라내라고 재판한다. 안토니오는 상의를 벗고 심장부근의 살 1파운드를 잘라내게 될 운명에 처하게 된다. 그리고 그는 의자에 앉아 재갈을 물린 채 운명의 신에 몸을 맡긴다. 그러자 포샤가 엄명한다. “살 1파운드를 떼어내라. 그 무게는 1파운드에 조금이라도 부족해서도 안 되고 조금 더 잘라내서도 안 된다. 그리고 또한 조건이 있다. 살은 잘라내도 되지만 피는 한 방울도 흘려서는 안 된다. 여기 차용증에 적시된 바로는 피를 흘리게 한다는 내용은 한마디도 없다는 것을 명심하라"고 한다. 서슬이 퍼런 샤일록은 몸을 부들부들 떨었지만 달리 시도할 대응책을 강구하질 못한다. 그러자 재판관은 그렇게 명한다. 베니스의 시민을 살해하려 했던 의도가 명확하므로 그에 합당한 벌을 내리겠다는 것이다. 그러면서 얘기하는 바는 기독교로의 개종을 명한다. 그리고 그의 재산을 전부 몰수하겠다는 것이다. 청천벽력 같은 얘기를 들은 샤일록은 혼절하고 만다. 그런 와중에 안토니오가 제안을 한다. 그 몰수된 재산을 자신이 관리하고 샤일록이 죽은 후에는 그의 딸에게 물려줄 수 있도록 해달라고 하는 것이다.

참으로 유쾌한 결말이 아닐 수 없다. 이는 셰익스피어의 대표적인 극작품이다. 일설에 의하면 이 샤일록이라는 이가 바로 셰익스피어 자신이라고도 한다. 흉년에 곡물을 사재기해서 큰돈을 버는 등 상인으로서의 수완을 발휘한 적이 있었던 그를 전형으로 하고 모델로 해서 작품을 만들었다고 한다.

카일 라일이라는 이가 위대한 영국의 작가 셰익스피어는 인도라는 거대한 식민지 제국과도 바꿀 수 없을 만큼 보배로운 존재라고 얘기를 했다. 국문학자 양주동 선생이라는 분도 자신을 국보라고 치켜세우기도 했는데 과연 우리나라에도 그러한 인물이나 위인을 가졌을까.

요즘은 영웅이 없는 시대라고도 한다. 이순신, 세종대왕. 안중근 등 몇몇을 제외하고는 그렇게 국민의 신망을 받는 이가 별로 없는 것이 아닌가 싶기도 한다. 그러나 정약용 선생이나 또는 수많은 독립운동가 등에서도 위인을 찾아볼 수는 있으리라 싶다. 베니스의 상인을 숙고하면서 깊은 상념에 젖는 가을이 되고 있다.

우먼Woman

얼마 전 신문을 읽는 중에 우먼과 마마를 대비해 놓은 칼럼 한 편을 읽었다. 그래서 작심을 하고 일드 우먼을 보았다. 다 보고 난 느낌은 참 이지적이라는 생각을 했다.

어떤 철학자의 표현에서 이지적이라는 것이 있었다. 인간은 본래 참 감정적인 것이 정상인데 이지적일 수 있는 것은 무척이나 절제된 부분이 있고 자신을 조절할 수 있는 정제된 무엇을 갖는다는 것이다.

일본에는 백이십만 명의 싱글맘이 있다고 한다. 그들은 제대로 된 지원도 받지 못하고 그 어려운 여건 속에서 자식들을 키워내기 위해 고군분투하고 있다고 하면서 그들의 애환을 보여주었다.

2009년 11월에 발생한 일이다. 부산의 중구 한 사격장에서 일본인 관광객 8명이 사망하는 일이 발생했다. 그런데 그들의 가족이 현장을 방문하러 왔었다. 그들은 결코 다른 사람이 느끼기에 그 어떤 슬픔도 외부로 드러나게 표출시키지 않았다. 속으로 울음을 우는지 모르겠지만 결코 다른 이들에게 그런 모습을 보여수지 않았다.

지하철역에 한 여자와 한 남자가 앉아 있었다. 남자는 히말라야에서 돌아오는 길이었고 여자는 우연찮게 지하철역에서 그 남자와 첫만

남을 갖게 되었다. 남자는 노래를 불러보라고 했고 여자는 노래를 불렀다. 그리고 남자는 캐러멜 하나를 여자 손에 건넨다. 그렇게 시작된 두 사람의 만남은 곧 교제로 이어졌고 결혼까지 갔다. 그 후 그들은 신혼살림을 차렸고 아이까지 갖게 된다.

첫아이는 딸이었다. 4년 후 둘째를 가졌다. 그런데 남편은 본래 1년을 돈 벌고 6개월을 여행하는 등 무분별한 생활을 하던 이였다. 그런데 결혼 후에는 직장일에 전념했다.

남자는 어린 시절부터 이혼한 부모 밑에서 자랐다. 엄마와 함께 시골에서 생활을 했는데 언젠가부터 엄마마저 도시로 떠나고 생활비만 송금되어 왔다. 홀로 각종 공과금을 처리하고 엄마와 같이 사는 것처럼 위장僞裝하면서 생활했다.

어른이 되어 엄마에게 가 보니 홀로 외로워하고 생활고에 지쳐있는 모습을 보여주었다. 그는 그런 속에서 찻집에 앉아 아내에게 편지를 쓴다. 그리고 아내의 엄마 집으로 간다. 아내에게 줄 목도리를 갖고 갔다. 식사를 잘하고 엄마가 아내에게 주라고 한 배를 한아름 안고 집을 나섰다.

아내는 엄마가 어린 시절 자신과 아버지를 버리고 간 사람으로 20년간 연락이 두절된 상태로 지냈다는 것도 알고 있었다. 그 엄마에게는 새로운 남편이 있었고 딸도 한 명 있었다.

사위는 전철을 타고 집으로 오는 중 치한으로 몰린다. 지하철역에서 쫓겨나 린치를 당한 후 굴러 떨어지는 배를 줍기 위해 승강장으로 다가가는 순간 어떤 고약한 남자의 발에 의해 승강장 밑으로 떨어지고 그곳에서 죽음을 맞는다. 그곳에는 치한이라고 외쳤던 여동생이 있었고 모든 상황을 목격했던 바였다. 여동생은 자신의 과오로 인해 죽음을 맞이한 사람으로 인해 고생하고 있는 언니를 생각할 때마다 죽고 싶은 생각을 하게 되는 죄책감에 시달린다. 엄마에게 모든 사실을 털어놓은 그녀는 모든 일에 의욕을 잃게 되고 집에서 나오게 된다.

졸지에 남편을 잃은 주인공은 아이 둘을 데리고 열심히 살아간다. 무거운 배낭을 메고 한손에는 유모차를 끌면서 힘차게 살아간다. 자치센터에 생활보호대상으로 신청을 하지만 가족이 있고 그 가족에게 부양의사를 조회한 결과 부양하겠다는 의사를 표명함에 따라 그는 지원금도 받지 못하게 된다.

우연찮은 사고를 당해 병원에 가 본 결과 그는 재생불능성 빈혈백혈병을 앓고 있다는 것을 알게 된다. 집세도 낼 수 없을 지경까지 가게 된 그녀는 결국 엄마에게 도움을 청하러 간다. 그리고 결국 엄마 집에 살게 해달라고 간청한다. 가족들은 모두 찬성하나 엄마는 미온적이었다. 가족의 설득에 의해 마지못해 같이 살 것을 허락한다. 그런데 조건을 다는데 그것은 사위와 관련된 것은 가져오지 말라는 것이었다. 한결 편안하게 지내게 된 주인공은 가족의 소중함을 하나씩 깨우쳐가게 된다. 딸아이를 친구 집에 보냈는데 딸아이가 토라져 홀로 귀가하는 일이 생겨 아이를 찾아 이리저리 쫓아다니게 되기도 한다. 병원치료를 며칠씩 받는 와중에 아이가 자신의 병원으로 왔음을 감지하고 아이에게 자신의 존재를 숨겨달라고 하기도 하지만 결국 아이를 만나는 모습을 보여주기도 한다. 골수이식을 위해 엄마도 검사를 받고 여동생도 검사를 받는다. 결국 여동생의 골수를 이식받기로 하고 주인공은 재생의 기쁨을 맛보기도 한다. 여동생이 남편의 죽음과 관련이 있다는 것을 알고 분노하고 격분하기도 하지만 결코 되돌릴 수 없는 일임을 알고 용서하고 감싸 안는다.

엄마는 환경이 열악한 딸을 위해 에어컨을 설치하도록 하지만 집 구조가 약해 에어컨을 설치할 수 없는 상황임에 안타까워하기도 한다. 감정의 절제를 조절해가며 소소한 일상을 묘사한 참으로 어렵고 힘든 삶이지만 그것을 극복해 내고 어려움을 이겨내고자 하는 이지적인 부분에서 박수갈채를 받아 마땅해 보였다. 자신에게 주어진 상황과 여건 하에서 나름대로는 열심히 노력하고 최선을 다하고자 하는 모습에서 인간의 의지의 극한을 느껴볼 수 있었던 듯하다.

남편의 사진을 항상 한쪽 편에 두고 그가 함께하는 것처럼 그렇게 살아가는 것에서 또 다른 면모를 보여주는 듯했다. 오로지 자신이 살아야 하는 이유가 자식들을 제대로 교육시키고 양육시키는 부분에 있는 것처럼 비쳐지는 것에서는 조금은 시각차가 느껴질 수도 있겠다 싶었다. 자식들의 삶도 중요한 부분일 수 있겠지만 자신만의 삶을 개척하는 모습 또한 있어야 할 것 아닌가 하는 의문 또한 품을 수 있었다.

자식을 버린 엄마라는 죄의식에 시달리는 엄마와 또한 자신의 과오로 인해 엄청난 시련과 고통을 당하고 어려워하는 것에서 용서를 구하고자 하는 여동생에게 죄를 묻지 않고 용서하는 것에서 인간의 굴레를 다시 한 번 생각하게 만들었다.

우먼은 여자, 여성, 여인을 의미하는 것으로 되어 있다. 요즘은 여성의 힘이 남자를 압도하는 여성상위의 사회분위기가 느껴진다. 그렇긴 하지만 어쨌든 여자는 약한 존재임에도 틀림없다.

여자들이여 힘을 내자. 파이팅!

필로미나의 기적PHILOMENA

늦은 밤 시간이었다. 동창생 녀석이 클라우드에 올려놓은 영화 한 편을 보았다. 한 시간 37분이라는 긴 시간이었다. 중간쯤만 보고 다음에 보려고 작정을 했었는데 결국 다보고 말았다.

필로미나의 기적이라는 영화였다. 스티븐 프리어스 감독 작품이었다. 주연은 스티브 쿠건(마틴 식스미스역)와 주디 덴치(팔로미나 역)였다. 주디 덴치는 80세의 고령인 영국출신 배우였다. 시작은 필로미나가 아들의 50회 생일날에 어린 시절의 사진 한 장을 딸 제인에게 주면서 그를 찾겠다고 얘기하는 것에서 시작이 된다.

그녀는 미혼모로 아기를 낳았다. 어린 시절 놀이동산에 놀러갔다가 훤칠한 멋진 남자를 만나 사랑에 빠졌고 그것은 곧 임신으로 연결이 되었다. 아이가 거꾸로 자세를 잡고 있음에도 불구하고 진통제도 없이 수녀원에서 출산을 하게 된다. 그리고 4년 후 잘 지내던 여자 아이 한 명과 같이 앤서니는 입양되어 먼 길을 떠나게 된다. 이런 사실을 알게 된 필로미나는 울부짖으며 앤서니를 목청껏 불러보지만 결국은 기약이 없는 이별을 하게 된다. 세탁일 등을 하며 오로지 한 시간의 면회시간에 아이를 볼 수 있었던 그녀는 이제 그 만남도 갖지 못하게 된다.

딸 제인은 오빠를 찾기 위해 파티에서 만난 전직 BBC기자 출신인 마틴 식스미스에게 오빠를 찾아주길 부탁한다. 일언지하에 거절한 마틴은 집에 돌아와 곰곰이 생각한다. 그리고 두 여인을 만나 사정 얘기를 듣고 아들 찾기에 돌입한다.

필로미나와 마틴은 차를 몰고 수녀원을 전격 방문하지만 입양에 대한 기록을 찾을 수 없었다. 모두 불탔다는 것이다. 마을 주민에게서 경제가 어려운 상황이었던 시절이라 수녀원에서 돈을 받고 미국으로 입양을 보냈다는 정보를 입수한다. 미국에는 친모에게 입양에 관한 정보를 제공해야 한다는 법조문을 갖고 있다는 것에 희망을 건다. 그리고 언론사의 협조를 받는다. 아들을 찾는 얘기를 시시각각으로 보도하고 연재를 하는 조건이 부가된다. 둘은 미국행 비행기에 오른다. 목캔디를 건네기도 하고 하느님을 믿느냐는 질문도 던진다. 필로미나는 믿는다고 하는데 마틴은 좀 회의적인 반응을 보인다.

미국에 도착한 그들은 아들이 앤서니에서 마이클로 이름을 바꿨고 대통령의 법률 자문역을 맡아 일했다는 등의 정보를 알아내게 된다. 같이 활동했던 여성을 만나 그의 활동 내역이 들어 있는 사진 등을 보게 된다. 그는 동성연애자였다. 그리고 40대 초반의 나이에 에이즈로 사망했다는 것을 듣게 된다. 여동생에게 찾아가 그에 관한 얘기를 듣기도 한다. 그리고 마지막으로 동성애 상대였던 친구에게 찾아간다. 문전박대를 당한 마틴은 분노한다. 그러나 필로미나가 찾아가자 문을 열어준다. 그리고 영상물을 보여준다. 그가 찾아간 곳은 수녀원이었다. 그리고 그 수녀원에 묻혀있었다. 둘은 다시 수녀원을 찾는다. 그리고 왜 그들이 친모의 존재를 숨겼는지를 추궁한다. 필로미나는 수녀를 용서한다. 그리고 그 무덤을 찾는다. 아들이 얼마나 고향을 그리워했는지를 회상한다. 겔틱하프뱃지를 양복에 달고 있었다. 그것은 아마도 아일랜드를 상징하는 것이었다. 마틴 식스미스는 수녀에게 그들이 그렇게 숨기고 은폐한 것에 대해 분노를 쏟아낸다. 참으로 안타까운 모습이었다.

이 영화는 실화를 바탕으로 하고 있다. 원작은 필로미나의 잃어버린 아이라는 제목이었다고 한다. 2013년 2월에 아일랜드 엔다케 총리가. "과거 아일랜드 강제 노역시설에서 고통 받는 피해자들에게 사죄한다"라는 공식적인 사과를 한 바 있었다. 50년 동안 숨겨져 왔던 일들이 끈질긴 집념에 의한 진실규명에 의해 샅샅이 드러나게 되었고 진실이 규명되었다.

왜 기적이라고 제목을 붙였는지는 의아했다. 그런 것보다는 오히려 잃어버린 아이라는 것이 더 설득력을 갖지 않았을까 여겨지기도 했다. 조직적으로 인간의 근본을 숨기고 자신들의 과오를 덮으려는 것에 분노하게 만드는 듯했다. 50년간 친모를 그리워했을 아이의 아픔이 절절했을 듯했고 그것을 묻어두려 했던 친모의 아픔도 오롯이 전해지는 듯했다. 절제되고 성숙하게 자신의 감정을 드러내지 않고 죄업을 지은 이들을 용서하는 것에서 진정으로 인간적인 면모가 드러나는 것 같았다.

우리나라 아이들이 해외로 입양되고 그리고 그들이 생모를 찾아 한국으로 돌아오는 것이 비일비재했던 때를 다시 되돌아보게 만드는 듯했다. 정말 미워해야 마땅하고 분노해야 마땅함에도 결코 그들에게 책임을 추궁하지 아니하고 그것을 포용하고 용서하는 것에서 또 다른 인간미의 정수를 보는 듯했다.

당초 시작에서부터 끝까지 결코 흐트러진 모습을 보이지 않고 초연한 자세로 꿋꿋하게 과연 그의 자식은 엄마를 그리워했을까 라는 화두를 가지고 출발했고 그렇게 아들이 원했고 간구해서 수도원까지 방문했고 수도원에 묻히기를 원했던 것에서 인간의 본성이 항상 하나로 통해있다는 것을 느껴볼 수 있는 작품이었다. 주디 덴치라는 배우의 진면목을 느껴볼 수 있었고 팔순 노배우의 관록과 절제된 연기를 통해 생의 원숙함을 느껴볼 수 있었다.

예전에 우리 영화에 화제작으로 떠오른 것이 있었는데 그것은 밀양이라는 것이었다. 자신의 자식을 죽인 살인마를 용서하고 그 끔찍했던 기억에서 벗어나기 위해 안간힘을 쓰는 전도연의 처절함도 빛났던 영화였는데 그와 유사하게 인간에게 용서라는 것이 어떤 의미인가를 되새겨보게 만드는 것이 필로미나의 기적이 아닌가 한다.

THE JUDGE

더 저지THE JUDGE

얼마전 영화를 한 편 보았다. 더 저지라는 영화였다. 로버트 다니어 주니어의 주연이었다. 로버트 듀발이 조연이었다. 감독은 데이빗 돕킨이었다. 우리나라에는 아직 상영이 되지 않았고 2014년 개봉이 된 영화였다.

대도시의 잘 나가는 변호사 행크 파머는 어머니의 부고를 듣고 고향마을로 향한다. 오랜 동안 가족들과 소원했던 파머는 가족들을 만난다. 아버지는 오랫동안 시골마을의 판사로 재직해왔고 강직하기로 정평이 나있다. 아버지는 오늘도 내일도 묘지에 올 것이라고 독백을 하기도 한다.

로버트 듀발은 31년생으로 85세였다. 거의 조연을 도맡아 하다시피 하는 배우였다. 장례식날 밤 계란을 사러 슈퍼에 갔다가. 자신이 맡았던 사건의 피고인을 치여 죽게 했다. 그런데 아버지는 그 상황을 기억해 내지 못한다. 슈퍼를 나와서 제분소에 들렀다고 했는데 그것은 사실이 아니었다. 슈퍼의 CCTV에는 아버지의 행적이 고스란히 담겨져 있었다. 아들은 아버지를 위해 최선의 변호를 한다. 배심원들이 선정되자 차량의 스티커를 어떤 것으로 했느냐로 질의하면서 자신의 편으로 끌어들일 사람들을 구분한다.

큰 아들은 타이어 가게를 운영하고 막내아들은 그냥 지능이 좀 모자라는 이로 나온다. 메이저리그로 성장할 수 있었던 형은 둘째 아들이 음주운전을 하는 바람에 모든 꿈이 물거품이 된다. 아버지는 아들을 좀 더 나은 방향으로 벌 줄 수 있었는데 소년원으로 보낸다. 아들은 아버지에게 억하심정을 갖게 되고 독립해서 죽으라고 공부해서 로스쿨을 다닌다. 그리고 수석으로 졸업한다.

아버지에게 아들은 그렇게 얘기한다. 왜 사회봉사보다 가벼운 처벌을 할 수 있게 하지 않았냐고 질의한다. 아버지는 그렇게 답변한다. 네가 네 형의 인생을 망쳤지 않았느냐 너는 당연히 죄를 지은 것에 대한 합당한 벌을 받아야 한다. 행크는 딸을 불러온다. 할아버지는 손녀에게 정성을 다하고 온화한 할아버지의 모습을 보인다. 무섭고 어려운 할아버지가 아니라 다정다감하고 한없이 좋은 모습의 할아버지로 변신한다.

행크는 식당에 갔다가 우연찮게 아리따운 아가씨를 만나게 되고 하룻밤 정분을 나눈다. 그런데 알고 보니 식당을 하는 옛 여자 친구의 딸이었다. 그는 여자 친구에게 누구의 자식이냐고 추궁한다. 그러자 그녀는 네 형의 딸이라고 얘기한다. 왜 그랬냐니까? 네 형은 평범해서 좋았다고 답변한다. 자전거를 타고 있었던 피해자는 결국 차에 치였고 그 차에는 피해자의 혈흔이 남아 있었다. 행크는 자전거를 타고 사고 현장을 살펴보고 고의적으로 차량이 자전거를 친 것이 아님을 확인해 낸다. 지루한 법정공방이 이어진다. 아버지는 판사로서 자존심을 세우기 위해 자신의 병을 숨기려 하고 아들은 모든 것을 드러내고자 한다.

어느 날 아버지는 한밤중에 서 있는 채로 설사를 한다. 자신의 몸을 혼자서 스스로 제어하지 못한 것이다. 아들은 아버지를 목욕탕으로 데리고 가고 손녀는 할아버지 뭐하냐고 바깥에서 추궁해댄다. 참으로 대략난감한 순간이 아닐 수 없었다. 손녀가 들어오면 안 된다고 얘기를 하고 변명을 둘러댄다. 아들은 아버지가 그렇게 과실치사로 사람을 치었지만 그것을 인정하고 싶어하지 않는다는 것을 안다. 아버지는 피해자에게 예전에 판결을 할 때 무척이나 관대한 처벌을 내렸다고 한다. 왜 그랬냐고 추궁하자 아버지는 너 같아 보였기 때문이라고 얘기한다.

결국 아버지가 증언대에 세워지고 추궁을 당한다. 자신은 그 사건을 기억해 내지는 못하지만 그렇게 치였던 것 같다고 진술한다. 법정에서 심리중에 쓰러진 아버지는 다시 병원에서 치료를 받기도 한다. 결국 피해자를 살해한 고의 부분에 대해서 유죄가 배심원에 의해 선고된다. 결국 판사는 징역 4년을 선고한다. 아들은 억울해 하지만 자신으로서는 최선을 다했다고 자위한다.

허리케인이 부는 날에 가족들은 지하에서 예전의 영상물을 보며 추억에 잠긴다. 그러던 중 아버지는 화를 참지 못하고 영사기를 부숴버리고 밖으로 나간다. 야외에서 아버지와 술을 한잔 나누며 최고의 변호사가 누구냐고 물어본다. 아들은 그 고급 술병을 수천 번도 더 따고 싶어했다고 고백을 한다. 그러자 아버지와 아들은 각자가 생각하는 최고의 변호사를 얘기한다. 형은 동생에게 아버지를 감옥에 보내서는 안 된다고 신신당부하며 법정에서 이겨줄 것을 간곡히 당부한다. 네가 가고 그리고 아버지가 돌아가시면 막내는 어떻게 보살필 것이냐고 한다.

아버지는 결국 재판에서 졌고 감옥으로 들어간다. 9개월이 지나고 가석방 대상이 되었다. 아들은 가석방을 신청하고 아버지는 석방된다. 하지만 모든 것을 잃은 후였다. 아버지와 아들은 호숫가에서 낚시를 하면서 안온함을 즐긴다. 아버지는 아들을 인정해서 최고의 변호사는 너였다고 고백한다. 그러면서 임종을 맞는다. 아들은 다시 한 번 법정으로 가서 판사로서 평생을 살아온 아버지가 앉았던 의자를 돌려보며 아버지에 대한 감회에 젖는다.

과연 아버지는 제대로 된 판사였는가? 이 영화의 제목이 더 파더가 아니라 저지인 것은 판사의 삶을 더 중점적으로 초점을 맞춘 것으로 보여진다. 아버지와 아들 간의 심리묘사가 탁월했던 듯하다. 평생을 판사로서 존경받으며 살아온 인생이 하루아침에 한 번의 과오로 인해 물거품이 되는 것이 상당히 인상적이었다. 아버지의 잘못임을 아는 상태에서도 미워했던 아버지였지만 그를 위해 최선을 다해 자신의 역량을 발휘하고자 했던 변호사 아들을 통해서 가족애라는 것을 새삼스럽게 느끼게 해준 영화였다. 결국 가족은 어떤 잘못을 했던지 그것을 감싸주고 덮어주고 이해해 주어야 하는 것이 그 본질이라는 것을 일깨워 준 것이다.

외롭고 고독한 가운데 강직하고 꼿꼿한 이미지의 판사로서 자긍심을 보여주고자 했던 로버트 듀발의 연기는 압권이라 할만한 명연기였다. 언제나 인간은 외롭고 고독할 수밖에 없지만 가족이 있고 그들이 위로해주고 응원해 주는 것에서 힘을 가질 수 있고 생의 의미를 찾을 수 있는 것다는 것을 보여준 것이 아니었을까?

마에스트로 리더십

얼마전 일이었다. 충남대 서희태 교수의 마에스트로 리더십에 관한 강의를 들을 기회를 가졌다. 조직의 내로라하는 분 150여 명이 들었다.

마에스트로는 오케스트라 지휘자 중에서 최고의 지휘자를 일컫는 것이란다. 세계적인 마에스트로 6명에 대한 얘기를 하면서 조직의 리더들이 본받아야 할 점을 언급했다.

오케스트라의 구성부터 얘기했다. 현악기, 목관악기, 금관악기 등으로 구성된다. 40명 수준일 경우도 있고 오늘날은 1,000명이 한 오케스트라를 구성하기도 한단다. 목관악기냐 금관악기냐의 구분은 피스라는 것을 사용하느냐 하지 않느냐의 여부에 달려있다. 피스를 쓰면 목관악기이고 쓰지 않으면 금관악기란다. 그러면 색스폰은 어떠냐. 피스를 쓰기 때문에 목관악기이다. 교향곡 오페라 등을 위해서는 오케스트라가 있어야 한다. 그것은 언제나 무대 앞쪽에 위치를 하고 대부분의 연주자는 거의 보이지 않는 상태가 된다. 제대로 된 마에스트로는 결코 자신을 내세우지 않는다. 작곡가, 연주자 그 외 성악가 등을 주인공으로 부각시키고자 한다.

세계 3대 오케스트라가 있다. 오스트리아의 빈필오케스트라, 베를린 필하모닉, 그리고 뉴욕 필하모닉 오케스트라다.

베를린 필하모닉은 지휘자의 신이라 불리는 카라얀이 있었던 곳이기도 하다. 가장 뛰어난 연주자들을 갖고 있으며 대단한 기량을 뽐낸다.

빈필은 지극히 보수적인 그러나 아름다움을 간직하고 있다. 고도의 세련미와 유연함을 자랑한다. VIP석 관람료가 35만 원이라는 고액을 책정해 2004년도에 고가티켓 논란을 가져왔다. 이듬해 베를린 필이 45만 원으로 최고가를 경신했다. 3대 오케스트라의 티켓은 20만 원 이하로 내려간 적이 없다.

지휘자는 절대적인 영향력을 가진다. 자신과 함께 할 연주자를 선택할 수 있는 권한을 가진다. 또한 책임이 뒤따른다. 지휘자는 자신이 선택한 연주자의 상태를 잘 파악하고 연주자의 필요에 따라 연주자를 배려하는 리더십이 필요하다. 지휘자는 자신이 선택한 연주자를 신뢰해야 한다.

주빈 메타라는 지휘자가 있었다. 비엔나 필하모니의 상임지휘자였다. 서교수가 새까만 단원이었을 때 그를 불러 커피를 마시러 가는데 같이 가겠냐고 했다. 그래서 커피를 한잔 하면서 얘기를 나눴단다. 이제부터는 서군이 나를 너라고 부르게 했다. 세계적인 지휘자가 되려면 자신감이 있어야 하는데 그렇게 자신감이 없어서는 안 된다고 했다.

언젠가 연주를 하면서 연주를 중단한 적이 있었다. 그것은 성악가가 자신의 역량을 발휘해서 최고의 노래를 선사할 수 있도록 기회를 제공하는 것에 목적이 있었다. 참으로 대단한 지휘자이고 거장의 면모를 느껴볼 수 있는 대목이다. 그의 노래는 성공적이었고 청중으로부터 우뢰와 같은 박수를 받았다.

다음은 리카르도 무티라는 지휘자이다. 이탈리아 출신이었다. 그는 지휘자로서 독보적인 존재였다. 그는 단원과 직원 700여 명으로부터 한 통의 편지를 받게 된다. "당신은 위대한 지휘자입니다. 그러나 함께 일하고 싶지 않습니다. 사임해 주십시오. 왜냐구요? 당신은 우리가 발전하도록 하지 않습니다. 당신은 우리를 파트너가 아닌 악기로 사용합니다. 그리고 우리의 음악하는 기쁨을 빼앗아 갑니다." 그는 결국 단원들의 신임 투표에 의해 해임을 당하게 된다. 그리고 그 후 시카고필로 자리를 옮기게 되고 단원들이나 연주자들의 의견을 많이 수용하는 쪽으로 변화되었다. 훌륭한 지휘자였지만 다소 과장되고 독단적이었던 부분으로 인해 곤욕을 치렀다.

어떤 드라마나 연극 같은 것에도 전혀 대본에 없는 대사가 연출될 때가 있다. 이것이 애드립이다. 오케스트라도 연주 중에 연주자의 탁월한 기량을 뽐낼 기회가 주어진다. 그것을 카덴차라고 한다. 연주자에게 자신의 월등한 실력을 마음껏 발휘할 기회를 갖는 것을 말한다. 무티는 연주자에게 카덴차를 할 수 있는 기회를 주지 않았다. 그로 인해 그는 결국 독불장군으로 전락했고 단원들로부터 배척을 당했다.

다음 세 번째 마에스트로는 베네주엘라 출신의 지휘자 구스타보 두다멜이다. 진정으로 음악을 즐기는 21세기형 지휘자이다. 항상 웃는 모습으로 지휘를 한다. 지휘의 즐거움이 바탕에 깔린다. 지휘자가 웃는 모습을 연주자가 본다. 즐거움을 같이 받으며 전염이 된다. 음악을 즐기는 젊은 타입의 지휘자이다. 관객까지 즐거움으로 물들게 하는 아주 젊은 마에스트로이다. 재기발랄함이 돋보인다.

네 번째는 소통과 화합의 리더십이다. 자신의 핸디캡을 최고의 지휘로 승화시킨 토스카니니이다. 극도의 근시였던 그는 전체 악보를 다 암기하고 난 후에 연주를 하고 지휘를 했다. 원래 첼리스트였다가 지휘자로 변신했다.

어느 날 오페라 아이다의 공연 지휘자가 갑자기 불참을 하게 되어서 젊은 나이의 토스카니니가 지휘자로 지휘를 하게 된 것이 시발始發이었다. "혼자의 연주가 아닌 오케스트라 전체가 혼연일체가 되어 만들어 내야 하는 음악을 위해서 나처럼 지독한 근시로 악보를 볼 수 없는 연주자로써 암기暗記는 당연한 것이다" 그가 죽고 나자 오케스트라는 일 년 동안 그 없이 연주회를 가졌고 1년 뒤에는 오케스트라가 해체되는 수순을 밟기도 했다.

다섯 번째는 카라얀이다. 지휘자는 완벽한 정신세계 속에서 자기가 원하는 소리를 창조한다. 카라얀의 지휘 모습은 대부분 눈을 감고 있고 그의 손은 허공을 떠다니는 듯 지휘한다.

"내가 오케스트라에게 입힐 수 있는 가장 큰 손해는 단원들에게 명확한 지시를 내리는 것이다. 명확한 지시는 앙상블을 만들어내기 때문이다. 오케스트라에게 가장 필요한 것은 서로를 듣는 앙상블이다." 정해진 박자 동작이 아닌 느낌으로 하는 지휘이다.

오케스트라는 내가 일일이 알아주지 않아도 알아서 할 수 있다는 믿음을 가져야 한다. 항상 지휘자만 볼 수 없다. 귀를 열고 짧은 시간이라도 소통의 기운을 나누며 호흡을 공유해야 한다. 서쪽에는 카라얀 동쪽 대륙에는 번스타인이라는 말이 회자膾炙될 정도의 마에스트로로서 독보적인 존재였다.

마지막 마에스트로는 레너드 번스타인이다. 뉴욕필의 지휘자이다. 오케스트라를 지휘할 때 번스타인의 표정은 변화무쌍하다. 또한 번스타인의 지휘봉은 자주 오른손이 아닌 왼손에 가 있다. 이것은 "이제는 직접 연주자가 이야기를 들려줍니다." 라고 이야기 하는 것이다. 이를 통해 완전히 자율적인 오케스트라가 가능하게 된다. 그는 단지 연주자의 연주를 즐길 뿐이다. 그의 눈을 보면 연주자에게 칭찬의 미소가 전해지고 있다. 이것은 마음에서 나오는 것이다. 이런 상태가 되면 오케스트라는 놀라운 경지에 이르게 된다. 칭찬은 공개적으로 하고 구체적으로 하며 즉시 칭찬하는 특징을 가진다.

그는 지휘봉으로 지휘하는 것이 아니라 표정과 웃음과 눈 찡그림 등으로 오케스트라를 지휘하는 모습을 보여주기도 한다. 표정 하나만으로 연주자의 연주상황을 다 체크하고 통제하는 모습의 경지는 거의 신기하다는 말밖에 할 말을 없게 만든다. 조직의 구성원들을 일사분란하게 움직이게 만들고 자신의 주어진 역할에 최선을 다하게 하고 자기의 능력을 충분히 발휘할 수 있게 하는 리더십을 발휘하게 한다면 그런 조직의 성공은 불을 보듯 뻔한 것이리라. 그는 지휘봉을 놓고 얼굴 표정만으로 전체 오케스트라를 조정하고 통제할 줄 안다. 얼굴을 찡그리고 미소 짓고 온갖 표정을 다 지으면서 오케스트라 단원을 쥐락펴락하는 모습은 경이감을 느끼게 한다. 황소를 지붕 위로 올리는 가족의 능력처럼 그렇게 리더에게 열성적으로 충성하고 조직의 목표에 매진하는 구성원이 있다면 이룰 수 없는 조직의 목표는 없을 것이다.

조직의 구성원들이 리더의 표정 하나로 지휘되고 통솔이 된다면 그 조직은 말이 필요 없이 성공적인 과업 달성이 가능할 것이다. 이런 조직이 경쟁에서 살아남고 목표를 이루는 탁월한 조직으로 거듭날 수 있으리라.

마에스트로 리더십을 보면서 조직에서 리더의 중요성과 함께 리더의 역할을 새삼스럽게 느껴보았다.

불륜

노아 솔로웨이 가족은 여름 휴가를 떠난다. 뉴욕의 번잡한 도시생활에서 벗어나 몬탁이라는 휴양지로 간다. 짐을 꾸려 떠나는 날에 아들은 한바탕 쇼를 벌인다. 가족의 관심을 받기 위해 위장 자살극을 꾸민 것이다. 기절초풍한 주인공은 아들을 다독이고 아무 일 없는 듯이 그렇게 일상에서 탈출한다.

노아는 교사이자 소설을 쓰는 작가이다. 그는 어렵게 세상을 살았고 45세에 이르렀다. 베스트셀러 작가인 장인의 도움으로 생활비를 받아 살아가고 있다. 그는 수영특기생으로 정평이 나 있기도 하다. 몬탁에 도착한 이 가족일행은 식당에 들어가서 식사를 주문하는 중에 한바탕 소동을 겪는다. 둘째 딸이 구슬을 삼켜 기도가 막히는 일이 생긴다. 그러자 웨이트레스인 앨리슨이라는 여자가 아이를 거꾸로 세우고 등을 토닥여 구슬을 토하게 한다. 이것이 노아와 앨리슨의 첫 만남의 순간이었다. 이러한 얘기는 각자 노아와 앨리슨의 시각에서 각각 별도로 묘사된다. 바닷가에서 휴식을 취하고 있넌 앨리슨은 바림 쐬러온 노아와 다시 만나게 되고 둘은 앨리슨의 집까지 동행하게 된다. 앨리슨의 집에는 야외 샤워장이 마련되어 있었다. 둘은 작별을 고하고 집으로 돌아가려던 노아는 앨리슨이 그녀의 남편 콜과 거칠게 자동차 본넷 위에서 벌이는 거친 정사情事를 목격하게 된다. 앨리슨의 남편은 목장을 경영하고 있으며 어머니와 형제들과 함께 살고 있다. 동생 케이티는 30세의 총각으로 목장 일을 돕고 있다. 나머지 두 동생은 결혼해서 목장 일을 돕고 있다.

야외로 가던 노아의 가족은 목장에 가보고 싶은 호기심을 갖게 되고 결국 그곳에 들른다. 아들 헌트는 목장 일을 배워보고 싶다고 해서 그곳에서 일을 배우게 된다. 그러던 중에 케이티는 큰딸 휘트니에게 관심을 보인다. 휘트니는 겨우 17세의 고등학생이나 한창 이성에 관심을 기울일 나이였다. 그러나 그런 것에 신경을 쓰는 이는 아무도 없었다. 이야기의 전개는 항상 경찰서 취조실에서 노아와 앨리슨이 심문을 받는 것으로 전개된다. 그것은 결국 케이티가 교통사고를 당해 죽임을 당한 사건과 관련이 있다. 그래서 두 사람의 혼외정사가 그 어떤 동기나 원인을 제공한 것으로 간주된다. 둘의 관계는 급속도로 발전된 관계로 진전된다. 등대로 같이 가기도 하고 마을 회의에 참석하기도 한다. 노아는 소설을 쓰는 것을 핑계로 도움을 받고자 하고 앨리슨은 그것을 도와주는 형식을 취한다. 멀리 떨어진 섬으로 여행을 가기도 한다. 그곳에서 둘은 또다시 뜨거운 밤을 보내기도 한다. 그러던 와중에 앨리슨이 일하는 식당 주인 오스카 사장은 볼링장을 건립하려는 계획을 마을 회의에 부친다. 그러자 목장주인 콜이 적극적으로 반대한다. 굳이 볼링장까지 만들어 휴양도시를 더욱 놀자판으로 만드는 것에 불만을 토로한 것이다. 결국 두 집안 간에는 갈등의 골이 깊어진다.

어느덧 깊은 관계에까지 빠져들게 된 두 사람 사이는 걷잡을 수 없을 지경까지 이르른다. 그러던 차에 앨리슨의 뒤를 쫒던 노아는 그녀가 마약을 배달하고 있는 것을 발견하고 경악을 금치 못한다. 그와 동시에 결별을 선언한다. 그리고 그들은 몬탁을 떠나 뉴욕으로 돌아간다. 네 살 된 아들을 이년 전에 잃은 앨리슨은 아직도 그 아픔을 간직하고 있는 채였다. 물도 한방울 넘기지 못한 상태였는데 그것을 극복할 수 있도록 도와준 이는 그녀의 시어머니였다. 시어머니는 당신 자신의 결혼 반지를 며느리에게 전해주고 극도의 신뢰와 애정을 보낸다. 노아가 떠나는 차에 오스카는 둘의 불륜관계를 눈치채고 그를 협박한다. 그의 아내 헬렌에게 그들의 불륜을 공표하겠다고 한다. 노아는 친구에게 가서 돈을 빌린다. 그러나 그는 결심을 하고 헬렌에게 그가 빠졌던 불륜에 관해 고백을 하고 용서를 구한다. 헬렌은 전율한다. 아버지의 바람을 한 차례 경험했던 터라 무지하게 그런 부분에 결벽증을 갖고 있었는데 결국 자신이 그렇게 되자 안타까워한다. 둘은 별거에 들어간다. 그러던 터에 다시 장인이 출판관련 시상을 받는 시상식에 노아가 참석하게 된다. 그러자 그곳에서 다시 불륜관계였던 두사람은 재회하게 된다. 앨리슨의 할머니가 치매로 심장마비를 겪게 되자 노아는 그곳에서 도움을 준다. 깊어진 두 사람 사이의 관계는 콜의 어머니가 간파하게 된다. 그리고 아들을 위해 그런 불륜을 덮어줄 것을 약속하고 아들을 부탁한다. 그러나 앨리슨은 다시 노아에 빠져든다. 그리고 콜과의 관계도 정리한다. 별거에 들어간 노아는 무척이나 호랑방탕하게 자유를 만끽한다. 그러던 차에 사회봉사 명령도 받게 되고 직업도 잃게된다. 한편 십에서까시 앨리슨과 정사를 갖게 된 노아는 휴지통에서 임신테스트기를 발견한다. 그리고 그것은 헬렌의 임신이 아니라 휘트니의 임신이라는 것을 알게된다. 임신중절을 위한 수술

병원에서 노아는 케이티를 만나게 된다. 그리고 그에게 분노의 주먹을 내지른다. 별거 기간 동안 이혼소송을 위한 증거수집을 위해 장모는 사립탐정을 고용하게 되고 그로 인해 노아의 일거수일투족은 모조리 증거화 된다. 헬렌은 노아와 함께 목장에 있는 휘트니를 데리러 간다. 그곳에서 케이티를 미성년자 성폭행혐의로 고소를 하려 하는 의지를 표명한다. 그러자 콜은 총을 겨눠 노아에게 그 죄를 추궁한다. 그러다 다시 방아쇠를 앨리슨에게 향하고 또다시 자신에게 향했다. 앨리슨의 집요한 설득에 그는 총을 내려놓고 안타까워한다. 결국 대단원의 막은 노아와 앨리슨이 뉴욕의 오피스텔 같은 곳에 둥지를 트는 것으로 결론이 난다. 그러던 차에 경찰이 들이닥치고 최종적으로 노아를 케이티 살해 혐의자로 체포해서 연행하는 것으로 끝난다.

불륜은 미드로 작년 12월부터 방영이 되었다. 시즌 1이 끝났는데 시즌 2도 조만간 시작할 것이라고 한다. 건실한 가장이 처수성가해서 잘 나가던 중에 휴가지에서 인연을 만나 자기가 원하는 삶을 살아가고자 하는 얘기다. 다소 낯설게 느껴지고 도대체 왜 그러는지 이해가 되지 않는 부분도 있고 다른 측면에서 일말의 공감을 불러일으키기도 하지만 정말 제대로 심정의 변화 부분을 따라잡기가 쉽지 않은 부분도 많은 드라마로 보여진다.

아무튼 사람들의 호기심을 자극하고 다음편을 기다리게 하는 부분에는 성공적일 수 있을 것 같아 보인다. 그러나 우리의 동양적 시각으로는 조강지처와 처자식을 버리고 그렇게 자기 좋을 대로 삶을 추구하는 것에는 결코 동조할 수 없는 부분이지 않을까 느껴진다. 우리도 이제는 간통죄라는 것이 박물관으로 가버렸으니 윤리가 무너지고 도덕적으로 황폐해지는 폐해가 급속도로 확산될 것으로 전망이 된다.

하지만 기본과 원칙, 기본원리는 결코 뒤바뀔 수 없는 부분이라는 것만은 명심해야 할 것이다. 부도덕한 아빠를 바라보는 자식들의 싸늘한 눈초리를 감당할 자신은 과연 있는가를 가슴속 깊이 새겨봐야 하리라.

장미의 이름

장미의 이름은 움베르토 에코라는 볼로냐 대학의 기호학 교수의 첫 장편소설이다. 52세 때였다고 하니 늦은 셈이다. 중세 14세기 한 수도원에서 일주일 동안 일어났던 일에 대해서 900페이지의 방대한 양의 장편소설을 창조해 냈다. 정확히는 1327년에 한 수도원에서 일주일 동안 일어났던 일을 회상형식으로 그려낸 것이다. 아드소의 묵시록이라고도 했었다는 얘기도 있었다.

윌리엄과 그의 종자 아드소는 멜크 수도원을 방문한다. 교황과 황제의 대립이 있었던 때이기도 하고 프란체스코파와 베네딕트파 간의 갈등도 있었던 시대였다. 중세 시대에 일어났던 살인사건을 통해서 그 시대를 조명해보고자 하는 것이 엿보였다. 첫 피살자는 종루에서 떨어져 죽은 이였다. 그것을 파헤치다 보니 그는 결국 동성연애자였던 것이 드러나자 죄책감에서 수도원 종루에 올라가 몸을 던졌던 것이었다. 수도사는 청렴을 모토로 하는 프란체스코파였고 종자는 베네딕트파였다. 베네닉트파는 게으름에 대해서 무척이나 터부시했다. 사람으로 태어난 이상 일을 해야 하고 그로 인해 신앙생활도 마찬가지로 기본적인 생활의 토대 위에서 종교생활도 이루어져야 한다는 이념이었다.

수도원에는 장서관이 있었다. 그곳에서 필사를 하거나 번역을 하는 수도사들이 존재했다. 두 번째 죽음을 맞은 이가 생겨났다. 그는 희랍어 번역사였다. 베난티오라고 했다. 그리스어 번역사였다. 입이 새까맣게 탔고 손에도 독이 묻어 있었다. 윌리엄 수도사와 종자는 수사를 해가면서 사건의 실마리를 찾아나간다. 수도원의 아래 마을 쪽의 사람들은 수도원에서 나오는 음식폐기물을 얻어서 그것을 재활용해서 먹을거리로 이용하고 그것을 위해 온갖 수도원의 요구를 다 수용하기도 한다.

다음의 피살자는 돼지피를 담아놓는 용기에 빠져서 죽어 있는 것을 발견하기도 한다. 그의 이름은 세베리노였다. 윌리엄 수도사의 친구 우베르티노의 암시에 의해 장서관으로 들어가는 방법을 찾아낸 윌리엄과 아드소는 미로 속 같은 장서관에서 길을 잃고 헤메다 겨우 출구를 찾아나오기도 한다. 윌리엄은 아드소에게 이단의 흐름, 교회 평신도의 역할, 그리고 보편적 법칙에 접근 가능성에 대한 자신의 의혹을 고백한다. 종자는 어둠 속에서 홀로 있을 때 마을 처녀를 만나게 되고 정을 통하게 되기도 한다. 황홀한 지경에 빠진 종자는 수도사에게 자신의 죄악을 고백하고 용서를 구하기도 한다. 처녀는 이름도 알려주지 않고 정분을 쌓은 것이었다.

그러던 중에 교황측 사절단이 도착하기도 한다. 살바토레와 레미지오는 한 때 돌치노의 이단사상에 빠져 그와 같은 길을 걷기도 했었다는 것을 고백하기도 한다. 돌치노가 어떻게 행동했던가에 관한 서적을 보고 아드소는 이단의 내용을 알게 된다. 그는 예전부터 윌리엄 수도사와 라이벌 관계를 형성했던 이로 베르나르기였다. 그는 이상한 행동을 일삼던 수도원의 잡일을 했던 살바토레와 또다른 마을 처녀를 붙잡아 신문한다. 그들은 횡설수설하게 되고 제대로 해명을 못하면서 살해용의자로 투옥된다. 마을 처녀는 아드소와 정을 나눴던 이였다. 마녀로 의심받게 되고 심문을 당하게 된다. 그러는 와중에 이단에 몸담았던 한 수도사가 심문을 받게 된다. 돌치노라는 이단의 무리에 가담했던 것으로 해서 집요한 교리에 의한 추궁을 당하게 된다. 결국 그도 다음날 살해된 채 발견된다.

최종적으로 장서관에서 살해의 증거를 찾게 된 수도사와 종자는 그를 심문하게 된다. 그는 가장 원로 수도사라 할 수 있는 호르헤였다. 그는 성서에 위배되게 책을 쓴 아리스토텔레스의 시학 2권을 읽지 못하게 하기 위해 그것에 독을 발라 놓았다. 그것을 탐독한 이는 그것에 의해 독살을 당하게 되었고 피살되었던 것이었다. 그것은 희극에 관한 이야기였는데 그런 웃음 희화화가 인간의 두려움을 약화시키고 신앙심을 갖지 못하게 하는 것이라고 인식한 수도사가 그런 야료를 부린 것으로 해서 연이어 피살자들이 생겨나게 된 것이었다. 웃음이라는 것은 농부의 여흥이나 주정뱅이를 위해 필요한 것이라는 인식을 갖게 된 것이었다.

한편 베르나르기는 살바토레와 마녀사냥식으로 해서 십자가에 묶어놓고 화형식을 거행하는 순간이 다가왔다. 살바토레는 화형을 당하게 되나 마녀는 마침 수도원에서 불이나는 바람에 사람들이 모두들 불을 끄기 위해 동원된다. 처자는 화형을 면하고 살아나게 된다. 성난 민중에 의해 쫓김을 당하게된 베르나르기는 마차를 타고 가던 차에 낭떠러지로 떨어지는 사고를 당하게 된다. 윌리엄 수도사와 종자는 이제 다시 수도원을 떠나 돌아가는 여로에 오른다. 그러면서 종자는 처자와 최후의 작별을 고한다. 그녀의 이름도 모른 채 종자는 그녀와 연을 끊게 된다. 윌리엄 수도사는 그후 얼마 지나지 않아 죽음을 맞게 된다. 종자는 그가 준 돋보기를 쓰고 글을 쓰고 있다.

중세에는 카놋사의 굴욕이라 해서 왕권이 교황에게 무릎을 꿇었던 치욕이 있기도 했다. 독일 왕이었던 하인리히 4세가 자신의 궁정에 근무하던 신부를 대주교에 임명했다. 그러자 교황이었던 그레고리오 7세는 성직 임명권에 대한 협상에 응할 것을 요청하게 된다. 그와 동시에 왕을 폐위하고 주교의 직위도 박탈하는 조치를 취하게 된다. 그러자 왕은 왕비를 모시고 교황이 유했던 카놋사에 가서 폐위를 철회해줄 것을 간청하게 된다. 차가운 눈밭에서 3일을 떨며 용서를 구했다. 1077년 1월 28일 왕의 폐위를 철회하는 선언을 하게 된다. 교황의 권력이 왕권을 넘어서 있었던 것이다. 그 이후 그는 다시 그의 굴욕적인 것을 복수하기도 했다.

그런 연후에 또 일어났던 것은 교황이 왕에게 굴욕적인 일을 당했던 것이 있었다. 아비뇽의 유수라고 명명된다. 교황이 왕권에 굴복을 한 것이라고 할 수 있다. 프랑스 왕 필리피 4세가 교황 보니파키우스 8세를 아비뇽에 교황청을 옮겨올 것을 명하면서 시작된 것이다. 그것은 결국 1309년부터 1377년까지 거의 70년간 교황청이 아비뇽에 제한적으로 위치하게 된 사건을 일컫는 것이다.

아무튼 장미의 이름은 그 암울했던 중세의 시대를 배경으로 수도원에서 일어났던 비극적인 사건을 중심으로 한 갈등과 사건들이 맞물리면서 충격을 주었던 살인사건의 실체가 백일하에 드러나게 된 것이었다. 참으로 안타까운 일이 아닐 수 없었다.

여러 가지 복선이 얼키고 설키게 되어 있어 내용을 파악하기도 쉽지 않은 소설이었다. 중세를 배경으로 해박한 성서적 지식을 바탕으로 해서 이야기를 전개시켜나간 것이 작가 특유의 탁월한 점으로 부각될 수 있을 것이다.

성장과 안나 까레니나

얼마 전이었다. 플라톤 아카데미에서 석영중 교수의 안나 까레니나 강의를 들었다. 그냥 스쳐지 나가고 그저 불륜을 저지른 한 여자의 비극적인 이야기로 알았던 안나 까레니나를 새롭게 보게 된 계기를 만들어 주었다. 그래서 다시 한 번 그 강의를 들었고 급기야 소설을 사서 읽어보게 되었다.

1700여 페이지에 달하는 방대한 양이었다. 전체 8부로 구성되어져 있고 1권이 1, 2부 2권 3, 4, 5부 3권이 6, 7, 8부로 되어 있다. 마지막 8부는 톨스토이의 자비로 출판을 하기도 했단다. 그 속에서 특이한 점으로 발견할 수 있었던 부분은 러시아의 동경의 대상은 프랑스였다. 그들은 프랑스어를 사용하는 것이 품위있는 것으로 여겼고 그곳의 취향과 취미 또는 행동양식이나 사고방식도 그렇게 프랑스식으로 따라 하고자 했다. 나폴레옹의 러시아 침공 때문인지 모를 일이다.

다음은 영화를 보았다. 소피마르소가 안나로 열연했던 것과 최신작으로 2012년 작을 보았다. 2시간 정도의 영화 속에 모든 것을 표현하기에는 너무 단편적인 부분이었고 피상적으로 표현되어 원작의 본의를 훼손할 수도 있을 것 같아 보였다. 작가의 의도와 목적하는 바를 제대로 표현해내지 못한 것처럼 여겨졌다. 세계 최고의 문학이라고 극찬을 받았던 작품이라고 했다.

석교수의 시각과 얘기는 새로운 시야를 갖게 해 주었다. 정말 강의 내용대로 레빈의 풀베기 장면이 있었다. 성장하는 삶을 산 레빈이 톨스토이의 자신의 삶에 대한 자세를 투영시킨 것으로 여겨졌다. 못생기고 시골에서 생활하는 귀족으로서 어떻게 성장하는 삶을 살았을까. 성장이라는 것의 해석에 석교수가 얘기하는 바를 옮기면 그렇다. 성장이란 인간이 끊임없는 자기성찰과 학습을 통해서 자기완성에 도달하는 그 과정이란다. 그 완성된 결정체를 얘기하는 것이 아니라 계속적으로 자기완성에 도달하기 위해 노력하고 애써 나가는 것이 본래 인간의 바람직한 모습이고 삶의 본체라는 것이다.

석교수의 표현을 빌리자면 세 가지에 집중해야 성장하는 삶을 살 수 있단다.

첫째는 몰입이라고 한다. 풀베기를 하면서 그는 일에 몰입해서 시간 가는 줄을 몰랐고 그것에 동화되어 물아일체沒我一體의 경지에까지 이르렀던 것이다. 식사도 본래는 집으로 가서 해야 하는데 농부들과 같이 식사하면서 주인과 소작농이라는 상하관계를 떠나 수평적으로 그들과 고락을 함께하는 모습에서 진정한 생의 의미를 느끼게 해 주었다.

둘째는 소통이었다. 그는 자신과의 끊임없는 대화와 독백을 통해서 소통하고자 했고 자신의 의지를 관철하고자 했다. 또한 농부들과도 지속적으로 대화하고 소통하므로써 그들의 애로를 해소하면서 수확량을 늘려가고 일의 효율성을 높여갈 수 있도록 역할을 다했다.

세 번째는 죽음에 대한 기억이다. 사람은 죽는다. 필연적으로 사람인 이상 죽음을 피해갈 수는 없다. 모든 인간은 죽는다는 사실을 잘 알고 있다. 그러나 항시 그것을 기억하고 그것을 받아들일 수 있는 자세를 갖고 삶을 살아가진 않는다. 그럼으로 인해 삶에 대해 불안해하고 걱정하고 번뇌하고 고뇌하는 어려움에 부닥치게 된다. 그래서 제대로의 삶을 살아가기 위해서는 한시도 자신의 죽음에 대한 기억을 잊지 말아야 한다는 것이다. 그러면서 그 죽음에 대한 기억에 충실해질 때 삶에 긍정적일 수 있고 감사할 수 있고 그것에 보다 적극적이고 능동적인 자세를 갖게 될 수 있다는 것이다.

반면 블론스키 백작과 안나의 삶은 그렇게 성장하는 삶이 아니었다. 그들은 서로에 대해 서로 집착하고자 했고 의존하고자 했고 소유하고자 했다. 서로간의 사랑만이 모든 것에 우선하는 것인 양 그것에 매몰되어 버렸다. 그리고 결국은 그런 그 확신이 허물어지자 안나는 스스로 묘혈을 팠던 것이다. 처음 시작이 기차역이었다. 그리고 종말도 안나는 그렇게 기차역에서 생을 마감했다.

그 후 블론스키는 스스로 자학自虐을 벗어나지 못하고 전쟁에 참가하므로 더욱 피폐해진 삶을 살게 된다. 그의 자식은 결국 카레린이 키우는 것으로 결론지어진다.

톨스토이는 어린 시절부터 부모를 잃게 됨으로써 죽음에 대해 경험을 일찍 쌓게 된다. 그리고 또 나이든 상태에서 형의 죽음을 맞이하게 된다. 또한 자신도 마차사고로 인해 죽음의 문턱까지 갔다가 겨우 회생하는 경험도 하게 된다. 그로 인해 그는 죽음에 대해 그것을 참을 수 없는 것으로 받아들였고 그것을 항상 기억하므로 현재의 삶에 충실할 수 있다는 것을 깨치게 된다. 자신은 결국 50세에 이르러

회한에 빠지게 되고 참회의 나날을 갖게 된다. 그러면서 참회록을 저술한다. 그 순간에 50평생의 삶을 다시 재조명하고 그동안 자신의 잘못을 뉘우치며 고백한다. 그 이후 더욱 성숙된 자세로 진지하게 생에 임하게 되고 충실하고 성장하는 삶을 위해 평생을 노력한다. 부인과의 관계에 있어서도 서로 간에 반목하고 갈등하고 분쟁을 일삼는 속에서도 관계를 유지해 가고 가정을 지켜나간다.

그는 언제나 인생에 대해서 어떻게 인생을 살아야 하는가에 천착하고자 했고 그것에 해법을 찾고자 했으며 제시하고자 했다. 그가 문학을 통해서 인생의 제반 문제의 해법을 구했으나 제대로 만족할만한 해답을 구하지는 못했다. 그래서 결국은 종교에의 귀의를 통해서 답을 구했으며 또한 신에 의지하므로써 길을 찾았다. 그의 인류애적인 철학과 사상은 전 세계에 영향을 미쳤고 불후의 명작을 탄생시켰다. 톨스토이즘이라 불리면서 인류애적인 정신을 가지고 선을 지향하는 삶을 추구하기를 권고했던 것이다.

고객에게 행복을 배달하는 기업

미국 기업에 재포스라는 회사가 있다. 회사의 CEO는 토니 셰이라는 사람인데 그는 대표상품을 '고객을 감동시키는 최고의 서비스'라고 얘기한다. 한창 세상을 멈추게 하고 있는 세월호의 비극이 지금도 이어지고 있는 상황에서 이 회사를 주목해 보아야 할 것이다.

몇 가지 전설같은 예화가 있다. 첫 번째는 한 여성에게 일어난 일이었다. 어머니에게 사 드리려고 운동화를 한 켤레 인터넷으로 주문해서 배달을 통해 받게 되었다. 어머니에게 선사하려 했는데 가보니 어머니가 돌아가신 것이다. 회사에서는 신발을 잘 받았는지 마음에 드는지를 문의해 왔다. 고객은 사정 설명을 하고 반품을 해야 하겠다고 요청을 했다. 이 회사의 모토 중에는 무료배송, 무료반품이라는 것이 있다. 신발이라는 것이 매장에서 신어 봐도 다시 집에 갖고 가서 보면 마음에 들지 않을 수 있는 것인데 반품을 하는 것까지 통상의 회사에서 처리하는 방식일 것이다. 그런데 재포스는 달랐다. 반품한 다음날 어머니에 대한 조의를 표하기 위해 조화를 보내온 것이다. 그리고 그 조화에는 고객을 위로하는 조의를 표하는 카드까지 동봉되어 있었다.

고객이 홈페이지 게시판에 남긴 글이다. "감동 때문에 눈물이 멈추지 않았습니다. 제가 다른 사람의 친절에 약하긴 하지만 지금까지 받아본 친절 중에서 가장 감동적인 것이었어요. 혹시 인터넷에서 운동화를 사려고 하신다면 이곳을 적극 추천합니다.”

다음은 두 번째 예화이다. 한 직원이 7시간 28분을 고객과 통화를 했다고 한다. 다른 회사 같으면 어떻게 했을까? 당장 해고하거나 징계를 주었을 테지만 재포스는 표창을 하고 회사에 사진까지 걸어놓았다고 한다.

이 회사의 모토는 그렇다. 고객에게 운동화를 파는 것이 아니라 행복을 판다고 말이다. 결국엔 행복한 기업이 돈을 번다. 나의 행복, 직원의 행복, 고객의 행복을 극대화해야 한다. 세상에 행복을 배달한다. 창업자의 자서전自敍傳 ‘딜리버링 해피니스’ 에 나오는 말이다.

얼마 전 우리 통신회사에서 고객의 감동을 위해 노력한 사례로 한참 회자되었던 사례가 있었다. 아무리 얘기를 해도 자신의 얘기만 하는 고객을 위해 성심성의를 다해 해명하고 설명하고 이해시키려는 노력을 다한 것이 오랫동안 화젯거리였다.

덧붙여 얘기하는 경영이란 것을 이렇게 정의하고 있다. 경영이란 구성원들 각자가 가능한 많은 결정을 하도록 권한을 주고 그들의 앞에 놓인 장애물을 없애는데 도움을 주며 한 발 옆으로 비켜서서 관심있게 지켜보며 지지를 보내주는 것이다.

2000년 매출액이 160만 달러였던 회사가 2009년에 12억 달러로 성장을 이루게 된다. 500명의 직원이 일하고 5천통의 전화를 1주일 내내 받는다고 한다. 길을 아는 것과 길을 가는 것은 분명히 다른 것이라고 한다. 재포스는 2010년에 아마존이라는 회사에 팔리게 된다. 그러나 그 기업의 직원은 모조리 계속 근무하는 조건으로 인수되게 된다. 비약적인 성장을 거듭하고 있는 재포스를 보면서 고객감동의 진수를 느끼게 된다.

그들이 주장하는 10가지의 가치를 보자. ① 서비스를 통해 '와우' 경험을 선사한다. ② 변화를 적극 수용하고 추진한다. ③ 재미와 약간의 희한함을 창조한다. ④ 모험정신과 독창적이며 열린 마음을 유지한다. ⑤ 성장과 배움을 추구한다. ⑥ 적극적으로 의사소통하며 솔직하고 열린 관계를 추구한다. ⑦ 긍정적인 팀 정신과 가족정신을 조성한다. ⑧ 좀 더 적은 자원으로 좀 더 많은 성과를 낸다. ⑨ 열정적이고 결연한 태도로 임한다. ⑩ 겸손한 자세를 가진다.

재포스의 구매자 대부분은 75%가 재구매자라고 한다.

재포스의 창설자 토니 세이는 하버드를 나온 사람이다. 오라클이라는 회사에서 고액의 연봉을 받고 종사하던 중에 그곳을 나오게 된다. 자신이 즐기면서 일할 수 있는 곳을 만들기 위해서였다. 온라인 광고회사 링크익스체인지를 1996년에 만들었다. 그리고 1998년에 이것을 키워 마이크로 소프트사에 2,800억 원에 매각하기도 했다. 그러던 중에 재포스라는 회사를 알게 되고 모토로 정하는 것이 고객에게 감동을 선사하는 회사로 설정한다. 행복을 배달하는 기업이란 이미지를 만들었다. 샌프란시스코 쪽에 있다가 라스베이거스로 본사를 옮긴다. 상당히 모험적인 시도였지만 거의 대부분의 직원이 이주에 동참하고 매출의 획기적인 증대를 가져오게 된다. 자신의 전 재산을 투입하기도 한다. 10여 년 만에 세상에서 제일 근무하고 싶어 하는 기업 중에서 순위권에 신입하기도 했다. 직원의 행복이 곧 고객의 행복으로 이어진다고 생각하는 기업이었다.

아마존으로의 매각을 통해 새롭게 또 한 번 비약적인 도약을 도모하게 된다. 대부분의 직원이 텔레마케팅을 통해 판매를 하고 반품도 받고 영업을 하는 회사임에도 고객에게 감동을 선사하는 문화를 갖고 있다는 부분에서 많은 기업들의 선망의 대상이 되고 있다.

그가 쓴 딜리버링 해피니스는 행복을 배달하는 기업이라는 이미지를 강하게 표현해내고 있다. 그는 외국여행 중에 난처한 상황에 처했는데 어떤 착한 이의 선행에 의해 위기를 벗어나기도 한다. 그러면서 그는 자신도 그런 상황에서 선을 베풀게도 되었다.

따뜻한 마음을 갖고 있고 정말 진심을 다해 고객을 감동시키려는 노력이 고객의 감탄을 자아내게 만든다는 것에서 큰 의의가 있다. 그가 얘기하는 부분에 이런 것이 있다. 길을 아는 것과 길을 가는 것은 분명히 다르다는 것이다. 그냥 알고 있는 것과 그것을 경험하기 위해 체험해 보는 것은 다르다는 것을 얘기하고 있다.

우리나라에도 고객에게 항상 감동을 불어넣는 그런 기업이 많이 늘어나기를 기대하는 것은 과욕일까.

Tony Hsieh
CULTURE BOOK

감사(感謝)

매사每事에 감사感謝하라

언젠가 어떤 분의 말씀 중에 이런 얘기를 들은 적이 있다. 한 소녀가 길을 가고 있었다. 그런데 우연히 길 옆을 보게 되었다. 네댓 발자국 떨어진 곳에 가시덤불이 있었다. 그리고 그곳에는 거미줄이 쳐져 있었다. 그 거미줄에 나비 한 마리가 거미줄에 걸려 날갯짓을 하며 발버둥을 치고 있는 것이다. 소녀는 무척이나 안타까움을 느꼈다. 그리고 곧바로 나비를 구출하기 위해 무작정 덤불속으로 들어갔다. 여러 가지 잡풀과 가시가 많았지만 아랑곳하지 않고 수풀을 헤치고 거미줄까지 나갔다. 그리고 거미줄을 헤치고 나비를 구해 주었다. 거미줄에서 온 힘을 다해 날갯짓을 하며 녹초가 되어 자포자기 상태에 빠져있던 나비는 구사일생으로 목숨을 건질 수 있었다. 소녀가 나와 길에 다시 서고 보니 옷도 더러워져 있었고 팔 등은 가시에 찔리고 풀에 치여 엉망진창이었다. 좋은 일을 했지만 그에 못지않게 희생을 치러야 했다.

그런데 갑자기 나비가 한참을 날아가다가 다시 그 소녀의 귓가로 날아와서 속삭였다. “네가 나를 구해 줘서 살아날 수 있었어. 정말 고마워. 네 소원을 말해보렴. 그러면 그 소원을 들어줄게.” 소녀는 소원을 말했다. "언제 어디에서나 항상 행복할 수 있도록 해주면 좋겠어." 그러자 나비는 그 소녀의 귀에 대고 뭐라고 얘기를 해주었다.

이후 세월이 흘러 그 소녀는 처자가 되었고 다음으로 좋은 남자를 만나서 결혼을 했다. 그리고 또다시 세월은 유수流水같이 흘러 중년을 넘기고 장년이 되었다. 그런 후에는 할머니가 되었다. 그리고 마지막 임종의 순간을 맞았다. 그때 그녀는 이렇게 얘기했다고 한다. 오래전 그 나비가 귓가에 속삭이던 말이 무엇이었냐는 얘기에 답을 해주었다. 그것은 '매사에 감사하라' 는 한마디였다고 말이다.

세계적인 베스트셀러인 성경에도 '범사에 감사하라' 라는 구절은 데살로니가전서 5장 18절 말씀에 나와 있다. 결국 행복하려면 '모든 일에 감사하라' 는 말이다. 세상 사람들이 예를 들어 말하는 것에 이런 것이 있다. 자식이 암에 걸렸는데 감사할 수 있겠느냐, 또는 아들이 교통사고를 당했는데 감사할 수 있겠는가 라고 말이다. 먼저 원망이 나오고 왜 자신에게 그런 액운이 닥치는지 이해할 수 없다고 한탄하는 것이 인지상정人之常情일 것이다. 고통을 당하게 하고 죄업에 대한 대가를 치르게 하느라고 그렇게 시험에 들게 하는 것인지도 모른다. 혹자는 자신이 지은 죄과에 의해 그런 아픔을 겪게 하는 것이라고도 한다. 그런 부분도 없이 아무 이유 없이 악운이 닥치는 경우도 비일비재非一非再하다. 본래 인간이 지은 죄과에 의한 것이라면 당연히 그런 원인을 제공했으니 그렇게 죄업을 달게 받는 것이 맞는 것일지도 모를 일이다. 그러나 그렇게 죄업의 결과로 빚어지는 것이 아니라 아무런 이유도 없이 그런 안타까운 일이 벌어질 때도 누구도 원망하지 않고 그와 같은 고통과 아픔을 달게 받아들이고 인내하는 것이 보통사람이 통상적으로 감내할 수 있는 일이겠는가를 고민해보게 된다.

구약에 나오는 의인義人이라고 입이 닳도록 칭찬받는 욥이라는 인물 같은 이는 아무런 죄업도 없는데도 불구하고 엄청난 환난患難을 겪게 된다. 자신의 아들, 딸 등 모든 가족이 죽음을 당하고 자신의 재산도 모두 탕진하게 되는 불운을 맞게 된다. 그런 속에서도 그는 결코 하나님을 원망하거나 저주하거나 자신의 운명을 거슬리려고 하지 않고 담담히 수용하는 자세를 보인다. 하나님의 뜻대로 하도록 자신을 던지는 것이다. 참으로 의인이라 할 만한 공덕을 지녔다고 밖에 할 수 없을 듯하다. 통상의 범인이라면 모두 다 그렇게 비참한 상황에 처해지고 나락에 떨어지면 제일 먼저 신의 존재를 부정하게 되고 원망하게 되고 저주와 한탄恨歎의 세월을 보내는 것이 보통일 것이다. 고통과 아픔과 슬픔의 극한을 극복하는 초월적인 자세를 보이는 것에서 인간의 극치를 보여준 것이라고 아니할 수 없을 것이다. 악마의 유혹에도 결코 굴하지 않고 하나님의 백성으로서 지극한 자세를 보여준 욥에게 하나님은 더 큰 은덕과 혜택을 내려준다. 그가 그전에 받았던 재물과 자손보다 더 풍성하고 넉넉하게 기뻐할 수 있을 만큼의 보답으로 그 의인에 합당한 보상이 주어졌던 것이다.

일상적으로도 아무런 죄과도 없음에도 불구하고 횡액을 당하거나 아픔을 겪는 이들을 보게 되는 것이 부지기수不知其數다. 그러나 그 속에서 제대로 자신에게 닥쳐온 아픔과 고통과 불행에 대해 그것을 수용하고 감내하고 이겨내기 위해 안간힘을 쓰는 이들이 너무나도 많은 것 또한 현실일 것이다. 그것이 한이 되고 응이리가 되고 옹이가 되어 가슴 한 켠에 자리 잡게 된다.

나쁜 일을 많이 하고 잘못한 것이 많은 이들도 떵떵거리며 잘 살아가는데 왜 자신은 그렇게 잘못한 것도 없는 데 힘들고 고생스러운 일들을 겪으며 살아가야 하는가를 회의懷疑하게 만든다. 그러나 제대로 된 철학과 인생관을 갖고 세상을 사는 이들이라면 그래도 자신에게 주어진 가혹한 운명에 대해 충분히 이해하고 혜량하며 납득해서 감내하고 이겨나가고 굴복되지 않는 모습을 보이게 되는 것이다.

항상 즐겁고 기쁜 마음으로 자기에게 주어진 어려움을 충분히 수용하고 감내해서 "매사에 감사하라"는 말처럼 그렇게 무던하게 세상을 포용해가며 사는 삶의 자세를 갖는 것이 필요하지 않을까싶다.

항공사와 기타

고객 불만을 해소한 사례로 맥클라렌 사례를 알아보자. 세계 1위의 유모차 생산업체인 영국 맥클라렌이 40년간 고집하던 2단 햇빛 가리개를 버리고 3단으로 바꾼 것은 '극성스러운 한국 엄마들의 입김' 때문이었다고 한다. 2002년 처음으로 수입된 맥클라렌은 300만 원을 호가하는 명품 유모차로 2004년에는 인터넷 포털 사이트에 동호회까지 만들어졌다. 이 모임에서 맥클라렌을 쓰는 엄마들의 여러 가지 불만 사항이 나왔는데 그 중에 기존 2단 햇빛 가리개가 너무 작다는 지적이 많았다. 유럽 사람은 햇볕을 쬐는 일광욕을 좋아해서 2단 차양막에 불만이 없었지만, 한국 엄마는 아기를 자외선으로부터 완벽하게 보호하기를 원했다. 결국 한국 판매 법인이 고객들의 이런 건의 사항을 영국 본사에 신속히 전달했고, 이것이 신제품에 반영된 것인데 샘 맥퀵 아시아태평양 지사장에 따르면 이 제품은 유럽이나 미국에서도 인기가 좋다고 한다. 이처럼 고객의 불만은 제품과 서비스를 개선하고 품질을 향상시키는 데 중요한 아이디어를 제공한다.

특히 최근에는 소비자들의 인터넷 커뮤니티가 활성화되어 고객의 목소리를 들을 수 있는 통로가 많아졌다. 소비자는 자발적이든, 혹은 회사의 주도에 의해서든 커뮤니티를 만들어 자신이 사용하는 제품에 대해 서로 정보를 주고받고 불편 사항을 이야기한다. 기업 또한 이러한 목소리를 활용함으로써 제품과 서비스 개선에 대한 아이디어를 얻으려는 노력을 게을리 하지 않는다.

고객 불만은 기업의 입장으로서도 분명 가치 있는 선물이다. 그럼에도 여전히 고객의 불평, 불만을 언짢아하고 불만 제기 자체를 막으려는 근시안적인 시각을 가진 기업이 무수히 많다. 그러나 고객과의 관계가 나쁘거나 실패하고 있다는 가장 확실한 신호는 고객으로부터 아무런 불만 표시가 없는 것이다. 그것은 무관심이다. 사실상 이러한 사실을 깨닫고 있는 기업은 그리 많지 않다. 소비자들이 어떤 제품이나 서비스에 대해 항의했을 때, 친절한 대응보다는 "그건 안 된다.", "우리의 내부적인 규정에 어긋난다."라는 식의 피드백을 받는 경우가 더 많다. 아마도 '이런 고객 한 명쯤 없어도 회사 매출에 별 영향을 미치지 않는다.' 라고 생각하기 쉽다. 특히 규모가 크고 매출이 높은 회사일수록 이런 생각을 하는 것이 당연지사當然之事다. 그러나 불만을 느낀 고객은 11명의 다른 사람에게 그 불쾌한 경험을 이야기한다는 사실을 명심할 필요가 있다.

사실 불만족한 고객을 쫓아버리기는 쉽다. 쫓아버릴 방법도 많다. 어떤 기업은 그런 방법을 모조리 다 쓰고 있다. 그 중 가장 일반적인 것은 고객의 항의를 무시하거나 소홀히 하는 것이다. 사람들이 쉽게 저지르는 이런 행동이 고객을 쫓아버리는 것처럼 고객의 불만을 달래는 방법 또한 그렇게 복잡하고 어려운 것이 아니다.

《인생의 작은 지침서The Complete life's Little Instruction Book》의 저자 잭슨 브라운 2세Jackson Brown Jr은 실망한 고객을 만나면

이렇게 말하라고 조언한다. "당신이 실망한 것은 당신 탓이 아닙니다. 저 역시 당신 입장이었다면 똑같이 느꼈을 겁니다. 제가 어떻게 해드리면 될까요?" 이 말은 마술처럼 고객의 상처를 치유해 준다. 사랑, 겸손, 배려의 원칙은 개인적 인간관계에서든 고객과의 관계에서든 언제나 효과적으로 작용된다. 어렵지 않은 말로 고객의 불만에 적절히 대응하고 불만 사항을 제대로 처리하기만 하면 고객과 기업 간에 단단한 유대 관계가 싹틀 수 있음을 기억해야 한다.

그런데 모든 일에 예외가 있듯 여기에도 예외가 있다. '불량 고객'에 대해서만은 이들을 과감히 제외하는 조치가 필요하다. 불량 고객을 해고해야 하는 이유는 우선 기업의 수익성의 문제 때문이다. 수익성에서 상위 20퍼센트를 차지하는 고객이 전체 이익의 80퍼센트를 차지한다는 80대 20법칙은 꽤 유명하다. 필립 코틀러는 여기에 하위 30퍼센트의 고객이 잠재 이익의 절반가량을 감소시킨다는 점을 추가하고 있다. 그러나 이것만으로 불량 고객을 퇴출退出시켜야 한다고 주장하기에는 섣부른 착각일 수 있다. 특정 시점의 수익성에만 의존해 고객의 가치를 판단하는 것은 고객의 평생 가치를 제대로 간파하지 못할 수도 있고, 나아가 고객 충성도 자체를 훼손시킬 수 있기 때문이다.

불량 고객을 해고해야 하는 더 큰 이유는, 그들의 잘못된 행동이 다른 고객에게 부정적인 영향을 미치며 무례한 행동을 통해 직원에게 모욕감이나 수치감까지 느끼게 만들어 사기를 저하시키기 때문이다. 그래서 전설적인 내 고객 서비스로 유명한 노드스트롬 백화점에서도 상습적이고 고의적인 불량 고객은 정기적으로 퇴출시키고 있다.

사우스 웨스트 항공사의 전 CEO 허브 켈러허 역시 다음과 같은 말로 불량 고객 퇴출을 염두에 두고 있음을 토로한 바 있다. "요즘 모든 기업이 종교적 믿음처럼 신봉하고 있는 '고객은 항상 옳다.' 라는 말은 완전히 틀렸다. 그것은 직원을 배신하는 것이다. 고객 중에는 기내에서 폭음을 하고 이유 없이 직원을 괴롭히는 등 해를 끼치는 이들도 있다. 가치 있는 고객만 항상 옳고 그런 고객만이 대접받을 가치가 있다."

그렇다면 상대가 가치 있는 고객인지 불량 고객인지는 어떻게 판단해야 할까? 사전에 이를 판가름하는 것은 사실상 불가능하다. 그렇기 때문에 모든 고객을 가치 있는 고객으로 대우하는 것을 기본으로 해야 한다. 그러나 고객이 타당한 이유 없이 직원을 괴롭히거나 계속해서 잘못된 행동을 일삼는다면 그런 고객은 과감히 청산해야 한다. 서로 맞지 않는 관계까지 감싸 안으려 했다가 더 큰 피해를 볼 수 있기 때문이다.

얼마 전에 TV를 통해서 셜리 위 추이 한국 IBM 지사장의 강의를 들었다. 그는 한국 태생의 중국인이었고 지난 2004년 중국 최고 여성 경영인 10인에 뽑혔고 2005년 중국 IT서비스 부문 올해의 인물로 선정된 유명인이었다. 유창한 영어로 원고를 보지도 않고 시원시원하게 사자후獅子吼를 토하는 모습이 관객을 압도해 보였다. 그가 소개하는 얘기 중에 항공사와 기타에 관한 것이 있었다.

2008년도 3월에 캐나다의 보컬 그룹 선즈오브 맥스웰이라는 소속의 인디가수 데이브 캐롤이 공연을 위해 비행기를 타고 시카고로 가게 되었다. 자신의 애지중지하는 기타를 짐꾼들이 험하게 다루는 것을 보고 스튜어디스에게 세 차례에 걸쳐서 항의를 했다. 그러나 막무가내였다. 결국 시카고 공항에 도착해서 기타를 보니 기타가 부러져 있었다. 공연이 급해 일단 공연이 끝난 후에 항의하기로 했다. 9개월여의 실랑이를 벌였지만 그의 불만과 민원은 처리되지 않았다. 결국 그는 1,200불을 들여 3,500달러짜리 테일러 기타를 수리했다. 도저히 항공사로부터 당한 것에서 울분을 참을 수 없었던 캐롤은 자신이 겪었던 내용을 가지고 소재를 삼아 뮤직비디오를 만들었다. 제목은 '항공사는 기타를 부순다' 라는 것이었다. 인터넷 유튜브에 올리자마자 조회 수가 급증했고 그 수는 1,300만 건에 달하게 되었다. 자신이 겪었던 내용이 고스란히 뮤직 비디오에 담겼고 그 내용은 전 세계 사람들까지 다 알게 되었다. 항공사의 주가는 10%나 하락했다. 손실액으로 1억 3천만 달러의 손실이 생겼다. 만신창이가 된 항공사는 결국 캐롤에게 사죄하고 피해액을 보상하기로 한다. 그러자 그는 손해에 합당한 기부를 하라고 요구한다. 그러자 항공사는 텔로니어스 몽그 재즈협회에 3천 달러를 기부한다. 그리고 테일러 기타라는 회사에서는 그 소식을 접하자마자 곧바로 기타를 공짜로 수선해주겠다고 제안을 한다.

한 사례를 두고 접근하는 방식에서 완전히 다른 두 행태의 회사가 비교되는 것이다. 회사 내부규정에 의해 24시간 내에 손해배상 청구가 되지 않았다는 이유로 피해보상을 거부하다 엄청난 피해를 입게 된 것이 항공사였다. 반면에 바로 고객의 불만족을 해소시키고자 노력한 테일러 기타란 회사는 광고효과와 함께 막대한 매출의 증가를 가져왔던 것이다. 인터넷상의 유튜브의 위력을 새삼스럽게 느끼게 되고 불만고객의 악평이 얼마나 큰 영향력을 발휘하는가를 여실히 보여준 사례라 하겠다.

고객 만족의 대표적인 기업으로 정평이 나 있는 두 호텔 리츠 칼튼 호텔과 매리어트 호텔에서는 창구직원에게 2천 달러 범위 내에서 고객의 불만을 해소할 수 있는 권한을 부여한단다. 불만고객의 응대를 제대로 하다 보면 그 불만고객이 충성고객으로 변화할 여지가 많다. 그렇게 충성고객이 되면 평생 고객이 되고 다른 고객에게도 영향을 미치게 되고 기업의 호감도 향상에 도움이 된다는 것을 항상 명심해야할 것이다.

접촉사고

지난 휴일이었다. 집사람과 어디로 가던 중에 차들의 정체가 심해 다른 쪽 차선으로 끼어들다가 가벼운 접촉사고가 있었다. 마침 집사람이 운전 중이었고 한창 복잡한 도로사정 때문에 잠시 멈췄다가 명함만 교환하고 서로 수리를 한 후 연락을 취하기로 했다. 물론 현장사진은 흠집이 난 상대방의 차량의 손상부위를 촬영해 두었다. 간단한 접촉사고였기에 별로 대수롭지 않게 여겼다. 서로 차량을 수리하고 보험처리를 하면 될 것으로 여겼다.

그런데 그게 아니었다. 상대편이 고약한 이였는지 간단하고 경미한 접촉사로를 과장해서 이용하려는 듯 월요일에 병원에 입원을 하고 물리치료를 한다는 연락이 왔다. 참으로 난처한 상황이 되었다. 미처 확인도 하지 못했는데 동승자도 있었다는 것이다. 말 그대로 소 잃고 외양간 고치기 식이었다. 현장사진을 제대로 촬영하고 바로 정차를 시키고 사고 난 현황이 촬영이 되어 있어야 했는데 그런 부분이 부족했다. 물론 차의 손상된 부위에 대한 촬영을 좀 더 세심하게 해 두는 것이 필요했었다. 후회막급이었다. 오른쪽 앞바퀴 쪽의 흠집이 생긴 부위에 관해서도 수리를 의뢰하고 그것으로 사고접수를 하고 보험사에 연락을 했다.

이제는 엎질러진 물이고 대략난감한 일로 지난 일이고 되돌릴 수도 없는 일이었다. 부랴부랴 곰곰이 생각한 연후에 블랙박스를 확인해 보기로 했다. 사고가 난지 며칠 지나다 보니 거의 일주일이 지난 후에야 겨우 차량을 수리하고 블랙박스의 칩을 수거해서 전문 자동차 정비점에 갔다. 접촉사고가 일어난 시점에서 시간이 좀 지난 후라고 했더니 보장할 수가 없단다. 결국 확인을 해보니 사고 당일의 장면은 확인이 되지 않았다. 결국은 용산전자 상가에 가서 블랙박스의 삭제된 파일의 복원을 의뢰해 보기로 했다. 휴일이 지나고 하루 이틀이 지난 후 연락이 왔는데 더 이상의 복원은 불가하다는 연락이었다. 데이터 복원회사에서는 블랙박스의 칩은 착불로 해서 택배를 보내 준다고 했다.

사고 피해자는 전적으로 가해자의 몫으로 주장을 하고 있는 상황이고 뚜렷하고 명백한 증빙이 없으니 대항할 방법도 마땅치 않았다. 보험사의 얘기에 의하면 결국 수리비는 보험처리가 되지만 그에 따른 병원비용은 다음해의 보험료에 의해 할증이 될 것이라는 얘기였다. 도리가 없었다.

아들이 복원프로그램을 다운로드해서 복원을 시켜보기도 했지만 문제의 장면은 확인이 되지 않았다. 문제의 시간은 오후 4시 38분에서 41분 사이에 접촉사고가 있었다. 그런데 블랙박스에 촬영된 것은 38분 이전과 41분 이후의 것만 녹화되어져 있었다. 동영상 촬영되는 부분이 계속해서 연속적으로 되기도 하지만 일정 시간이 지난 후에는 영상이 삭제되고 다시 촬영되는 형식으로 되어 있었다. 복구회사의 얘기는 이미 삭제된 부분 위에 새롭게 촬영된 부분이 덧입혀졌기 때문에 파일의 복원이 되지 않는다는 설명이었다. 복구비용이 거금이었는데 문제는 그렇게 많은 비용을 들이더라도 복구가 되면 괜찮을 텐데 그렇게 호락호락 속시원히 복원이 되는 것이 아니었다.

하는 수 없이 손해보험협회의 홈페이지 접촉을 통해 손해분담비율에 관해 조회를 해 보았다. 도로를 달리는 중에 발생된 서로 간의 접촉사고에 통상적으로 손해 분담비율로 나와 있는 것은 7대 3 수준이었다. 피해자 측의 주장은 자신들은 조용히 정상적으로 달리고 있는 터에 갑자기 뒤쪽에 다짜고짜로 추돌을 해서 사고가 발생되었는다는 것이다. 정말 이해가 되지 않는 부분이었다. 어떻게 뒤쪽에서 추돌했는데 뒤바퀴 위쪽에 흠집이 발생할 수 있다는 것인지 알 수 없는 노릇이었다.

세상사가 서로 바라보는 입장이 다르고 서로 주장하는 바가 다르다는 것을 확연하게 느껴볼 수 있었다. 세상사 이치는 자기가 마음먹은 대로 그렇게 호락호락하지 않다는 것을 절감할 수밖에 없었다. 집사람은 아예 피해자가 원하는 대로 다 해주고 보상을 하자는 것으로 결론을 내 버리고 말았다. 안타까운 노릇이었다.

요즘은 자동차시대이다. 모두 너도나도 자동차를 타고 다니고 필수품이 되어 있을 정도다. 앞으로는 전기차가 상용화되고 대중화되는 때가 올 것으로 예측되기도 한다. 서울 시내를 다니다 보면 너무나도 많은 차들이 있다는 것을 느끼고 가급적이면 적정한 차량이 운행되는 것이 필요할 것이라는 걸 정말 절실하게 느끼게 된다. 접촉사고도 빈번하게 일어나고 하루에도 몇 건씩 일어나는 것을 목격할 수 있는 것이 요즘이다. 상대방에 대한 신뢰나 믿음은 상식선에서 이루어지는 것이 필요할 것으로 보인다. 또한 교통법규 교통질서에 대한 공중도덕이 더욱 강화될 것이 요청된다. 예전처럼 고래고래 삿대질을 하고 서로 얼굴 붉히며 네가 잘못했네를 따지는 일은 별로 없어 보인다. 다들 상식이 통하는 시대가 되었고 양식 있게 행동하고 처신하는 것이 일상화가 된 것 같아 보인다.

어떤 경우에는 보험사고를 핑계로 나이롱환자로 변신을 하는 이들이 양산되기도 하지만 통상의 경우에는 서로가 인정하는 선에서 협의가 이루어지고 합의가 되는 경우가 많다. 물론 서로의 입장차가 대립되고 불화가 깊어지면 결국 경찰서로 가게 되고 법적 판단에 의해 결론이 내려지기도 한다. 그런 경우에는 사고가 크고 과실에 의한 부분도 불분명하고 다툼의 여지가 많아 서로 양보되지 않을 경우에 한해 극히 예외적인 경우일 것이다. 경찰에 의한 사고처리가 되면 벌금을 물게 되고 벌점도 가중되는 불이익을 받게 된다고도 한다. 일단 서로의 입장을 유리하게 만들기 위해 입원부터 하게 되는 경우도 왕왕 있게 된다고도 한다. 그것이 선의에 의해 교통사고 후유증을 예방하기 위한 불가피한 경우라면 납득이 되겠지만 그렇지 않고 자신의 과실을 호도糊塗하기 위한 목적으로 행해진다면 그것은 잘못된 것일 것이다.

내년부터는 보험사에서 엄격한 심의를 통해 나이롱 교통사고 환자가 발생되지 않도록 하는 법안이 만들어질 것이라는 보도가 나오기도 했다. 세상에는 언제나 항상 선한 사마리아인만이 세상을 살고 있는 것은 아니라는 것을 다시금 느끼게 되었다.

우리나라가 이제는 거의 선진국 문턱에 올라서 있다. 하지만 이런 사소한 것에서 성숙되지 못한 모습을 볼 때면 아직도 교육이나 신뢰가 무척이나 부족하고 인성교육人性教育이 덜 되었다는 것을 느끼지 않을 수 없다. 어린 시절부터 공중도덕을 지키도록 교육하고 항상 양심 있는 국민으로 생활해갈 수 있는 자질을 갖추게 할 필요가 있지 않을까 싶다.

KBS 특별

객주 1

요즘 한참 장사의 신(객주 원작자: 김주영)에 빠져있다. 대하소설은 거의 독파를 한 셈으로 알았는데 몇 편 읽지 않은 것 중의 하나가 객주이다. 이번에는 꼭 객주를 한번 읽어 보아야겠다는 각오를 다진다.

드라마가 시작된지 몇 개월이 지났다. 여의도 KBS 본사의 벽에 홍보물로 걸렸던 그림이 사라진지 오래되었다. 이미 새로운 드라마로 교체가 되었다. 시청율이 어떤지는 알 수 없으나 현대인의 필수 아이템 중의 하나가 드라마 한 편을 섭렵涉獵해야 한다는 것이다. 찔끔 찔끔 방송을 보다 보니 제대로 스토리의 연결이 되지 않았다. 그래서 작정을 하고 지난 주말 내내 여태까지 방영된 내용을 다 시청했다. 전체 분량이 36회분인데 15회까지를 본 것이다. 절반을 본 셈이다. 현재는 5회를 연장해서 41회까지 방영할 예정이다.

때는 구한말이었다. 개성객주 천가네는 3년만에 열린 책문시장에 청나라와의 교역을 위해 길을 나선다. 가장 귀한 물목은 흑충이었다. 해삼을 말린 것으로 임금께도 진상을 하는 귀한 물목이었다. 전가 색주는 개성을 떠나 청나라 국경 근처 책문시장까지 1,200리 길을 떠나는 것이다. 개성유수 김보현은 길을 막고 나섰다. 상행위를 하러 길을 떠나는 객주를 위로하기 위해 술 한잔을 권한다. 그러자 객주는 중차대한 임무를 띠고 길을 떠나는 마당에 술을 받아 마실 수가 없다는 얘기로 정중히 사양한다. 그 술은 청나라를 다녀온 후 받겠다고 공손히 거절한 것이다. 그러자 김보현은 우격다짐으로 술을 권한다. 막무가내로 술을 권하고 받아 마실 수도 없는 입장에 처한 천가네에서는 곤욕스런 상황을 맞는다. 그러자 제일 맏형 뻘인 길상문 행수가 술을 냉큼 받아 마신다. 그러자 화가 난 김유수는 길행수에게 발길질을 해댄다. 다시 술은 권하고 이번에는 거절할 수도 없을 상황에 처한다. 그러자 갑자기 천가객주의 어린 아들 천봉삼이 술을 받아 마셔버리고 만다. 아연실색할 상황이 벌어진 것이다. 결국 봉삼은 혼절을 하고만다. 어린 애가 술을 먹었으니 혼절을 하지 않을 수 없게 된 것이다.

3년만의 청나라 행이고 교역이 재개된 상황이라 잔뜩 기대를 하고 출발을 했는데 한참 길을 가고 보니 비가 많이 내려 본래 길로는 갈 수가 없는 상황이 되었다. 결국은 위험천만한 벼릿길(절벽길)을 간다. 아이는 천봉삼과 길상문의 아들 길소개 그리고 천봉삼의 누나 천소례가 있다. 천봉삼의 몸에는 밧줄을 메고 그 밧줄이 천가객주 몸에 묶여져 있다. 천길 낭떨어지인 길목에서 봉삼이 발을 헛디뎌 결국은 낭떠러지에 떨어지고 만다. 그러자 몸이 묶여져 있던 천가객주까지 덩달아 절벽에 매달린다. 위기일발, 일촉즉발의 위기를 맞게 된다. 그 위기의 순간에 길행수가 구원의 손길을 뻗게 되고 세 사람을 온 보부상 일행이 밧줄을 나무에 걸고 끌어올리려 한다. 그러나 세 사람의 몸무게를 지탱하지 못하고 줄이 점점 끊어질 위기를 맞게되자 천가객주는 스스로 밧줄을 칼로 끊고 절벽 아래로 떨어진다. 낭떠러지로 떨어진 천가객주는 목숨을 부지할 수 있을지 알 수 없는 순간이 된다.

한편 절벽 아랫길로 행상을 가던 송파마방 쇠살주, 조성준 객주, 그와 의형제를 맺은 행수 송만치, 조성준의 처 방금이 일행이 잠시 휴식을 취하던 터에 뭔가가 방금의 치맛자락에 떨어진다. 처음에는 송충이인줄 알았는데 자세히 살펴보니 흑충이었다. 나무 위에 걸린 천가객주의 짐에서 흑충이 떨어진 것이었다. 조성준은 귀한 물목임을 확인하고 천가객주를 구해준다. 그를 구해서 길을 가는데 우연찮게 천봉삼이 어린 몸으로 아버지를 찾겠다고 터벅터벅 걸어서 올라오고 있는 것이다. 그들은 결국 천가객주 천오수 일행에게 흑충을 넘기고 위기의 순간에 생명을 구해준 은혜를 깊이 새긴다.

조성준은 불법으로 유통되던 우피 밀매를 제의하고 상당한 이문을 약조하나 천가객주는 정상적인 상도를 내세워 이를 거절한다. 그러자 송만치는 화가 치밀어 천가객주를 살해하려 하고 실랑이를 벌인다. 결국 천가객주 식솔들에게 포박을 당한 채 억류된다. 뒤이어 중국으로 오던 강경 환전객주 김학준 일행이 이를 발견하게 된다. 쇠살주는 우피밀매를 제안하고 이문으로 9할을 주기로 약조하고 풀려난다. 책문을 통과하면서 김학준의 덕을 본 쇠살주는 이문의 5할만 주고 줄행랑을 친다. 북경에 도착한 천가객주 천오수는 아이들에게 시험적으로 장사를 시키고 길소개와 천소례는 혼인을 할 것을 기약한다. 그리고 길소개는 천소례에게 주판을 정표로 준다. 김학준을 찾아간 길상문은 육의전에 입점하기 위해 뇌물을 바치려고 썼던 돈을 3만냥을 차용했는데 그 이자까지 불어 5만냥이 되었다. 차용증을 되찾으려고 하게 되고 결국은 울며 겨자 먹기 식인 최후의 수단으로 아편을 밀매하는 일을 맡게 된다. 숙소에 아편을 숨겨 놓았는데 관헌에서 아편을 찾으러 나온다. 길상문 행수는 급하게 아편을 봉삼에게 시켜 개울가에 버리라고 한다. 결국 시장통으로 도망치던 봉삼은 그것을 소개에게 주고 소개가 아편을 가지고 있는 현장에서 체포된다. 결국 길상문이 심문을 당하게 되고 아편을 준 자가 누구인지 밝히라고 종용을 당한다. 결국은 자신이 아편을 밀매하려 했다고 실토를 하고 보부상의 법에 의해 죽음을 맞게 된다. 천가객주를 위해 불철주야 노력해 오다 억울하고 처절하게 죽어가는 모습을 본 길상문의 아들 소개는 분노하고 복수를 결심한다. 수 십년 동안 천가객주의 행수로서 물불가리지 않고 노력한 대가가 죽음으로 종결지워지자 원한을 품게 된 것이다.

천가객주 천오수는 흑충가격이 폭락하는 바람에 결국 제대로 거래도 하지 못하고 귀국길에 오른다. 국경인 의주를 통과하는 과정에서 다시 또 사건이 발생한다. 객주의 보퉁이를 맨 소개는 그 보퉁이에 앵속(아편)을 몰래 넣어둔다. 관헌에게 앵속을 발견당한 천가객주는 꼼짝없이 마약밀매범으로 옥에 갇힌다. 김학준은 의주유수와 모종의 거래를 하게 된다. 천오수를 죽음을 당하게 하는 대가로 흑충을 헐값에 의주유수에게 넘기기로 한다. 결국 천오수는 죽음을 감내하기로 하고 최후 진술을 한다. 망나니들이 칼춤을 추고 목을 베기 전에 쇠살주 조성준이 그곳을 지나다 그 광경을 목격하게 되고 몇 푼의 엽전을 주고 천오수에게 다가가 술을 한잔 권한다. 천오수는 상도를 지키는 상인이었고 쇠살주는 이익에 급급했던 우피 밀매업자였다. 그러나 천오수의 상도의를 배우게 된 조성준은 이제부터는 제대로 된 상도의를 지키는 상인이 되기로 결심한다. 천오수는 최후 진술에서 소개에게 자신의 딸과 아들을 부탁한다. 그리고 딸에게는 천가객주를 반드시 일으키라는 소명을 주고 천봉삼에게는 상도의를 지키는 거상이 되라고 한다.

객주 2

천가객주 천오수가 죽자 길소개는 곧바로 천가네와 인연을 끊고 독자적으로 아버지가 유언으로 남겼던대로 육의전 대행수가 되라던 그 말을 쫒아 대행수 신가객주네 식솔로 들어간다.

소례는 봉삼을 데리고 길을 가고 어느 집에서 유숙을 하게 되었는데 그곳은 신당이었다. 열이 펄펄끓는 봉삼을 간호하다 결국 동생을 내버려 두고 갈길을 간다. 봉삼은 의식불명 상태가 되나 그곳을 지나던 송파마방 일행과 또다시 조우하게 된다. 얼마 전에는 아버지가 목숨을 구하게 되는 은혜를 입게 되었고 이번에는 그 아들이 목숨을 건지는 은혜를 입게 되었다. 조성준은 그 어린 봉삼을 한의원에 맡겨놓고 가던 길을 가게 된다. 천가네와 송파마방 간에 기묘한 인연이 생기게 되는 것이다.

한의원에서 의원 일을 도와주며 성장하던 봉삼은 결국 보부상을 교육하는 교육기관인 동몽청에 등록을 하게되고 본격적인 상인수업을 받게 된다. 8년 동안 상술을 익히게 되고 수습을 겸하여 상재를 키워나간다. 동몽청에 강사로 온 송파마방 객주 쇠살주는 봉삼에게 엽전 20냥을 주고 50냥으로 불려오라고 한다. 그러자 그는 닭을 봉황이라고 우기게 되고 사또께 송사를 벌인다. 닭을 판 장사꾼은 결국 100냥을 봉삼에게 물어주게 된다. 100냥을 번 내막을 뒤를 밟았던 송만치에게서 다 듣게 된 쇠살주는 사람을 현혹시켜 재산을 불린 잘못을 따져 봉삼을 멍석말이를 하게 한다. 그러자 봉삼은 쇠살주의 과거사를 들추어내고 서로 설전을 벌인다. 그리고 송파마방의 식솔로 들어가 상술을 배운다. 소를 팔아와야 식솔로 받아주겠다고 하자 봉삼은 수단껏 소를 파는 상재를 보여 드디어 송파마방의 식솔로 입문하게 된다.

어느 날 봉삼은 자신이 구사일생으로 살아났던 신당을 찾게 되고 그곳에서 누님의 흔적을 발견한다. 얼마 전에 신당을 찾아온 소례는 봉삼을 구해준 의원에게 어머니에게서 물려받은 비녀를 건네준다. 그것을 본 봉삼은 누님을 찾으러 사방으로 헤메게 된다. 그러던 와중에 조수사를 우연찮게 구하게 된다. 조수사는 조서린이라는 이로 보은의 조가객주의 딸로 조금 부족한 양반에게 시집갔다가 남편이 죽자 친가로 복귀하는 길이었다. 산길에서 절벽아래는 강물이 흐르고 있었는데 시가댁의 사주를 받은 가마꾼들이 가마를 물속으로 던져버리는 것이다. 봉삼은 그곳 가마에 있는 이가 자기 누님인 줄 알고 뛰어 들어 목숨을 구한다. 그런데 알고 보니 경국지색의 여인이었다. 은혜를 입은 조가객주는 큰절을 올리고 보은으로 돌아간다.

한편 길소개는 아버지의 유언대로 육의전 대행수가 되기로 결심하고 육의전 대행수인 신가객주 신석주를 찾아가 그 밑에서 상술을 배운다. 조소례는 집으로 가보니 천가객주가 강경 환전객주 김학준에게 넘어간 사실을 알고 울분을 토한다. 천가객주의 간판을 고이 간직한 소례는 기생이 되기로 결심하고 기생을 수련하는 곳에서 수업을 받는다. 그런 수업을 받던 중에 김학준을 만나게 되고 그의 애첩이 된다.

김보현은 개성유수에서 승승장구해서 선혜청 당상까지 오른다. 사사건건 형님인 김학준과 불협화음을 내지만 어쩔 수 없이 한통속이 된다. 그의 계략에 의해 김학준은 결국 신가객주에게 천가객주를 넘기게 되고 그 과정은 결국 경쟁수권(경매)을 통해서 넘기게 되는데 터무니 없는 가격에 넘긴다. 50만냥이 넘는 천가객주를 3만냥에 넘긴다. 대행수는 천가객주를 싸게 받은 대신 김보현에게 선혜청 당상자리를 보장한다. 그러자 김보현은 형인 김학준에게 목숨을 보존하고 싶으면 천가객주를 고이 신석주에게 넘기라고 엄포를 놓는다.

천봉삼은 한의원을 뛰쳐나와 보부상을 가르치는 학당인 동몽청에 들어가게 되고 그곳에서 상술을 배운다. 그후 봉삼은 송파마방에 찾아가 채장을 받을 수 있게 해달라고 하고 식솔로 받아줄 것을 간청한다. 소를 3마리 팔아오면 식솔로 받아준다고 약조한다. 시험에 합격한 후 송파마방의 식솔이 된다. 쇠살주 조성준의 송파마방으로 가서 상술을 배운다. 송파마방의 송만치는 조성준의 후계자가 누구냐고 질문한다. 그러자 2대 송파마방 객주는 천봉삼이 될 것이라고 한다. 화가 난 송만치는 야밤에 방금이를 데리고 송파마방의 문서를 훔쳐 도주한다. 송만치는 결국 강경의 환전객주 김학준을 찾아간다. 그리고 송파마방을 2만냥에 팔고 어음을 받는다. 어음을 갖고 가던 송만치는 소례의 경호를 맡고 있던 오덕개의 졸개들에게 습격을 당하고 어음을 도둑맞는다. 어음은 결국 길소개의 손에 넘어갔다가 다시 덕개에게도 돌아온다. 조성준은 송만치와 방금을 찾는 사발통문을 보부상들에게 돌리게 되고 두 연놈을 찾기 위해 혈안이 된다. 먼저 송만치 일행을 발견한 봉삼은 그에게 도망갈 것을 종용한다. 그러나 낌새를 눈치챈 조성준에게 발각당해 순순히 포박을 받는다. 보부상 법에 의해 음란과 도적죄를 범한 것으로 해서 치죄를 당한다. 송만치는 거세를 당하고 방금은 발을 절단 당한다. 그러자 조성준 자신도 죄를 물어 손가락을 단지한다. 보부상 법은 네 가지였다. 물망업, 물패행, 물음란, 물도적이었다. 물망업은 헛된 속임수를 써서 고객을 속여 장사를 해서는 안 된다는 것이다. 둘째 물패행은 우격다짐이나 폭력등으로 상행위를 하면 안 된다는 의미이다. 셋째는 음란한 행위 등을 통한 상거래는 안된다. 넷째 물도적은 도적질로 상행위를 해서는 안 된다는 것이다.

송파마방이 강경 환전객주에게 팔린 것을 안 조성준은 강경으로 김학준을 찾아가 그를 죽이려 한다. 그러나 뜻을 이루지 못하고 길소개를 만나게 되고 둘은 의형제를 맺고 길소개와 환의換衣(서로 상의 옷을 바꿔입는 것)를 한다. 길소개는 김학준의 집에 도적질하러 가서 천소례를 만난다. 자신이 증표로 준 주판을 보고 김학준의 애첩이 예전의 정인이었던 천소례임을 알게 된다. 천소례도 길소개의 존재를 알게 되고 서로 얘기를 나눈다. 천소례는 18년을 김학준의 애첩으로 살았는데 결정적인 순간이 오자 그를 죽여 아버지에 대한 복수를 한다. 천소례는 길소개가 입었던 조성준의 상의를 김학준의 죽은 곳에 놓아두고 그를 범인으로 몰아가게 한다. 쇠살주는 졸지에 살인범이 되고 그렇게 몰린 조성준은 도망을 치다 결국 강물에 빠지게 된다. 김보현은 김학준을 장사지내고 그의 재산을 모조리 차지한다. 천봉삼은 천소례를 보쌈해서 가마에 태우고 깊은 강물 속에 던져버린다. 소례는 김학준으로부터 자기 아버지를 죽게 만든 이는 길소개 때문이라는 것을 알고 오열한다. 길소개는 대행수의 집에서 대행수의 비행을 적은 책자를 만들다 발각이 되어 엽전 두닙을 받고 쫓겨난다. 10년 동안 일한 것의 대가로는 너무나 적었다. 개똥이(매월)는 후일을 도모하기 위해 거리에 내팽개쳐진 길소개를 구해서 극진한 정성으로 돌보아 회생시킨다. 새우젓 장사로 변신해서 개똥이와 행상을 하면서 살아가던 중 절벽에서 떨어진 봉삼을 구해주게 된다. 개똥이는 신분을 속이기 위해 남장을 하고 다녔다. 8년 동안 길소개와 개똥이는 새우젓 장사를 한 것이다. 개똥이는 봉삼을 보자 그가 자신이 그렇게 찾았던 운명의 남편감임을 인지하고 정성껏 간호해서 그를 기사회생시킨다. 그녀는 본래 신기가 있어 무당이 될 팔자를 타고 났다. 생매장으로 죽임을 당할뻔 했는데 어머니가 도피시켜서 목숨을 건지게 되었다. 봉삼을 구해주고 둘은 서로 피를 섞어 마시는 맹세를 한다. 그리고 개똥이의 소원을 들어주어야 한다는 약조를 한다. 개똥이는 다시 여자로 변신해서 봉삼과 혼인해 줄 것을 요구하나 봉삼은 다른 정인이 있다는 것으로 해서 개똥이를 내친다. 개똥이는 비가 억수같이 내리는 날 비를 하염없이 맞으면서 거리를 배회한다. 그러던 중에 벼락을 맞게 되어 신내림을 받는다. 그녀는 다시 무당이 되기로 작정한다. 김보현은 우연히 그 광경을 목격한다.

인물관계도

송파마방

천가객주

육의전

장사의 神
객주2015

객주 3

매월이는 우연히 대행수 일행이 보은에서 한양으로 가던 길에 조우하게 되고 합류하게 된다. 예사 인물이 아님을 간파한 대행수는 매월에게는 자신의 앞날에 대한 예언을 듣는다. 그것은 자기보다 더한 훌륭한 상인이 될 아들을 조소사로부터 얻게 될 것이라는 것이다. 매월이라는 이름으로 변신한 개똥이는 신당을 차리고 무당으로서 활약을 펼친다. 김보현을 찾아간 매월은 길소개를 심복으로 두라는 언질을 받게 된다. 그리고 김보현은 대행수가 자신을 멀리하게 되고 선혜청 당상 자리도 민겸호가 맡게 될 것이라는 것에서 대행수와 결별한다.

김학준은 민겸호에게 화적장부를 찾으라고 언질을 준 후 신대행수와 김보현이 있는 자리를 급습할 것을 제안한다. 졸지에 큰 일을 당한 처지여서 곤란해 하고 있는데 길소개가 재치로 화적장부를 촛불로 불태워버린다. 증좌證左가 없어지자 더 이상 추궁이 의미가 없게된다. 김보현은 길소개를 세곡신의 감찰을 맡는 감찰신인으로 선임하게 하고 대행수의 간담을 서늘하게 한다. 대행수는 색목인에게서 자신을 아이를 가질 수 없다는 진단을 받는다. 그러자 대행수 후계자를 노리던 맹행수가 무척이나 좋아한다.

송파마방이 대행수에게 넘어간다. 김학준에게서 송파마방의 문서를 받아 챙긴 대행수가 송파마방을 접수한 것이다. 세곡선의 운송을 맡은 대행수는 돈을 빌리러 온 봉삼에게 세곡선의 총감독인 총대선인으로 임명한다. 세곡선을 태우려면 송파 왈짜패를 설득해야 했다. 맹행수가 그런 제안을 하러갔다가 거절당하고 혼쭐이 난다. 그러자 봉삼이 왈짜패를 데려 오겠다고 대행수에게 확약한다. 왈짜패의 두목을 찾아간 봉삼은 그 두목이 송만치임을 알게 되고 그와 협상을 한다. 세곡선을 무사히 운행해서 목표를 달성하면 왈짜패를 송파마방의 식솔로 받아주겠다고 언약한다. 왈짜패의 두목인 송만치의 2인자로 곰패가 있다. 그는 송만치의 애환을 듣고 그의 원에 따라 천봉삼을 죽여주겠다고 약조를 한다.

세곡선 출항 이틀 전에 출항제가 열리고 마마님 매월이 춤사위를 선보인다. 그러면서 봉삼의 정인이 조소사임을 눈치챈다. 조소사는 잠시 자리를 떠나 한적한 곳으로 가는데 뒤이어 봉삼이 소사를 만나러 간다. 서로의 마음을 확인한 두 연인은 서로를 껴안는데 하필 그것을 목격하게 되는 대행수는 기겁을 한다. 맹행수가 두 연놈은 어떻게 처리를 해야 하지 않겠냐고 한다. 대행수는 두 연놈이 뒤엉켜있는 장면을 꿈속에서 보게 되고 심기가 불편해 진다. 맹행수가 앵속(아편)을 거래한 물증을 잡고 맹행수의 혀를 뽑아버리고 신가객주에서 내쫓는다. 관아에 세곡선을 호송하기 위해 병장기를 받으러 가려던 봉삼 일행은 결국 그 얘기를 듣게 된다.

한편 대행수는 봉삼에게 쪽지를 보낸다. 혼자 살려면 도망가라는 전언이었다. 봉삼은 매월을 찾아간다. 그러자 세곡선을 타면 죽을 괘

라는 것을 알려준다. 그러나 세곡선을 타지 않으면 결국 송파마방을 되찾을 수 없기에 도리가 없다. 매월은 조소사를 찾아가 오늘과 내일이 길일이라고 하고 합방을 하라고 조언한다. 김보현은 길소개에게 세곡미를 빼돌려 돈을 만들라고 하고 봉삼을 죽음으로 내몰라고 언질을 준다.

길소개는 김보현을 찾아가 금덩어리를 주고 수하에 받아달라고 부탁한다. 김보현은 길소개에게 양반의 신분을 사주고 생원으로 만들어 준다. 그리고 그의 수족으로 출세가도를 달리게 된다. 소개는 매월을 만나 그녀가 예전의 새우젓장수 개똥이라는 것을 알게 된다. 천봉삼은 결국 대행수를 찾아가게 되고 대행수는 사약을 마시라고 내민다. 봉삼은 자신의 죽음으로 조소사는 살려달라고 유언하며 사약을 마신다. 사약인 줄 알았던 것이 잠깐 혼절시키는 약이었다. 저녁 무렵에 알 수 없는 이들로부터 보쌈을 당한 조수사는 한적한 마을의 대가집에 머무른다. 그런데 천봉삼도 대행수의 간계에 의해 그곳으로 오게 된다. 둘은 하룻밤을 보낸다. 조수사의 몸종 월이는 대행수로부터 치죄를 당하게 되고 목숨을 내놓으라고 하니 대들보에 목을 매겠다고 옹골차게 답변한다. 대행수는 자신을 결박하라고 하고 매월은 축수를 한다. 길소개와 천봉삼이 모두 세곡선을 타고 무사히 세곡미를 가져오도록 기원한다. 세곡선을 타기 하루 전날 김보현은 감찰선인 길소개와 총대선인 천봉삼을 데리고 거나하게 한잔 하러 가자고 한다. 천봉삼은 세곡미를 다 싣기 전에는 술을 마실 수 없다고 버틴다.

며칠 후 대행수와 매월이 있던 자리에서 조수사는 입덧을 한다. 매월은 거지 소굴에 있는 맹구범을 찾아가서 대행수의 비밀을 알아낸다. 맹구범은 말을 할 수 없는 상황이어서 필담으로 차태借胎라는 글귀를 써 보인다. 아이를 다른 사람의 씨로 갖는 것을 이르는 말이었다. 자신이 봉삼의 씨앗을 잉태하게 된 것을 안 조수사는 집을 나가려고 보따리를 싸고 가출을 하려다 대행수에게 붙잡힌다. 대문을 한 발짝이라도 나서는 날에는 천봉삼을 죽일 것이라고 엄포를 놓는다.

천봉삼은 대행수에게 20만냥을 빌리기 위해서는 세곡미를 잘 운송해야 한다는 일념 하나로 일에 매달린다. 세곡선을 타고 세곡미를 운반하던 중에 수적에게 세곡미를 200석 도적질 당한다. 길소개는 수적들의 약탈을 방치하고 그 두목이 조성준임을 알아챈다. 그 수적의 우두머리가 쇠살주 조성준임을 알게 된다. 그 밑에는 오득개가 조성준의 수하 노릇을 하고 있었다. 그리고 봉삼은 세곡미를 되찾기 위해 그의 소굴로 쳐들어간다. 세곡미를 돌려달라고 애원을 해보지만 돌려줄 리 없다. 그곳에서 천소례를 만나나 봉삼은 그가 누나인 줄을 모른다. 소례는 물에 빠져 죽은 줄 알았는데 조성준이 그녀를 구한 것이었다. 조성준은 천봉삼에게 너는 너의 길을 가라는 훈계를 한다. 그리고 세곡미는 돌려줄 수 없다고 으름장을 놓는다. 집을 나서려는데 소례가 그의 손을 잡고 놓지 않는다.

객주 4

천봉삼은 누나인 줄도 모르고 천소례를 박대한 후 다시 세곡선으로 돌아간다. 천소례는 오득개에게 문서를 주고 쌀 2백 섬을 받아서 천봉삼에게 전해 줄 것을 당부한다. 그렇게 천봉삼에게 세곡미 2백 섬을 되돌려 주려는 것을 목격한 조성준은 육감적으로 그녀가 천봉삼의 누나인줄 확신하고 그것을 밝히라고 종용한다. 왕발은 쪽지를 감쪽같이 봉삼에게 전해 쌀 2백섬을 찾으라고 한다. 길소개는 세곡미가 부족한 부분으로 해서 봉삼을 옭아매고 그를 함정에 빠뜨린다. 길소개 일행과 천봉삼이 싸움을 하게 되고 그런 와중에 조성준과 천소례 등도 엮이게 된다. 2백섬을 다시 찾게 해준 이가 천소례임을 알게 된 봉삼은 그녀가 그의 누나임을 듣게 되고 뜨거운 재회의 눈물을 흘린다.

천소례는 봉삼을 위해 화적장부를 김보현에게 보내게 되고 선돌을 그 연락책을 맡아 말을 타고 달려가게 된다. 선돌은 김보현에게 그의 화적장부를 보여주고 그것을 미끼로 100만냥의 이윤을 받아낸다. 천봉삼 일행과 길소개의 관군이 대치하는 상황에서 사단이 벌어지게 된다. 화승총이 등장을 하고 포화속에서 오득개는 천소례를 지키려다

화승총을 맞고 절명하게 된다. 화살이 비오듯 나르는 속에서 조성준은 화살을 맞고 부상을 당한다.

대행수는 천봉삼이 세곡미를 빼돌렸다는 정보를 입수하게 된다. 김보현이 그 정보를 제공한다. 세곡미를 잃은 봉삼은 죄를 치죄당하기 위해 관아에 갇히게 되고 고문을 당하게 된다. 길소개는 암약을 해서 봉삼을 구렁텅이에 빠지게 한다. 길소개를 통해 그것은 모두 김보현의 간계에 의한 것임을 간파하게 된다. 그러자 천소례는 봉삼을 구하기 위해 길소개를 유혹한다. 오랫동안 길소개를 그리워 했다는 것으로 유혹해서 포옹을 하는 사이 대침으로 그를 찌르는 행동을 보인다. 천소례에 의해 구사일생으로 천봉삼은 다시 풀려나게 되고 기사회생한다. 그러나 다시 대행수 신석주에게 잡히게 되고 어려운 처지에 빠지게 된다.

객주를 보면서 느끼는 점은 세상사의 모든 길흉화복이 들어 있고 많은 인간군상의 욕망과 집착이 칡뿌리처럼 얽혀 있는 듯하다. 권모술수로 천가객주를 삼킨 김학준이 있는가 하면 그 김학준의 머리 꼭대기에 있는 대행수 신석주가 또 있다. 그와 같이 동고동락하던 김보현도 어느 날 갑자기 좋은 공생관계에서 끈 떨어진 매 신세로 전락하게 된다. 선혜청 당상에서 물러나게 되고 민겸호의 시대가 오는 것이다. 나름대로 원칙을 지키고자 했고 상도의에 철저하고자 했던 천가객주 천오수는 결국 불귀의 객이 되고 만다. 반면에 송파마방의 조성준은 그렇게 파락호처럼 권모술수를 일삼고 불법과 탈법을 넘나들면서도 자신의 삶을 제대로 살아내지 못하는 듯 보인다. 송파마방을 잘 꾸려 갔지만 의형제였던 송만치에게 배신을 당하고 그의 처 방금이 마저 줄행랑을 놓고 보니 처량하게 살인범으로 몰리고 결국은 강물에 빠져 죽은 사람 취급을 받게 된다. 그리고 수적으로 변신해서 기구한 삶을 살아가는 것이다. 송만치와 방금이는 그렇게 야반도주를 해서 우여곡절을 겪지만 결국 치죄를 당해 거세되고 발목을 잘리고 실어증까지 겪게 된다. 그런후 송파 왈짜패의 두목으로 한많은 삶을 영위해 가며 복수의 칼만 가는 것이다. 악의 화신 김보현은 김학준의 재산이었던 천가객주를 자신의 입신양명을 위해 신석주에게 갖다 바치고 선혜청 당상이 되어 부귀영화를 누리게 된다. 길소개를 환골탈퇴시켜 자신의 수족으로 만든다. 금은보화로 벼슬을 사고 생원으로 변신시키는 것이다. 그리고 세곡선의 감찰선인으로 임명해서 자신의 뜻한 바를 그를 통해 실현시켜 가려 하는 것이다.

한편 대행수의 수족으로 28년간 선임행수로 행세를 해온 맹구범은 대행수의 비밀을 너무 많이 알게 되자 제거될 운명이 그를 기다린다. 아편을 밀거래했다는 증거를 가지고 그를 치죄해서 혀를 자르는 형벌을 가하게 된다. 비참한 상태에 내몰린 맹구범은 결국 매월에 의해 구해지게 된고 청계천의 거지 왕초로 변신하게 된다. 매월은 본래 반가의 규수로 태어났으나 팔자가 기구해 무당이 될 팔자라고 낙인찍혀 아버지에 의해 생매장을 당해 죽음 직전까지 내몰린다. 그러자 어머니가 그녀를 구해냈다. 오로지 일념으로 정인을 만나겠다는 갸륵한 마음으로 8년간 남장을 한 채 길소개와 새우젓 행상을 하며 세월을 보낸다. 그러던 중 천봉삼을 만나게 되고 지극정성으로 간호한 끝에 거의 죽어가던 천봉삼을 살려낸다. 그녀는 오로지 천봉삼을 남편으로 삼고 말겠다는 다짐하나 만으로 세상을 사는 이었나. 그러나 봉삼이 정인이 있다며 내치게 되자 하염없이 빗속을 거닐다 번개를 맞는다. 그리고 신기가 다시 들어온다. 조소사는 보은 조가객주의 딸로 태어나 기구한 운명을 맞는다. 아버지의 욕심에 따라 양반집 병신 남편에게 시집 갔다가 남편이 죽자 친정으로 돌아오게 된다. 그러던 중 시가의 사주에 의해 가마가 강물로 던져지게 된다. 물에 빠진 가마속 조수사를 봉삼이 건져내면서 둘의 인연은 시작된다. 봉삼은 그녀가 자신의 누나인 줄 알고 구했는데 알고 보니 경국지색의 여인이었다. 조수사는 결국 다시 어디든지 데리고 가서 자신을 위기에서 구해달라는 조수사를 내팽개치고 봉삼은 마음속에 그녀를 담게 된다. 그녀는 보은으로 가게 된다. 보은 조가객주는 조수사의 화첩을 만들어 전국 방방곡곡에 뿌린다. 화첩을 본 대행수 신석주를 그녀를 애첩으로 들이게 된다. 거금 15만냥을 주고 그녀를 데려오게 되는 것이다. 봉삼은 책문시장을 다녀오던 길에 마마에 걸려 신당에서 누나로부터 버림을 받는다. 송파마방 일행의 도움으로 봉삼은 목숨을 건지게 되고 의원 약방에 기식하게 된다. 그러던 중 그는 동몽청(보부상을 교육하던 기관)에 들어가게 되고 그곳에서 상술을 배운다. 그러다 송파마방에 보부상이 되고 여리꾼에서부터 행수 등을 거쳐 거상으로 거듭나게 되는 것이다. 구한말 보부상들의 삶을 생생하게 묘사하고 맛깔스럽게 표현해낸 원작을 제대로 제현해냈는지는 더 두고 봐야 할 일이지만 일반 시청자들의 반향은 뜨거운 듯하다. 제대로 정의로운 상인으로 그려지길 기대한다는 원작자의 언급도 보도가 되고 있다.

객주

객주 5

세곡선 총대선인으로서의 역할을 수행한 천봉삼은 200석의 세곡미를 찾아와 수송을 하지만 길소개의 농간에 의해 수적水賊과 내통한 혐의를 받고 투옥된다. 수적과 내통하였고 세곡미를 빼돌린 것을 자복自服하라고 다그치지만 그는 결코 그렇게 내통한 적이 없다고 항변한다.

봉삼의 누나 천소례는 쇠돌에게 김보현을 찾아가 온갖 악행이 담긴 화식貨殖 재산을 늘린 장부를 보여주고 제대로 봉삼을 풀어주지 않으면 그의 비리非理를 만천하에 다 폭로하겠다고 협박을 한다. 결국 김보현은 서찰을 보내 봉삼을 풀어주라고 한다. 졸지에 죄인이 되었다가 구사일생九死一生으로 살아서 돌아온 봉삼은 송파마방으로 돌아온다. 그러나 술에 쩔어 정신을 차리지 못한다. 다시 신대행수에게 끌려간 봉삼은 세곡미를 제대로 운송하지 못한 책임에 관해 곤욕을 치른다. 조소사의 간절한 구명운동으로 인해 겨우 목숨만은 보전한다. 조성준이 천소례의 유품이었던 '친가객주大家客主' 현판을 가져와 호동을 치자 천봉삼은 그제서야 온전히 정신을 차리고 거상이 될 것을 결심한다.

다음의 행상은 풍등령을 넘어 북관대로北關大路를 뚫는 일이었다. 원산으로 향하는 대행상 행렬을 이끌고 설화지雪花紙를 상거래하기 위해 북관대로로 향한다. 문제는 화적떼였다. 보부상의 길을 막고 있는 화적을 어떻게 퇴치할 것인가가 관건이었다. 화적떼의 두목은 신대행수의 먼 친척뻘 되는 이였다. 대행수는 연통을 보내 북관대로를 내주지 말 것을 신신당부한다.

한편 길소개도 대행수의 명을 받고 설화지를 구하러 간다. 길소개는 화적떼 두목을 만나 송파마방 쇠살주 천봉삼을 살해해 달라고 부탁하고 돈을 더 쥐어준다. 북관대로를 뚫기 위해 고민하던 봉삼일행은 작전을 세우고 길을 나선다. 날씨는 안개가 잔뜩낀 상태가 된다. 안개속에서는 사지분간이 되지 않아 화적떼도 어쩌지 못한다. 그런데 얼마후 안개가 지자 상단을 발견한 화적떼는 벌떼처럼 달겨들어 상단일행을 포박한다. 포로상태가 된 봉삼일행은 다음날 아침 죽임을 당할 위기에 처한다. 그러나 쇠돌 일행은 설화지를 갖고 북관대로를 넘어 원산으로 향한다. 봉삼일행의 짐을 풀어본 화적떼는 그것이 모두 낙엽인 것을 알고는 분통을 터뜨린다. 운명의 날이 밝았다. 봉삼일행은 이제 죽었구나 체념한 상태가 되었다. 그런데 봉삼의 품속에서 나온 천오수의 채장을 본 이들은 산적이었지만 그전에 천가객주의 상단에 속했던 이들이었다. 그러자 그들은 칼을 화적떼 두목에게 겨루고 한판을 겨루게 된다. 봉삼을 구하러 온 쇠돌 일행 등과 합세한 이들은 화적떼를 소탕하고 북관대로를 뚫는다. 보물창고를 살펴보던 봉삼은 그들이 신대행수와 내통한 증거를 잡고 분통을 터뜨린다.

설화지를 원산포에 옮긴 봉선생은 그곳 객주에서 의주검문에서 아버지를 마약밀매범으로 몰게한 원인제공자가 길소개였음을 듣게된다.

원산객주에게서 설화지의 매매를 위임받은 봉삼은 그것으로 재물을 늘리게 된다. 그리고 신대행수에게 북관대로를 막고 물화를 유통을 막아 막대한 이득을 챙긴 것을 추궁한다. 신대행수는 천가객주를 돌려주겠다고 유화적 제스처를 취하지만 봉삼은 모든 제의를 거절하고 북관대로가 뚫렸음을 알리는 사발통문을 돌린다. 사발통문을 보고 전국의 보부상들이 북관대로를 통해 원산포로 몰려든다. 북관대로가 뚫렸다는 것에 신대행수는 기절초풍한다. 그리고 자신의 휘하에 있는 모든 세력을 결집시켜 원산포의 물화 말뚝이와 옷감 등을 모두 독점해서 유출시키지 못하도록 엄명을 내린다.

길소개는 대행수의 주구노릇을 충실히 수행한다. 쇠돌과의 거래를 통해 설화지를 대행수의 창고에 넣는다. 봉삼은 설화지를 매월에게 갖다주고 매월은 그 설화지에 시한수를 적어 읊조린다. 매월은 대행수와 김보현 사이를 오가며 그들을 이간질시킨다. 봉삼은 대행수를 찾아가 그의 비리를 다 폭로한다.

전국에서 모여든 보부상들은 말뚝이(말린 명태의 별칭)를 구하려고 애를 써보지만 원산포 객주들이 담합해서 물화를 풀지 않으니 달리 도리가 없다. 보부상들은 사발통문을 돌린 봉삼에게 몰려와 물화를 구해달라고 애걸한다. 소개는 밀거래를 하는 마을을 봉삼에게 소개하고 봉선생은 밀거래하는 옷감을 물화로 구해 보부상에게 나눠준다. 말뚝이를 확보하기 위해 애를 쓰던 봉삼은 덕장을 돌며 몇 마리씩을 훔쳐 물건을 모으는 방책을 쓴다. 결국 제대로된 말뚝이를 만들기 위해 예선 쇠살주 조성준의 도움을 받는다. 그는 인제 용대리에 덕장을 설치하고 명태를 말리는 작업을 시도한다. 그러던 중에 경기도 임방에서는 도접장 선거의 공고가 나붙는다. 경기도 임방에 갔던 봉삼은 졸지에 선거에 나서게 된다. 대행수 측에서는 길소개를 대항마로 내세운다. 그는 김보현에 의해 생원의 벼슬까지 산 형편이었다. 대행수는 대대적인 물량공세를 편다. 원산 객주도 봉삼의 선거지원을 위해 상경한다. 판세는 경기 북부쪽은 봉삼 남부쪽은 길소개로 나뉜다. 막상 선거일이 다가오고 투표를 통해 도접장이 선출된다. 결과는 봉삼의 승리였다. 당선이 되어 축하주를 나누며 흥겨워한다. 한창 분위기가 고조되는 시점에서 도임방 직원들과 광주부윤 포졸들이 송파마방으로 들이 닥친다. 그리고 얘기하는 것은 송파마방에서 우피밀매를 하고 있다는 제보를 받고 왔다는 것이다. 관헌들이 마방을 수색하고 한편에서는 우피가 발견된다. 졸지에 우피밀매범이 된 봉선생은 광주현 감옥에 갇힌다. 봉삼은 계속해서 곤장을 맞고 자복을 강요당하지만 꿋꿋하게 버틴다. 애원하는 바는 길소개와의 대질 심문이었다. 봉선생의 투옥을 알게된 매월은 안절부절이다. 결국 감옥으로 그를 찾아가 혼절한 봉삼에게 입으로 청심환을 먹인다. 봉삼은 비몽사몽간에 매월이를 조소사로 알고 환영幻影이 오버랩된다. 결국 매월을 조소사를 몸종으로 분장시켜 감옥의 봉선생과의 면회를 시켜준다. 혹독한 고문에 시달린 봉선생은 수저를 들 힘도 없었다. 결국 조소사는 밥을 떠먹여주며 눈물짓는다. 조소사는 대행수에게 아기에게는 아비가 있어야 한다며 봉삼을 살려달라고 애원한다. 결국 대행수는 광주유수에게 서찰을 쓴다. 그리고 행수에게 그것을 전하고 오라고 한다. 서찰書札을 배달한다는 것을 눈치챈 봉삼네 송파마방에서는 쇠돌이 꾀를 내어 서찰을 가로채고 그 서찰을 무죄방면하라는 서찰로 바꿔놓는다. 광주유수는 대행수의 부탁을 들어주고 봉삼을 무죄방면한다.

한편 조소사는 아이를 낳을 준비에 분주하다. 산파는 매월이 맡기로 한다. 산통이 오자 매월이 대행수에게 온다. 조소사의 몸종 월이는 서찰을 보내 봉선생에게 아씨가 가진 아이가 봉삼의 자식임을 밝히고 아이를 낳은 후에는 아씨를 해칠 모략을 꾸미고 있으니 아씨를 구하라는 하소연을 한다. 송파마방을 맡고 있던 송만치는 일행을 이끌고 봉삼에게 간다. 봉삼은 서찰을 받아보고 조소사를 만나기 위해 길을 떠난다. 그런 중에 발목을 접질려 부상을 당하고 송만치 등이 대행수 집으로 향한다. 그들은 변장을 해서 조소사의 친정오라비로 행세하며 대행수 집에 들어가 조소사를 데리고 나온다. 조소사가 도망간 사실을 알게 된 대행수는 4대문을 봉쇄하고 추적의 고삐를 쥔다. 봉삼일행은 숨을 곳을 찾다 결국 매월의 국사당 신당으로 숨어든다. 결국 매월은 산파로서의 역할을 다하고 조소사는 순산한다. 아들은 유수라는 이름을 짓는다. 매월은 몸종 간난이를 대행수에게 보내 그의 아들이 순산한 사실을 알린다. 대행수는 아들을 찾기 위해 혈안이 된다. 아들을 데리고 가려던 대행수 앞에 송만치가 길을 막는다. 결국 아들을 포기하고 다음을 기약하게 되는 대행수는 씁쓸해 한다. 덕장에서 눈이 오기를 기다리던 봉삼의 간절한 희망에 의해 용대리에는 눈이 펄펄 쏟아진다. 덕장에서 말린 말뚝이로 회식을 하게된 신대행수 일행은 그것이 봉삼의 덕장에서 나온 말뚝이 임을 알게 되면서 아연실색해 한다. 매월이는 중전 민비의 부름을 받는다. 세자의 병마를 물리치기 위해 설악산에서 백일기도를 하겠다고 한다.

조소사의 역할이 미비하다는 평도 있었다. 매월의 역할이 빛난다는 칭찬도 있있다. 인간만사가 이리저리 복잡하게 얽히고 설킨 모습들이 파노라마처럼 펼쳐진다. 이후에 용대리에서 결혼식을 올리는 봉삼과 조소사를 보고는 회한에 쌓이는 매월이는 안타까움에 입술을 깨

문다.

아무튼 장사의 신 객주는 현대를 살아가는 이들에게 좋은 본보기를 보여주는 것이 아닌가 여겨진다. 항상 세상을 살아가는 곳에는 선악이 병존하고 그 속에서 올곧게 살아가고 정의가 살아있음이 항상 드러나고 판별되게 된다는 평범한 진리를 다시한번 일깨우게 될 것이다.

객주 6

결혼식을 올린 봉삼과 조소사는 행복한 한때를 보낸다. 그러면서 이 행복이 언제까지나 계속되었으면 좋겠다고 한다. 대행수는 매월을 통해 용대리 덕장의 위치를 알아내고 그곳을 관군을 출두시켜 급습한다. 수적의 수괴였던 조성준을 체포한다는 명목이었다.

덕장은 아수라장으로 변한다. 동시에 덕장에는 불이 난다. 그 전에 조성준은 만치에게 당부해서 덕장의 말뚝이를 다른 은밀한 곳에 숨겨 놓는다. 나주객주와 말뚝이를 공급하기로 약조했는데 이행할 수 있는 방법이 없다. 결국 이행할 방법이 없자 채장까지 내놓고 거덜이 날 위기에 빠진다. 위기의 순간에 만치가 말뚝이를 잔뜩 지고 온다. 결국 약속된 말뚝이를 공급하게 되고 위기를 벗어난다.

조성준은 관군에게 쫓기는 몸이 되고 결국 최후를 맞이하게 된다. 그러던 와중에 유수를 보고 있던 방금을 조소사로 착각한 암살범은 결국 총을 발사하게 된다. 그는 길소개의 사주를 받고 조소사를 죽이라는 밀명을 받고 있었다. 졸지에 목숨을 잃은 방금이를 끌어안고 오열하는 조성준은 눈물을 흘린다. 만치는 방금의 죽음을 슬퍼할 겨를도 없이 조성준의 밀명을 받고 말뚝이를 비밀리에 숨기는 작업에 몰두한다. 오랫동안 심혈을 기울인 덕장이 하루아침에 불바다로 변하니 아연실색해 하는 봉삼은 하늘을 원망하며 안타까워한다.

매월은 중전의 부름을 받고 궁궐에 무상출입할 수 있는 패를 받기도 한다. 유수를 보고 싶어하는 대행수를 위해 매월은 조소사에게로 가서 몰래 유수를 납치해서 대행수에게 보낸다. 이를 알게 된 봉삼네 동패들은 모두 매월을 쫓아가는데 결국 대행수에게 유수가 있다는 것을 알게된다. 대행수는 유수를 안고 이를 객주인들에게 선보이고 자랑하게 된다. 졸지에 조소사는 죽은 이로 전락한다. 그런데 갑자기 유수를 찾으러 들이닥친 이들을 보고 객주들은 기겁을 한다. 결국 대행수는 유수를 내주고 만다. 원행길에서 봉삼은 유수가 납치되었다는 소식을 접하자마자 곧바로 본가로 돌아온다. 말뚝이를 팔던 나주객주는 천가객주 말뚝이에 노랑물을 들여 저가로 판매한다. 이런 소식을 듣게된 봉삼은 노발대발하고 곧바로 현장으로 가서 조치를 취한다.

매월은 천봉삼의 마음을 얻기위해 조소사를 죽이기로 작정을 하고 길소개에게 죽이라고 사주한다. 길소개는 사람을 사서 조소사를 죽이게 한다. 조소사는 아무것도 모른채 장독대로 가서 김치를 꺼내려는데 갑자기 난데없이 뱀이 나와 문다. 졸지에 독살을 당하게 된 조소사, 의원도 고개를 절래절래 흔든다. 그리고 매월마저 어쩌지 못한다. 조소사는 마지막 순간에 매월에게 “마마님입니까?” 라고 질책하며 숨을 거둔다.

아내를 잃은 봉삼은 분노하고 도끼를 들고 신대행수에게 찾아간다. 그리고 당신이 죽였느냐고 하문한다. 그러자 대행수도 자기가 죽였다고 실토를 한다. 차마 죽이지는 못하고 그곳을 뛰쳐나온 봉삼은 절규한다. 민씨네 외척쪽에서는 대행수를 밀어낼 계책을 꾸미게 되고 어음을 주고 화식을 해오기를 요청하는데 대행수는 전혀 그것에 응하지 않는다. 계속적으로 미온적 태도를 보이자 민가네에서는 결국 대행수를 내치기로 결정한다. 그러자 대행수는 은밀히 전재산을 처분해서 어음화한다. 결국 그 어음을 월이에게 전하고 유수에게 전하라고 한다. 월이는 변장을 하고 토포군의 포위망을 벗어나기 위해 안간힘을 쓴다. 길수개는 맹행수 등과 합세하고 관군을 동원해 월이를 포획하려 한다. 그러던 차에 산적을 만난다. 그리고 생포된다. 산적은 어음 천만냥 대행수 전재산을 불 지른다. 기겁을 한 길소개는 혼비백산 한채 산을 내려간다. 산적은 월이를 보쌈해서 주막으로 데려온다. 그런데 그곳에서 기다리고 있는 이는 봉삼이었다. 봉삼은 대행수의 전재산을 넘겨받자 그것을 받을 수가 없다는 소신하에 대행수를 찾아간다. 대행수는 피를 토하며 간신히 목숨을 연명해가는 신세였다. 이소식을 전해들은 민씨네와 김보현은 득달같이 대행수 집으로 모여든다. 다 모인 상태에서 대행수는 모든 이들의 욕심을 질타하며 전재산 천만냥을 진짜 불살라버린다. 아연실색한 민가네는 대행수 집을 뛰쳐나간다.

최후의 순간을 맞이하게 되는 대행수는 봉삼을 불러 지구본을 선물하며 세상이 이렇게 넓고 크다는 것을 일깨운다. 죄인의 신분이 되어 제대로 시신을 수습할 사람도 없자 봉삼은 대행수를 장사지낸다. 거대한 태양이 지고있다는 표현을 봉삼이 한다. 대행수 자리를 물려주려 했지만 봉삼은 사양한다. 결국 대행수는 우여곡절 끝에 민씨네의 의논에 의해 길소개에게 넘어간다. 길소개는 아버시가 그렇게 소원했던 대행수 자리에 오른다. 그리고 맹행수에게 부탁해서 길지를 잡아 자기 아버지의 묘를 이장한다. 그리고 그 묘에서 넋두리를 늘어놓는다. 그러자 그 넋두리를 들은 봉삼은 자기 아버지를 죽게 한 장본인이 길대행수임을 알고 싸움을 벌인다. 거의 길대행수를 죽일 상황에 처했는데 그 순간 매월이 나타나 봉삼을 쓰러뜨린다. 그틈은 타서 길대행수는 목숨을 건지고 줄행랑을 놓는다. 봉삼은 다시 매월의 간호를 받게되고 기사회생한다.

매월이 조소사의 죽음에 관여했음을 눈치챈 이는 최돌이었다. 도승지 민영익은 매월과 사사건건 대립한다. 그러자 매월은 민대감이 곧 죽게 될 것이라는 예언을 한다. 민영익은 자신의 세력확장을 위해 봉삼을 자신의 사람으로 만들려는 꿍꿍이를 하게 된다. 민겸호는 길대행수에게 시켜서 선혜청 세곡미를 왜상과 거래하려고 작당을 한다. 그러자 봉삼네에서는 선혜청 옥패를 훔칠 계획을 모의해서 훔쳐낸다. 그리고 그 옥패를 가지고 창고로 가서 쌀 3천석을 빼낸다. 길소개는 옥패가 도난당한 것을 알고 낭패에 빠진다. 민겸호는 길대행수를 닦달하고 곤란해진 길소개는 다른 방법을 찾는다. 매월은 신대행수가 막판에 조소사의 살해범으로 자신을 고해바칠까 안절부절한다.

한없이 얘기가 이어질 듯하다. 아직 종국을 맞이하고 있지는 않아 언제 마무리 할 수 있을지 기약이 없다. 드라마에서의 각색이 너무 원작과는 상이해서 그 스토리 전개의 갈피를 잡을 수 없을 지경이다. 어쨌든 작가의 본뜻이 훼손되지 않는 선에서의 극화가 필요하지 않을까 한다. 이제 거의 마무리 단계여서 중추적인 역할을 했던 이들은 다 사라져 버려 제대로의 재미와 감칠맛을 잃어버린 것이 아닌가 여겨지기도 한다. 5개월여동안 진행된 드라마 덕에 긴장감이 있었고 생활의 활력을 느껴볼 수 있지 않았을까? 진실되고 올곧은 사람이 겪는 고초는 꼭 보답을 받고 보상을 받는다는 것이 세상사의 이치이지 않을까 보여지기도 한다.

2015년에 시작해서 2016년에 마무리가 되는 드라마였다. 사람들의 삶이 가지는 각종 다양한 양태들이 다 엮여지고 실타래처럼 얽혀져서 인생이 만들어지고 완성되는 것이 아닌가. 복잡다기하고 파란만장한 보부상들의 일상을 우리 마음속으로 끌고온 작가 PD 그리고 모든 관계자들에게 경의를 표한다.

한마디로 규정지울 수 없는 것이 우리의 인생살이가 아닌가. 삶의 애환과 고단함이 구구절절하게 묘사되고 표현된 것이었다. 구한말 시대를 치열하게 살고간 이들의 발자취를 더듬어 본 것이라고 여겨야 할 것이다. 현대를 살아가는 사람들도 선인들의 그 처절했던 삶에 대한 열정 애착 애증은 본받아야 하지 않을까

소설 객주

확연히 영역이 다른 부분인데 이렇게 글을 써보려 하니 막막하기만 하다. 처음의 시작은 조성준, 천봉삼, 이용익이 어느 여염집에 들어가 송만치와 방금이를 사로잡는 것이었다.

본래 조성준의 의형제였고 처였던 둘은 이렇게 알몸인 채로 덜미를 잡혀 사형私刑을 당한다. 송만치는 궁형을 당하고 방금도 혼찌검을 당한다. 사형을 했던 것으로 인해 셋은 뿔뿔이 흩어지게 된다. 이용익은 금광을 채굴하는 광산업자로 변하게 된다. 그리고 금을 채굴한다. 사형으로 징치했던 봉삼은 부상을 당하게 되고 인근 마을의 매월의 정성어린 간호로 인해 새롭게 건강을 회복하게 된다.

봉삼은 이리저리 전국을 떠돌게 된다. 그러던 차에 안동에서 포목도가의 딸이었다가 청상과부로 살던 조소사를 만나 정분을 쌓게 된다. 그러나 그녀는 이미 대행수 신석주의 첩실로 들어가게 약조가 되어 있었다. 조성준은 송마마방의 쇠살주로 마방을 꾸려나간다. 대행수의 차인행수 맹행수는 진주쪽으로 행상을 나간다. 그러면서 그는 조소사의 밀명을 듣는다. 천봉삼을 만나게 된다면 암묵적으로 장사밑천을 마련하도록 도움을 주는 행세를 해달라는 것이었다. 조소사의 몸종이었던 월이는 졸지에 조소사와 유리되어 길을 떠돌게 된다. 그러던 차에 쇠돌이와 만나게 되고 백년가약을 맺게 된다. 그리고 둘은 부부가 된다.

쇠돌은 어느 날 여염집을 염탐하던 중에 여자를 희롱한다. 그러자 그 여자는 자신은 결코 몸을 파는 이가 아니라고 항변한다. 회초리를 맞고 그 집을 쫓겨난 쇠돌은 다시 여자의 집을 염탐한다. 그러자 한 남자가 나타난다. 그리고 둘은 정사情事를 나누고 남자는 사라진다. 다시 여자 집으로 간 쇠돌은 여자와 실랑이를 한다. 여자는 결국 자신이 짜놓은 옷감을 세 필 내주고 쇠돌을 보낸다. 옷감을 갖고 나온 쇠돌은 배를 타고 가던 중에 살해를 당하고 주검이 발견된다. 관아에선 여자의 옷감임을 밝혀내고 연유를 캐기 시작한다. 여관집 주인이었던 간부姦夫는 이방에게 손을 써 쇠돌이 강도를 당한 것처럼 자책해서 사건을 무마시킨다. 그러나 봉삼은 쇠돌의 죽음에 관여했던 일행 중 한 명을 지명해 내고 그를 징치한다. 칼을 주고 스스로 자진自盡하라고 한다. 그는 결국 월이를 연모하다 쇠돌이를 죽인 것으로 판명判明이 난다. 그는 결국 자진하고 만다. 봉삼은 제대로 일행을 건사하지 못한 것으로 자책自責해서 자신의 새끼 손가락을 단지斷指한다.

월이는 졸지에 과부신세가 된다. 방물장수로 변한 월이는 어느 날 색주色酒가에 들어간다. 대행수의 차인행수였던 맹행수는 일찍부터 신가객주의 2인자로 행세해 오고 있었다. 머리가 비상한 아이였다. 20냥을 주고 50냥으로 불려오라고 했더니 그는 닭을 봉황鳳凰인양 현혹시킨 것으로 닭장수를 호도糊塗해서 100냥으로 불리는 재주를 보여주었다. 그는 앵속(아편)을 월이를 통해 하동까지 전하게 한다.

맹행수는 밀약을 나누는 장면을 월이에게 들키고 만다. 결국 월이를 가둬두고 치죄한다. 그리고 그녀를 자기사람으로 만든다. 월이는 뭣도 모르고 앵속을 배달하다가 곤욕을 치른다. 맹행수는 천봉삼을 만나게 되고 조소사의 원대로 일정부분의 장사밑천이 될만한 흥정을 성사시켜준다.

대행수 신석주는 본래 경주사람이었다. 경주에서 장사로 일가를 이뤘는데 그가 서울로 올라온 것이었다. 그리고 그는 결국 장사에 수완을 발휘해서 대행수의 자리에 오르게 된다. 그는 경주에서 워낙 호랑방탕하게 색주가를 전전하던 바람에 아이를 얻을 수 없을 지경에 이르게 된다. 신석주는 자신이 아이를 갖지 못함을 알고 천봉삼과 조소사를 합궁시켜 아이를 배태시킨다. 강경의 환전객주 김학준은 갖은 모략과 술수를 써서 개성의 천가객주를 손에 넣는다. 선혜청 당상 김보현의 형인 그는 그와 결탁해서 부를 모은다. 그리고 천소례를 첩실로 삼는다. 천소례는 오랫동안 그의 첩실로 행세하면서 기회를 엿보던 중 그를 살해하고 만다. 그리고 그 깊은 원한의 끝을 맺는다.

본래 천봉삼과 소례는 어린 나이에 아비를 잃고 고아 신세로 곁방살이를 하던 중이었다. 이웃 동네에 아이셋을 가진 홀아비가 홀로 된 어미를 모시고 살고 있었다. 그들은 아이를 키워줄 어미를 찾고 있었다. 그는 결국 천소례를 아내로 맞이한다. 천소례는 아이의 엄마로서 그리고 지어미로써 가업을 일으킨다. 매형을 따라 장사길을 배운 봉삼은 장사의 기초를 쌓는다. 천소례의 수완은 남다른 바 있었다. 결국 부를 축적하게 되자 시어머니는 골칫거리였던 천소례 남매를 내쫓는다. 그러자 소례는 돌고 돌아 김학준의 첩실이 되고 천봉삼은 보부상이 된다.

세곡선의 총대선인이 된 천봉삼과 길소개는 세곡미를 운반하게 된다. 유필호라는 양반이 등장한다. 그는 송파마방의 두뇌 구실을 한다. 길소개를 생원을 시키고 과거에 합격시키기도 한다. 그러나 길소개는 모략을 꾸며 유필호와 봉삼을 내쫓는다.

유필호는 봉삼의 중매에 의해 결혼을 하게 되기도 한다. 그의 장인은 강원도 시골에 살던 촌부였는데 어느날 담배밭을 일구던 중 우연히 산삼을 캐게 된다. 그리고 그 산삼을 우여곡절 끝에 대원위에게 갖다 바친다. 그리고 대원의의 신임을 얻어 출세를 하게된다.

길소개는 안변의 고을 현감이 되어 행세를 하기도 한다. 길소개는 못마땅하던 송만치를 살해하기도 한다. 세곡선에서 거금을 얻게된 길소개는 운천댁이란 양반가 여자를 아내로 삼게 되기도 한다. 다음으로 얻은 벼슬은 선혜청 낭상이 되기도 한다. 길소개는 임오군란이 일어나자 벼슬길에서 멀어지게 되고 쫓기는 신세가 된다. 임오군란으로 폭도들을 피하기 위해 중전 민비는 궁에서 피신해서 도망을 다니게 된다. 여주 친정으로 가려다 그녀는 결국 충주의 민가로 피난한다. 그곳에서 매월을 만난 중전은 그녀에게 호감을 느끼게 된다. 자신의 앞날에 관해 매월의 예언을 듣게 된다. 곧 환궁하게 될 것임을 예언하기도 한다. 그리고 진령군의 작호爵號까지 내린다. 길소개도 매월이 민가에 드나드는 것을 알게 되고 그녀를 감시하고 입맛을 다신다.

이용익은 민비의 피신에 도움을 주게되고 금광金鑛을 채굴한 것을 나라를 위해 쓰라고 민영익에게 갖다 바친다. 그로인해 이용익은 결국 내탕금을 관리하는 중요 직책을 맡게되고 나라를 위해 힘을 쏟는다. 송파마방의 일행들은 결국 천봉삼의 아이를 구하기 위해 조소사를 보쌈해서 봉삼에게 데려온다. 결국 조소사는 아들 유수를 낳는다. 매월은 봉삼의 누나 천소례를 몸종처럼 부리며 봉삼에게 진 원한怨恨

을 대신한다. 소례는 봉삼을 위한답시고 매월을 위해 헌신한다. 매월은 술수를 부려 밭에 나가 일하던 조소사에게 우산뱀을 풀어 죽음을 맞이하게 한다. 졸지에 부인을 잃은 봉삼은 상심傷心에 휩쌓인다.

한편 조소사가 집을 나간 후 대행수의 수발을 들던 월이는 대행수를 위해 봉사한다. 대행수는 자신의 최후가 얼마 남지 않게 되자 월이에게 전 재산을 주고 속량贖良(노비신분을 해방)시켜 갈 길을 가게 한다. 월이는 결국 봉삼에게 와서 유수를 돌보게 된다. 길소개는 매월에게 그녀가 조소사를 해친 사실을 알고 있음을 알리고 겁박劫迫한다. 그러자 매월은 사람을 시켜 길소개의 혀를 뽑아버린다. 갈 길을 잃는 길소개는 결국 송파마방에 들어와 식객食客노릇을 한다. 봉삼은 원산포에서 일인日人들이 쌀을 수거해 일본으로 빼돌리는 것을 알고 배로 침투해서 그들을 단죄斷罪하기도 한다.

역사의 소용돌이 속에서 천봉삼은 결국 보부상의 뜻이었던 대원위 대감 편을 든 것이 들통이 나고 민대감에게 덜미를 잡혀 곤욕을 치른다. 민대감의 광에 갇히게 된 봉삼은 위기에 빠진다. 매월은 봉삼이 잡힌 것을 알고 민중전에게 고한다.

나라에 변괴가 있게 되자 그것이 민대감의 사원私怨에 의한 횡포때문이라고 언질을 준다. 그러자 민중전은 민대감에게 지시해서 봉삼을 풀어주라고 엄명을 내린다. 코너에 몰린 민대감은 봉삼을 이용익의 집 광에 가두라고 지시한다. 이렇게 되자 봉삼은 이용익의 집에 억류된다. 그러자 매월은 다시 월이를 자기 집에 몸종처럼 두고 부리게 된다. 안동의 친정으로 간다던 월이는 오리무중이 된다. 결국 매월이 월이를 억류시키고 있다는 것을 알게 된 봉삼은 매월에게로 가서 그를 풀어주라고 종용한다. 결국은 봉삼은 아이를 위해 월이와 결혼을 하게 되고 소례도 조성준의 내자가 된다. 이용익은 민대감의 신뢰를 얻고 국가 재정을 좌지우지하는 역할을 담당하게 된다. 진령군은 민비의 총애를 받아 호위호식하며 권세를 누리게 되나 봉삼과의 애증관계는 결실을 맺지 못한다.

최종 10권 분은 전혀 다른 곳을 배경으로 펼쳐진다. 십이령에 얽힌 소금장수들의 애환이 그려진다. 그곳에서 봉삼은 산적떼에서 떨어져 나와 길가에 버려지는데 소금장수들에게 발견되고 그는 구함을 받는다. 다리도 부러져 불편한 몸이 된 봉삼은 정성어린 간호에 의해 건강을 회복한다.

한 나이든 소금장수는 국밥집 주모의 딸과 정분이 나서 그녀를 아내로 맞는다. 주모의 마음에 든 장사치는 알고 보니 남장男裝을 한 여자였었다. 도리없이 나이든 사위를 맞을 수밖에 없게 된다. 소금장수들은 산적떼를 일망타진하기 위해 작전을 수립하고 마을에 내려온 화적떼들을 일단 억류한다. 그리고 차근차근 산채로 쳐들어간다. 그들은 산적들을 소탕하고 화적의 소굴을 샅샅이 뒤진다. 그러나 두목은 요리조리 피해 도망을 간다. 그리고 마을로 내려와 상단의 한명을 볼모로 끌고 다니며 자신의 본거지 보물창고를 되찾으려 궁리한다.

봉삼은 결국 산적떼에 잡혀 있는 월이를 구하기 위해 산적 소굴로 쳐들어 간다. 봉삼의 아들은 결국 봉삼이와 월이가 십이령으로 오는 와중에 죽음을 맞는다. 둘 사이에는 새로이 자식이 생기게 되고 둘이 행복하게 살아간다.

원작 속에서는 무척이나 질퍽한 삶을 살아가는 보부상들의 일상적인 면모가 세밀하게 묘사된다. 마지막 10권은 30년 만에 완간되기도 한다. 아무튼 대하소설 객주客主는 구한말 격변의 시기에 어렵고 힘든 세상 속에서 꿋꿋하게 상도를 지키며 원칙을 고수하고자 했던 이들의 삶을 통해서 삶을 어떻게 살아야 하는가를 다시한번 되새겨보게 하는 수작秀作이 아니었던가?

제3부

을미년 새해맞이

선달 그믐날에는 잠을 자면 귀신이 잡아간다는 속설이 있었다. 그와 유사하게 눈썹이 하얗게 센다는 얘기도 있었다. 용케도 이번 설에는 귀성을 위한 KTX 표를 구했다. 우리 가족 넷은 설 전날에 아침 일찍부터 준비에 부산했다. 서울에서 부산으로 가는 KTX열차가 6시 25분발이었다. 5시 40분에 집을 나선다고 공지를 했음에도 10분 정도가 지연이 되었다. 택시를 잡는데 제법 시간이 걸렸다. 거의 6시에 육박하고 있었다. 다행히 택시 한 대가 와서 멈추었다. 택시는 거의 30분이 소요되는 거리를 10여 분만에 주파했다. 서부역에 도착하니 아직 출발시간까지 10여 분 정도의 여유가 있었다. 대합실 매장에서 김밥을 샀다. 아들 둘은 배낭을 메고 짐을 들고 걸음을 옮기느라 바빴다. 기차의 개찰구를 통과해서 올라가 착석하니 안도의 한숨을 내쉴 수 있었다. 객실 안은 초만원이었고 입석도 꽉 찬 느낌이었다. 경기가 좋지 않아 모두들 명절을 쇠러가는 표정은 어두웠지만 그래도 고향을 향하는데 대한 뿌듯함이 있어 보였다. 좌석은 넷이 앉을 수 있는 좌석이었다. 짐을 선반 위에 올려놓고 일단은 역사驛舍에서 사온 김밥으로 요기를 했다. 곧이어 시간이 되어 열차가 출발했다. 드디어 귀성이 시작된 것이었다.

작년 추석에는 큰 아들이 외국에 있었기에 셋만 갔었는데 올해는 그래도 네 가족이 다 가는 셈이었다. 광명, 대전, 동대구, 신경주 등을 거쳐 9시 20분쯤에 부산에 도착했다. 두시간 40여 분이 소요되었다. 세상이 참 많이 좋아진 셈이었다. 얼마 전까지만 해도 4시간씩 걸렸던 거리인데 이제 2시간 여가 소요되니 정말 편해진 것을 실감할 수 있었다.

네 식구는 기차시간 내내 대부분 잠을 자는데 허비하고 말았다. 책을 읽거나 음악을 듣는 이도 있었지만 앞에 놓여진 탁자에 얼굴을 묻고 곯아떨어졌다. 혹시나 해서 신경주역쯤에서 동생에게 전화를 해서 차를 끌고 나올 수 있느냐를 의향 타진했으나 여의칠 못했다. 별 수 없이 역에서 내려 택시를 이용할 수밖에 없었다. 항상 예년에 하던 대로라면 남천동 횟집에 가서 회를 떠와야 하는데 굳이 부친이 알아서 한다고 해서 그냥 내버려두었다.

두 아들과 집사람은 명절음식 준비에 들어갔다. 튀김요리였다. 거실 바닥에 신문지를 깔고 부루스타를 올려놓았다. 튀김용 냄비를 놓고 식용유를 끓였다. 반죽 등의 재료는 모두 모친이 미리 준비해 놓은 상태였다. 요리용 나무젓가락으로 튀김용 재료를 밀가루에 묻혀서 반죽통에 떨어뜨려 놓으면 그것을 집어서 냄비에 넣는 것이 큰아들의 몫이었다. 밀가루의 일부분이 튀김에서 떨어져 나와 불순물이 되면 그것을 다시 건져내야 하는 번거러움이 있었다. 튀김이 끓는 식용유 속에서 몇 분간 있으면 익혀지고 그것이 표면으로 떠오르게 되는 것이었다. 그러면 작은 아들이 그것을 철망으로 되어져 있는 곳에 옮겨 놓게 되고 조금 후에는 그것을 용기에 가지런히 정렬해 놓으면 일단락이 되는 형태였다. 오징어, 고구마, 굴, 새우, 더덕 등 여러 가지 원재료에 튀김가루가 묻혀서 튀김요리로 변화되는 것이 요체였다. 두 시간은 족히 소요가 되었다. 양반자세로 앉아서 작업을 하다 보니 중노동이라 할만 했다. 조금 후에 부친이 큰아들을 데리고 회를 뜨러 나갔다. 매운탕을 끓일 때 넣을 야채도 사가지고 왔다.

정오쯤이 되자 동생네 가족이 와서 시끌벅적해졌다. 큰딸은 이제 고교 2년생이 된다. 향후 꿈이 공군 사관학교를 가서 여자 파일럿이 되는 것이었다. 키가 168센티미터라고 하니 적은 키가 아니었다. 아직 한창 자라야할 때라 생기발랄함이 묻어나왔고 자신감에 가득차 있었다. 동생은 이제 고교에 입학하게 되었고 중학교를 졸업하면서 공부를 잘해 국회의원 상을 수상하기도 했단다. 조금만 더 열을 올리게 되면 부모님과 같은 의사의 꿈을 이룰 수 있을 것 같아 보인다.

곧이어 점심상이 차려졌다. 부친이 포장해 온 회에 식사가 곁들여졌다. 동생은 잇몸이 부어올라 얼음찜질을 하고 있던 터라 약주는 할 수 없었다. 부친은 듬직한 두 손자를 보자 매우 흐뭇해했고 든든해했다.

점심을 마친 우리 형제는 큰아들과 큰딸을 데리고 집앞의 대형마트로 가서 장을 봐왔다. 거리는 가까웠지만 짐들 때문에 동생차를 가지고 갔다. 카트로 두 대가 가득찰 정도로 짐이 많았다. 내일 제사를 모시는 집들에게 줄 선물세트와 형제들에게 줄 선물이었다. 등갈비와 LA갈비도 포함이 되었다. 집으로 돌아와서 오랜만에 만난 가족들과의 회포를 풀었다. 항상 부모님을 뵈러 오던 진지는 연락이 없었다. 사촌 형님이 칠순이셔서 명절 때 식구들 간에 저녁식사를 하는 자리가 별도로 마련이 된 탓이라고 했다.

밤 늦은 시각에는 촛불을 밝혔다. 그리고 가족들이 한명씩 연장자 순서대로 7배를 올리며 올 한해의 이루고 싶은 소원을 빌었다. 그 촛불이 밤새도록 환하게 주위를 밝혀주었다. 동생네는 식사를 마친 후 내일을 기약하고 귀가했다.

다음날 드디어 을미년 새해가 밝았다. 네식구 모두 일어나 설빔으로 갈아입고 할아버지 할머니께 세배를 올렸다. 그리고 떡국을 한술 떴다. 조금 후에는 동생네가 와서 세배를 올리고 떡국을 먹었다. 동생네는 차를 두 대 가져왔다. 조금 후에 두 대의 차량에 분승해서 제사를 모시는 종가집으로 갔다. 운전은 동생네 부부가 각각했다. 광안대교를 통과했다. 시원한 바닷바람이 기분좋았다. 바다의 풍광이 새롭게 다가왔다. 신차가 나오면 광고를 찍는 곳으로도 유명하단다. 종가집에 도착하니 모든 제사준비가 거의 다 되어 있었다. 친척 등 식구들이 조금 후에 몰려왔다. 명절 제사가 시작되었다. 여러 가지 소식들을 들을 수 있는 자리였다. 엄숙한 분위기 속에서 조상에 대한 제례가 진행되었다. 할아버지 할머니에 대한 제사가 첫 번째였고 다음은 백부님과 백모님에 대한 것이 두 번째였다. 제사를 마치고 병풍 등은 치워졌고 아침상이 차려졌다. 제사음식으로 아침을 먹으며 화기애애和氣靄靄한 가운데 식구들이 근황을 얘기했다. 화제의 초점은 고향의 한우산에 들어오려는 풍력발전에 관한 것이 논의 되었다. 마을 주민들은 극구 반대를 하고 있고 추진하고자하는 측에서는 계속적으로 진행을 해나가고 있는 상황인 듯했다. 바람에 시설이 회전을 하게 되고 소리를 발생시키게 되면 사람이 살 수 없을 정도의 소음이 난다는 것이었다. 원자력발전 등에서 빚어지는 일과 유사한 사례로 보여졌다.

식사를 마친 후 다음 제사를 모실 집으로 이동했다. 작은 할아버지와 할머니 그리고 오촌 백부님에 대한 제례였다. 커피를 한 잔 마시고 다음 장소로 이동했다. 중부님내외와 사촌형에 대한 제례였다. 마지막은 오촌 아저씨네의 제사였는데 이미 제사를 다 지낸 후여서 집들이로 행사가 진행되었다. 대형 아파트로 이주를 한 터여서 경사가 있은 집이었다. 하이타이와 두루말이 휴지를 사가지고 갔다. 대단지로 보였다. 집주인인 육촌 동생은 골프실력이 싱글 수준이었다. 집에는 이글패와 싱글패가 나란히 장식장에 진열이 되어져 있었다. 딸의 혼사일도 잡혔단다. 4월 26일이란다. 동래쪽 호텔에서 예식을 진행하는 것으로 되었다. 신랑될 사람은 그가 경영하는 회사의 직원으로 근무하고 있는 전도유망前途有望하고 건실한 청년이었다.

모든 설날의 일정을 끝내고 동생차로 귀가했다. 사촌형님네 가족이 집에 와 있었다. 형님은 작년에 공직에서 퇴직하셔서 쉬고 있었다. 형님과 같이 온 아들내외는 얼마전 결혼해서 울산에 신혼살림을 차린 신혼부부였다. 재기발랄했고 청춘의 싱싱함이 한껏 묻어났다. 남편은 대기업 대리였고 아내는 병원의 간호사였다.

저녁식사후에 귀경길에 올랐다. 집에서 역까지는 택시로 갔다. 무거운 짐은 작은 아들 몫이었다. 무척이나 무거웠든지 어깨에 올려 메고갔다. 밤 9시발 서울행 KTX열차였다. 낮잠을 한숨 잤던 터라 열차가 달리는 내내 스마트폰에 빠져 있었다. 카톡, 밴드 등에 올라온 글을 확인하다보니 시간이 금새 갔다. 급기야 밧데리가 다 방전되는 상황이 빚어졌다. 옆사리의 두 아들은 피곤했던지 잠에 빠졌다.

이틀간의 을미년 새해맞이가 끝났다. 비용의 지출은 엄청났지만 미리 준비하고 대비했던 터여서 편안한 귀성길이 되었다. 한치 앞을 내다볼 수 없을만큼 불투명하고 암울한 미래일 것으로 예견이 되지만 그래도 새로운 각오와 결심을 갖고 새해를 시작해야 할 것이다. 절해고도의 한 치 앞 낭떠러지 일지라도 목숨이 붙어있는 한은 살아야 하고 살아있는 한 희망이 있다. 희망을 찾아서 최선의 노력을 다하고 그 결말을 보아야 하는 것이 인간의 숙명일 것이다. 더 밝은 내일을 위해 을미년 새해도 힘차게 출발해보자.

한 해를 보내고 새해를 맞으며

대망의 청양해가 밝았다. 파란만장했었던 갑오년 한 해를 보내고 을미년乙未年 새해를 맞이하고 있다.

지난해에는 뭐니 뭐니 해도 4월 16일에 있었던 세월호 참사가 가장 뼈아픈 일이었을 것이고 여타 여러 가지 사건 사고도 많았던 한 해였었던 듯하다.

개인적으로는 2월에 안성에서 이곳 고양의 원당골 농촌사랑지도자 연수원으로 보직을 옮겨와 생활하게 되어 4년간의 주말부부 생활이 청산되었고 그런대로 평온 일상으로 되돌아올 수 있었다. 여러 가지로 생소한 분위기에서 연수원 생활을 이어나갔다. 다문화라든가 마을지도자 육성이라는 부분에 차츰 적응해 가고 앞으로의 농업 농촌을 살릴 수 있는 대안이라는 것이 자리잡아가기 시작하기도 했다. 교육원과는 일맥상통하는 부분도 있었지만 그렇지 않은 부분도 상당한 것으로 여겨졌다. 물 맑고 공기 좋은 곳에서 마음껏 생활할 수 있었고 근무할 수 있었던 한 해를 보냈나. 여러 곳을 돌리보았고 아직까지 마을 사업으로 정착되지 않은 곳들도 많은 듯했다. 교육만으로 마을을 활성화시키고 한 단계 더 도약시켜 놓는다는 것이 쉽지 않은 일임을 절감할 수 있었다. 주기적으로 중앙회에 연수원의 하는 일을 보고하고 주지시키는 것도 하나의 업무였다. 봄·가을의 체육행사 등은 마을을 컨설팅하고 지원하는 것과 병행해서 실시하는 부분이 특이한 점이기도 했다. 전체적으로 인사적체로 인해 연수원 직원들의 사기가 많이 침체되어 있는 부분도 있었지만 각자 나름대로 자기역량을 최대한 발휘하고자 했고 자기계발도 게을리 하지 않는 모습들을 보여주기도 했다.

가정적으로 큰 아들은 대학의 전 학기를 마쳤고 어학연수를 7월부터 떠났다. 연수비와 생활비를 지원하는 것도 만만치 않은 일이었지만 좋은 경험을 쌓게 하는 기회라고 여겼고 흔쾌히 그 어려움을 감내해냈다. 아들은 짬짬이 유럽의 각국을 구석구석 둘러보는 기회를 가졌고 세계와 소통해보는 멋진 경험도 했으리라 짐작이 된다.

작은 아들은 7월에 전역해서 9월부터 복학하므로 다시 일상적인 대학생활로 적응해 나갔다. 착실하게 학업에 전념하는 모습을 보여 그런대로 철이 든 모습을 보여 안심하게 만들어 주었다. 한창 천방지축으로 세상에 내던져져 있었던 듯한데 이제는 제법 어른스러워졌고 어느 만큼의 사리분별력도 갖추고 있는 듯 여겨져 안도감이 든다.

집사람은 조직개편 등으로 인해 업무에 과부하가 걸려 계속적으로 허우적거리는 모습이었고 거의 만성피로를 달고 사는 형태를 띠었다. 이제 오랫동안의 교육청 장학사 생활을 접어야 할 때를 맞이하고 있다. 조만간 일선으로 나갈 것으로 예견이 되고 있었다.

얼마 전 연말과 연초에 걸쳐서 두 건의 병마소식이 전해졌다. 한 사람은 직장 동료였었는데 갑자기 심근경색이 온 것으로 보였다. 아직까지 제대로 운신을 못하고 있다는 안타까운 소식이었다. 빠른 쾌유를 기원한다.

남의 일로만 알았던 병마가 이렇게 가깝게 주변에서 다반사로 일어나고 있다. 참으로 건강의 중요성을 새롭게 느껴보게 된다. 언제 어떻게 이런 식의 병마가 찾아올지 알 수 없는 노릇이다. 암과 심혈관질환은 가장 치명적인 병으로 손꼽히고 있는 부분이고 한국인 사망률에 있어서도 가장 흔하게 거명되는 부분이다. 암에 있어서는 조기발견이 가장 중요한데 이렇게 3기까지 진행된 후여서 그 결과를 선뜻 예측하기가 쉽지 않을 것 같아 보인다.

또 다른 소식의 하나는 처조카의 둘째 임신 소식이 있었다. 임신초기이기는 하지만 입덧이 심해 아이를 보살피기가 쉽지 않은 상황이란다. 그래서 첫째 아이를 시부모인 처형네에 맡길 심사인 듯한데 처형의 고민이 깊어지고 있는 상황으로 보인다. 요즘 세태의 한 단면을 보는 듯하다. 자신들이 기꺼이 자식을 키워야 함에도 그 의무를 부모에게 전가轉嫁하는 것이 결코 바람직한 형태는 아님에도 대부분의 젊은 사람들이 그렇게 부모에게 아이를 맡기는 경우가 허다한 듯하다. 어떤 지인 한 분은 아예 친정엄마가 딸네에 살면서 아기를 돌봐주는 상황이다 보니 친정아버지의 홀아비 생활의 고충이 깊어지고 있다는 소식도 있었다.

사람이 세상을 살아가는 것은 일정한 시간과 공간의 한계를 지니기 마련이다. 그 속에서 하루하루의 일상이 그냥 그렇게 아주 무의미하게 흘러가는 것 같아 보이기도 한다. 그러나 그런 하루의 단조로운 일상들이 어쩌면 무척이나 소중하고 값진 나날들임을 인식하는 것이 필요할 것이다. 가족과 함께 단란하게 식사를 하는 장면도 정말 손쉬운 듯하지만 결코 쉽지 않은 부분일 것이라는 게 현대인들의 일상이다. 하루의 의미를 값지게 만들어 가고 그 의미 있는 하루가 축적되고 쌓였을 때 생의 완성을 이루는 것이 아닐까. 권태롭고 무미건조한 생활에서 헤어나려고 발버둥을 치기도 한다. 그러나 막상 그렇게 떠나고 자신의 일상에서 일탈해보면 그렇게 다람쥐 쳇바퀴 도는 것 같아 보이는 일상들이 얼마나 소중하고 의미 깊은지 새삼스럽게 느끼게 될 것이다.

프랑스의 비평가 폴 부르제가 얘기했단다. 사람은 생각하는 대로 살아야 한다 그렇지 않으면 사는 대로 생각하게 된다. 중국의 유명한 선승禪僧인 임제선사는 다음과 같이 얘기했다. '수처작주 입처개진隨處作主 立處皆眞' 머무는 곳마다 주인이 되어야 한다. 지금 서있는 곳이 바로 진리의 자리다. 주체적이고 역동적으로 주인으로서의 삶을 살아야 하는 것이 정도正道이고 올곧은 삶을 사는 자세이리라. 자신이 주인으로서의 삶을 살고 능동적으로 생을 끌고 나가야 한다는 의미이리라. 인간은 결코 불안에 안주하지 않는다고도 한다. 그런 불안한 상태를 벗어나고자 하고 안정을 구하고자 하는 속성을 갖고 있다고도 한다. 대망의 한해 을미년에는 제대로 주체로서의 삶을 가꾸고 살아낼 수 있는 그런 한해가 되기를 기대해본다.

을미년 가족 행사

올해의 가족행사는 예년에 비해서는 무척이나 이르게 치러졌다. 작년도에 윤년이었던 관계로 인해 설이 늦어지기도 했고 예년처럼 행사를 진행할 경우 학기 초의 무척이나 분주하고 바쁜 시기임을 감안해서 설 명절보다 더 일찍 행사를 치르게 되었다. 오랜만에 치러지는 행사에 공교롭게도 유사有司까지 겸하게 되어 부담이 되기도 했다.

출발은 토요일 아침 7시에 집을 나서는 것으로 시작이 되었다. 온 가족이 단체로 이렇게 가보는 것도 오랜만인 듯했다. 지난해만 하더라도 한 녀석은 군에 가 있었던 관계로 인해 전 가족이 다함께 참가하는 게 몇 년 만인지 모르게 세월이 지난 것으로 여겨졌다. 둘째 녀석은 군에서 전역하고 처음 행사에 참여하는 것이었다. 큰녀석도 지난 7개월여를 어학연수를 다녀온 터여서 오랜만에 가족행사에 참석하는 것이었다. 그리고 내년부터는 이제 사회인으로 첫발을 내디딜 것으로 예상이 되니 이제는 대학생으로는 마지막 행사가 되는 셈이었다. 두 장성한 아들과 함께 행사에 참석을 위해 가나 보니 감회가 새로웠다.

날씨는 그렇게 차가운 편은 아니었다. 도로 사정도 정체구간이 많은 상황도 아니어서 편안하게 내려갈 수 있었다. 두 형제는 열심히 얘기를 나누고 있었고 평소에 서로간 소통이 부족했던 부분이 다 해소가 될 것으로 보였다. 안성휴게소에서 잠시 휴식을 하면서 아침을 먹었다. 그리고 다시 갈 길을 재촉했다. 집사람은 옆좌석에 앉아서 계속 휴식을 취했다. 천안쯤에서 방향을 바꿔 천안-논산간 고속도로에 접어들었다.

정읍쯤에 오자 다시 휴게소에 들러서 운전을 집사람과 교대했다. 그리고 휴식을 취했다. 30여분이면 목적지에 도착할 때였는데 길을 잘못 들었는지 이리저리 헤매느라 시간을 좀 허비했다. 그리고 목적지에 도착하니 정오무렵이었다. 차를 주차해 놓고 예약해둔 식당에 들어가 자리를 잡았다. 정오로 예약시간을 30분간 앞당겨 두라고 해서 그렇게 얘기를 해놓았다.

식당은 횟집이었다. 조금 시간이 지나자 한 가족씩 나타나기 시작했다. 30여 분 후에는 전체가 다 모였다. 약주를 한 잔씩 따른 후 건배를 하며 장인어른의 말씀을 들었다. 그리고 축배를 들었다. 어른만 17명이었고 아이들까지 하면 26명이었다. 아이들도 고등학교에서 초등학교까지 골고루 있었다. 이제는 어느 정도 앞가림을 할만큼 다들 성장해 있었다. 고등학생 1명, 중학생 3명, 초등학생 5명이었다. 식사는 매운탕에 먹었다. 그곳에서의 점심은 처제네의 집들이를 겸해서 행사가 진행되는 모양새였다. 아파트에 살다가 이번에 빌라쪽으로 입주를 한 세 번째 딸이었다.

다음은 장을 볼 차례였다. 식당 앞쪽에 대인시장이 있었다. 그곳에서 행사에 필요한 각종 식재료 등을 1차적으로 샀다. 홍어와 머리고기 그리고 각종 김치류, 과일류 등을 구입했다. 아들 둘이 보조를 했다. 다음은 대형마트로 가서 장을 봤다. 그리고 둘째 동서네의 이사한 집으로 귀가했다. 3층 형식의 복층 구조였다. 아래쪽에 방이 세 개가 있었고 욕실도 있었다. 다시 2층에 올라가면 안방과 드레스룸 화장실 그리고 서재 겸 방이 있었다. 거실도 넓직했고 베란다도 있었다. 식탁까지 겸비해 있었다. 3층에는 조금 천정이 낮기는 했지만 그래도 충분히 운신이 가능할 정도의 높이여서 활동에는 지장이 없을 듯했다. 그렇게 새집을 구경했다. 그런데 놀라운 것은 그것이 끝이 아니었다. 지하에 원룸형식의 주방과 화장실을 갖춘 공간이 별개로 있었다. 8평이나 10평 정도의 원룸으로도 손색이 없을 듯해 보였다. 서울의 고급빌라촌의 빌라에 버금갈 정도의 규모로 여겨졌다.

다음은 저녁행사였다. 주 메인요리는 삼합이었다. 홍어와 머릿고기 그리고 익힌 김치였다. 피조개도 곁들여졌다. 워낙 인원이 많아 전체적으로 통제에 애로가 있을 듯했으나 큰 문제는 없었다. 육남매의 가족행사가 치루어지는 것이었다. 을미년 첫 행사의 시발이 이루어진 것이었다. 본래 행사는 대를 이를 주씨 집안의 장손의 집에서 하는 것이 정도라는 장인어른의 말씀이 있으시기도 했다. 저녁행사는 늦은 시간까지 계속적으로 이어졌다. 밤늦도록 서로간의 근황과 안부를 확인하는데 많은 시간이 할애되었다.

다음날이 되었다. 아침은 누룽지와 떡국으로 준비가 되었다. 그리고 세배행사가 이어졌다. 아직 정식적으로 설이 되지는 않았지만 부득이 설에 이동이 어려운 가족들을 위해서 세 가족이 해당이 되었다. 순서로는 둘째와 다섯째 그리고 막내였다. 맨 먼저 장인, 장모님께 세배를 올렸고 덕담 말씀을 들었다. 다음은 각 형제들이 세배를 받았고 최종적으로는 막내네가 받으면서 행사가 마무리되었다. 다음은 장모님의 생신행사 차례였다. 손자, 손녀들의 축하카드와 선물이 줄을 이었다. 그리고 케이크의 점화가 이루어졌고 생일축하 노래가 합창되었다. 케이크의 촛불을 끄는 일이 있었고 모두들 만수무강을 기원드렸다. 그리고 케이크를 맛보면서 행사가 종료되었다.

다음은 최종 행사로 점심식사를 외식을 하는 것으로 진행이 되었다. 담양군 창평면에 있는 한 식육식당에서 행사를 치렀다. 불판에 고기를 구워서 먹으면서 담소를 나눴다. 가족 간의 우의를 돈독히하는 것으로 이런 가족행사가 일 년에 몇차례씩 주기적으로 치러지다보면 서로 간의 소식도 전하게 되고 아이들의 성장 소식도 듣게 되는 기회를 가질 수 있는 것이다.

이번 행사에서 가장 큰 뉴스는 한 손주의 상장賞狀이었다. 초등학교를 졸업하면서 3개의 상장을 타 온 쾌거를 이루었다. 하나를 타는 것도 쉽지 않은 일인데 세 장의 상장이라면 그것은 대단한 노력의 결과라 할만 했다. 그래서 세뱃돈도 갑절을 받았다. 동서네는 흐뭇해 했고 자식 키우는 보람을 만끽했으리라 여겨졌다. 이렇게 해서 새해를 맞고 또 한해를 보낸 것을 느끼게 되는 것인지도 모를 일이다.

서울로 올라오는 길은 예상외로 순탄한 길이었다. 두 아들이 유사의 보조 일을 하느라 고생을 좀 하기는 했지만 나름대로 뜻깊은 행사에 참여를 한 보람을 느꼈고 또한 세뱃돈도 두둑히 챙겨서 한밑천 잡은 행사가 되었다. 큰아들은 운전을 하고 싶어 했는데 다음 기회로 미뤘다.

장인어른은 당당하게 살 것을 주문하셨다. 모두들 사회 각계각층에서 제 역할을 해내고 있는 자식들이었고 모두들 역량을 충분히 발휘해 가고 있는 모습이 가족 행사를 더욱 뜻깊게 했다.

여러 가지 계획이 있었기에 다른 계획은 비록 무산이 되었지만 그런대로 의미있고 감회가 남다른 가족 행사였던 듯하다. 모든 가족들이 올해에도 항상 건강하고 뜻한 바를 성취해 나가는 그런 멋진 한 해가 되기를 기원해 본다.

갑오년 한가위

엊그제 한가위 황금연휴 5일간이 지났다. 여름 추석이라 할 만큼 빠른 추석이었고 윤10월이 들었기 때문이라는 말도 있었다. 금년의 추석은 정말 편안하고 여유롭게 보낸 듯하다.

문제는 비용이었고 경비였다. 직접 차를 몰고 가지 않았던 탓에 편안하기는 했지만 혹독한 대가를 지불해야 했다. 하필이면 동생까지 외국에 출타중이라 아쉬움은 있었다. 날씨도 도움을 줘 전혀 불편함이 없었다.

기차표를 구한 경위는 그랬다. 한 달여 전쯤이었다. 서대문에 회의 참석차 갔다. 그런데 회의 참석자로부터 정보를 얻었다. 가만히 생각해 보니 그날이 추석 열차표를 예매하는 날이었다. 아들에게 예매를 얘기했어야 했는데 하지 못한 후회막급의 일이 발생했다. 그러나 이미 엎질러진 물이었고 버스 지난 후 손 흔들기 였다. 그래서 신속하게 1층으로 내려가 발권상황을 확인했다. 무심결에 확인을 했는데 표 하나가 있다는 것이다, 바로 신청을 해서 발권했다. 성발 우연찮게 표를 구하게 된 것이다. 참으로 다행스러운 일이 아닐 수 없었다. 예년의 예를 보면 통상 명절 전전날 늦은 시간에 아들과 집사람이 대중교통을 이용해서 안성까지 오면 안성에서 출발을 하는 식이었다. 그런데 이번에는 이런저런 번거로운 절차 없이 곧바로 열차만 타면 되었기에 만사순조로운 일정인 것이었다.

출발에서부터 해프닝이 있었다. 본래 8시 50분발이었는데 7시 50분으로 착각을 한 것이었다. 이미 택시를 타러 나와 있던 중이라 다시 또 들어갈 수도 없었다. 그래서 시간도 여유 있고 해서 일단 버스를 타고 가기로 방향을 선회했다. 택시 타는 곳에서 버스 타는 곳으로 걸어서 이동했다. 버스를 타고 서울역에 도착하니 이제 8시였다. 아직 50분이 남은 것이다. 일단 식당으로 들어가 수제돈까스와 유부우동을 시켰다. 그리고 미리 준비해 왔던 김밥으로 요기를 하고 출발했다. 혹시나 하는 심정으로 매표소에 가서 귀경 차편을 알아보았으나 변경할 수 있는 여지는 없었다. 개찰시간이 되어 열차에 올랐다. 지체라든가 언제 도착할지 등에 대한 걱정은 전혀 문제될 것이 없었다.

두 시간 여가 지난 후 정확한 도착시간에 부산역에 도착했다. 이제부터 고민이었다. 계속 택시를 이용할 것인지 렌트를 할 것인지가 고민이었다. 결국 렌트를 하기로 해서 역 근처의 렌트회사를 찾아갔다. 처음 찾아간 곳에서는 예약을 하지 않으면 차가 없다는 답변이었다. 결국 다른 렌트를 알아보러 갔다. 그리고 렌트를 해서 차를 몰고 가족이 있던 곳으로 와서 차에 태우고 집으로 갔다. 렌트비에 보험료까지 지불하고 보니 비용이 만만치 않았다.

작년에는 큰아들과 갔었는데 이번에는 둘째와 가게 되었다. 집 앞에 정차한 후 짐을 내려놓고 인근에 있는 학교 운동장에 주차를 해놓고 집으로 들어왔다. 잠깐 쉬었다가 장을 보러나갔다. 먼저 남천동 횟집으로 갔다. 대목이라 그런지 손님이 무척이나 많고 붐볐다. 그래도 좀 나은 편이었다. 시간이 지날수록 더 늘어나는 것 같았다. 회를 뜨고 포장해서 그곳을 빠져나왔다. 옆 상점에는 진귀한 것이 있어 깜짝 놀랐다. 자연산 전복이었다. 색깔 자체가 달랐다. 일반적으로 양식한 전복은 초록색인데 반해 자연산은 검붉은 색을 띄었다. 킬로그램당 가격도 자연산의 배 수준이었다. 다음은 마트를 갈 차례였다. 선물용으로 생활용품세트 네 개와 식용유세트 6개를 샀다. 그리고 돼지갈비와 수육용을 사 가지고 귀가했다. 오후에 나갔던 것이 장을 봐오고 나니 저녁때가 되어 있었다. 회에 저녁을 먹었다. 부친도 약속이 있다며 나갔던 터라 식구는 우리 식구와 모친뿐이었다. 조카들도 왔다가 심심하다고 가버린 뒤였다.

저녁 늦게 서야 해운대 형님들이 몰려왔다. 갓 결혼한 신혼부부도 같이 왔다. 풋풋했고 보기 좋은 모습이었다. 울산에 살고 있었는데 회를 포장해오기도 했다. 한 상 가득 차려 내놓았어도 먹는 것이 시원찮았다. 결국 약주를 먹다가 와인으로 술을 바꿨다. 세상살이 얘기들이 오갔다. 얼마의 시간이 흐른 후 자리를 파했다. 그리고 잠자리에 들었다.

다음날은 명절날이었다. 아침 일찍 일어나 단장을 하고 차례를 지내러갈 준비를 했다. 얼마 후 조카애 둘이 왔다. 식구들과 같이 간단히 식혜로 요기를 하고 큰집으로 출발했다. 너무 이른 시간이어서 아직 차례를 올릴 준비가 되어 있지 않았다. 먼저 상부터 자리에 갖다 놓았다. 그리고 촛불을 켜고 향불을 피웠다. 병풍을 둘렀다. 그리고 제사상을 준비하기 시작했다. 제기를 꺼내놓고 하나하나 음식들을 제기에 옮겨놓기 시작했다. 대추, 밤, 배, 감 순으로 놓고 다음은 사과, 포도, 참외, 메론, 바나나 등을 한 줄로 늘어놓았다. 다음은 각종 전이었고 그 다음은 나물, 생선, 수육 등이었다. 한 시간 여의 준비과정을 거쳐 제사상이 마련되었다. 오촌들은 자기네끼리 제사를 모시고 성묘를 가는 것으로 계획이 되었던 모양이었다. 제사를 모시고 식사를 하고 그곳을 빠져나왔다. 본래 집사람이 차를 운전해서 집으로 가는 것으로 하려 했는데 여의치 않았다. 결국 차를 몰고 집에 부친과 조카 애 둘을 내려두고 아들과 둘이서 다시 두 번째로 차례를 지내러 갔다. 두 번째 차례를 모시고 이제는 아들을 집에 내려 주고 렌트카를 반납하러 가야했다. 반납하는데 문제는 없었다. 조금 일찍 도착했기에 혹시 문이 닫혀있을까 걱정했는데 그것은 기우였다. 집으로 돌아오는 길은 전철로 귀가했다. 부산지하철을 둘러보았다. 서울에 비하면 그 규모가 작았지만 여러 가지로 잘 짜여있는 듯했다.

집으로 돌아와서는 한숨 잤다. 축구 국가대표 경기가 벌어졌다. 우루과이와의 경기였다. 실력 차이가 워낙 커서 상대가 되지 않았다. 밤에는 한가위 달을 보러갔다. 신문보도에 의하면 역대 최대의 슈퍼문이 될 것이라고 대서특필되었다.

갑오년의 한가위도 이렇게 저물어갔다. 모두들 세월호 때문인지 침울한 분위기였고 경기도 많이 침체된 듯했다. 집 앞은 재개발이 한창이라 거의 전쟁터를 방불케 했다. 이미 지어져 있던 건물들을 뜯어내고 있는 중이었다. 보상에 불만을 품은 이주민들이 이의를 제기해 놓은 상황이라고 했다. 추석민심도 흉흉한 느낌이었다. 세상살이가 다 팍팍한 느낌을 지울 길이 없었다. 류현진의 15승 도전도 불발로 끝났다. 서울로 돌아오는 길은 아침 일찍 KTX를 타고 돌아왔다. 일상으로 돌아오는 것이 극명했다. 대체휴일 등으로 인해 왔다 갔다 하는 기간이 길었던 탓에 예년과 같은 극심한 정체나 혼란은 빚어지지 않았다.

그리고 또 해외로 나간 이들도 많았기에 조용하고 차분한 가운데 추석을 보내지 않았나 싶었다.

이제는 새로운 기분과 각오로 또다시 힘을 내고 미래의 사랑과 행복을 위해 모두 열심히 일에 매진하여야 할 것이다. 대한민국 파이팅!

한가위 속으로

지난 월초의 일이었다. 추석 열차표 예매가 시작된 날이었다. 항상 예년에 하던 식으로 추석 열차표를 예매하기 위해 서대문의 한 여행사에 순번표를 제출해 놓고 회신을 기다리고 있었다. 이미 시간이 꽤 늦어진 시간이었기에 제대로 예매를 할 수 있을지 노심초사했다.

당일까지 연락이 없었다. 당일이 지나고 다음날에 전화했더니 이번에는 표를 구할 수 없었다고 실토를 했다. 낙심하고 있었는데 다음날 10시에 전화를 한번 해보라는 얘기를 했다. 혹시 반환표가 생기면 구할 수 있을지도 모른다는 일말의 희망을 남겼다. 다음날 전화를 했더니 마침 귀성표가 있었다. 오후쯤에 대금을 입금해주고 오후 4시에 직접 표를 찾으러 갔다. 귀성전쟁이라는 그 어려움을 피할 수 있게 되었다. 9시간 내지 13시간이 소요되는 여정에서 해방이었다. 자식들도 그 고역스러움을 익히 경험했던 터라 몹시도 좋아할 것 같았다. 표를 구하긴 했지만 비용의 지불도 만만치 않았다. 가족석이라 다소 할인된 금액이긴 했지만 부담이 컸다. 그렇게 미리 순비하고 법석을 떤 딕에 귀성은 편하게 될 것으로 여겨졌다. 한가위 전날에 출발해서 당일날 야간에 올라오는 식이었다. 우리 가족은 4일간의 연휴에서 이틀을 명절로 보내고 이틀은 편하게 휴식을 취할 수 있게 되었다. 집사람은 또 수요일이 재량휴업일이어서 하루를 더 쉴 수 있었다.

항상 가족이 4인 4색으로 살아왔는데 이번 한가위의 귀성을 통해 서로의 현 상황과 속내를 탐색해 볼 수 있는 기회가 되기를 기대했다. 또한 한 해 동안의 일상들을 되짚어볼 수 있는 기회를 갖게 될 것이고 향후 진로나 하반기의 계획에 관해서도 살펴볼 좋은 시간이 될 것으로 기대를 가졌다.

부산에로의 귀성을 위한 준비는 두어 시간 전부터 시작이 되었다. 짐을 꾸리는 것도 숙박이 하루였기에 간명했다. 옷을 차려입고 아들들의 준비는 각자가 준비하는 것으로 얘기를 해둔 상태였다. 제대로 준비를 해서 각자 짐을 들고 집을 나섰다. 택시를 타고 서부역 쪽으로 갔다. 서울역 부근은 이미 혼잡이 극에 달해 있었다. 충분히 시간상으로는 여유롭게 출발을 했음에도 조바심이 날만 했다. 택시기사님은 나이가 지긋한 분으로 상당히 운치가 있으신 실향민이라고 자기소개를 했다. 해박한 시사상식을 갖고 있었고 현대사의 면면을 꿰뚫고 있었다. 택시에서 내려 대합실로 들어오니 역시 명절 기분을 느낄 수 있었다. 모두들 추석 한가위를 맞아 고향으로 향하는 모습이 흐뭇해 보였고 한창 들떠있는 듯 여겨졌다. 숱한 애환과 세상사의 형극荊棘(가시밭길)의 일들이 파노라마처럼 펼쳐지는 듯했다. 각별하게 맞아줄 부모님과 고향 친지들을 뵐 기대에 부푼 가슴이 되었고 설렘이 있었다. 오곡백과가 무르익고 삼라만상의 모든 것들이 일 년의 수고로움의 결실로 맺어져 조상에게 제사를 올리고 흠향하는 전통을 통해 삶의 한 전기를 맞게 되는 것이 한가위의 진정한 의미이리라.

우리 가족 넷은 4인 가족석에 앉아서 미리 준비해온 과일 등 주전부리를 먹으며 평소 못 다한 얘기들을 나누며 담소했다. 옆 좌석의 가족석에도 우리와 비슷한 처지의 사람들이 있었다. 그런데 다른 부분은 우리는 형제자식인 반면 그쪽은 자매간이었다. 다들 거의 장성한 모습이었다. KTX에 오르기 전에 이미 플래트홈에서 사진촬영을 했던 터여서 앉은 좌석에서도 사진을 몇 장 찍었다. 그것은 곧바로 SNS를 통해 올렸다. 부산까지 9시간이 걸렸다는 친구의 장탄식도 올라와 있었다. 또 어떤 이는 가족과 함께 해외에서 오붓한 시간을 보내고 있기도 했다. 정확히 2시간 40분이 소요되어 부산역에 도착했다. 그동안 가족 간에는 각자의 현 근황에 대한 대강의 내용을 파악해 볼 수 있는 시간이었다. 집사람은 미리 갖고 간 불교에 관한 책을 좀 읽기도 했다. 음악을 듣기도 했고 코레일이 제공하는 여행용 잡지를 잠깐 뒤적거리기도 했다. 통로에는 일부 입석인 듯한 승객도 제법 있었다. 예전에는 곧잘 핸드폰의 충전을 위해 11호차 쪽으로 가서 30분 여를 충전하고 오기도 했었는데 요즘은 휴대용 충전기를 다 소지하고 있는 형편이어서 굳이 그럴 필요가 없었다. 큰 아들의 경우는 이제 올 명절이 학창시절의 마지막일 것으로 보였다. 내년부터는 사회 초년병으로 첫발을 내디딜 것으로 전망이 되고 내후년쯤이면 작은 아들이 그렇게 될 것으로 보였다. 짐을 싼 가방이 여러개 였지만 든든한 아들 덕에 전혀 문제될 것이 없었다.

대합실에서 나와 택시 승강장으로 가서 택시에 탔다. 그리고 부모님 댁으로 갔다. 20여 분이 걸려 집에 당도했다. 집 앞은 한창 재건축이 진행되고 있어 터파기 작업이 진행 중이었다. 대규모의 아파트단지가 들어설 것으로 보였다. 4년 정도의 공사기간이 필요하단다. 건축중의 소음과 먼지 등으로 인해 인근 주민들의 민원의 대상이 되고 있는 형편이기도 했다. 집에 당도하고 보니 부친은 출타 중이었고 모친만이 황급하게 맞아 주었다. 미리 예견을 했는지 식사를 준비해 두었다. 맛있게 식사를 하고 긴 여정의 피로를 풀었다.

다음날은 추석 한가위였다. 7시부터 준비를 해서 옷을 차려 입었다. 간단한 입가심으로 과일과 식혜를 먹었다. 잠시 기다리고 있었더니 동생네 가족이 왔다. 그들도 간단히 요기를 한 후 곧바로 큰댁으로 출발했다. 동생과 제수씨가 각자 차를 가져와 그것에 분승해서 출발했다. 시원하게 해양도시 부산의 바닷바람을 맞으며 광안대교를 보름날 아침에 내달렸다. 이제 조카들도 다 고등학생이 되었다. 거의 숙녀티가 났다. 중간고사가 코앞이라 자칫 명절도 거꾸로 쇨 뻔 했는데 다행히 본댁 제사에만 참례하고 곧바로 귀가해서 독서실로 가야 할 형편이었다. 큰댁에서의 제사에는 많은 이들이 와서 자리를 함께했다. 다음은 작은집 제사였다. 제주祭酒도 막걸리를 사용했다. 제사를 마치고 커피를 한 잔씩하고 다음 차례를 지낼 곳으로 향했다. 제사를 모시는 곳이 네 곳이었다. 마지막 차례를 지낼 때에는 거의 점심시간이 다 되었다. 음복 술 외에 술상을 차려와 거나하게 마셨다. 노봉주가 압권이었다. 술을 조제한지 얼마나 지났는지 술의 기운이 완전히 숙성된 느낌을 주었다. 제법 거나해진 뒤에야 귀가했다. 집으로 돌아오는 길에 잠시 남천동 활어회센터를 들러 도미, 농어 등을 포장해서 귀가했다. 매운탕을 끓이고 회를 접시에 담아 상차림을 해왔다. 온 가족이 모여 앉아 한 해를 보내면서 느낀 소회를 털어 놓으면서 세상사를 늘어놓았다. 요즘의 제사상에는 피자, 치킨 등 젊은 취향의 먹을거리 등이 오르기도 한다는 얘기도 있었다. 참으로 한심한 세태였다.

TV에서는 여느 때와 다름없이 한창 추석장사씨름대회가 진행되는 중이었다. 해설자가 흔히 알고 있던 천하장사에서 다른 천하장사로 바뀌어져 있었다. 두 아들은 노봉주가 과했는지 작은방에서 곤하게 자고 있었다. 한국경제는 어려움에 처했고 청년실업이 여러 사회문제를 양산하고 있는 와중에 그나마 다행인 것은 남북 간의 화해의 합의를 이뤄내었고 또한 노사정의 대타협도 이루어진 점이 향후의 앞날의 전망을 밝게 해 주는 것이었다. 19대 마지막 국회의 마지막 국감이 진행되고 있지만 제대로의 성과를 이뤄낼 수 있을지는 의문시 되고 있다. 경제성장율 3%에도 미치지 못하는 상황에서 우리나라도 저성장 기조에 접어들고 있으니 안타까운 노릇이다. 전 국민이 다시 한 번 용틀임하고 합심해서 GNP 3만 달러 시대를 만들어내고 한 단계 도약의 기회를 창출해 내야만 위대한 도전 위대한 여정 광복 70년 이후의 선진화된 대한민국을 이룰 수 있을 것이다. 향후 통일한국에 더욱 박차를 가하고 진전을 이뤄내 진정한 일류국가 통일 한국을 만드는 저력을 발휘해야 할 것이다. 한강물이 춤추고 백두산 천지가 울부짖는 모습을 온 국민이 지켜볼 수 있는 통일의 그날이 기필코 도래케 될 것이다.

저녁에 열차를 타기 위해 나온 길에 하늘을 보니 올해의 한가위 달인 슈퍼문이 웅장한 자태를 구름 속에서 내밀고 있었다. SNS에서는 온 세상의 한가위 달 슈퍼문이 올라와 있었다. 영국의 달, 브라질의 달도 있었고 서울의 달도 올라와 있었다. 세상이 하나 되는 것을 달을 통해 느낄 수 있었다.

1박 2일 간의 짧은 고향길이었고 귀성길이었지만 이제는 이런 귀성길도 얼마 지나지 않아 사라지게 될 지도 모를 일이다. 잠깐 TV를 보니 3D 프린터기에 의해 하나밖에 없는 자기만의 사탕, 젤리, 치즈를 만들어 먹는 아이들의 모습을 볼 수 있었다. 자기가 원하는 음식의 재료를 넣고 그것을 적절한 비율 조제 순서 등을 입력하는 절차를 거치면 세계적으로 유명한 셰프의 요리도 얼마든지 조제해 먹을 수 있는 시대가 당도하리라는 것이다. 요즘은 아무래도 쿡방의 시대이고 대세인 듯 보인다. 하지만 역시 최고의 맛은 엄마의 손맛이고 고향의 맛이 최고의 진미가 아닐까.

아무튼 긴 추석 한가위가 지나고 내일부터는 또다시 일상으로 돌아가야 한다. 어렵고 힘든 경제 상황이고 여건 속이지만 새로운 힘을 발휘하고 새롭게 웅비하는 대한민국을 만드는데 최대의 활력을 쏟아부어야 할 것이다.

그리운 아들에게

잘 지내냐? 아들, 오랜만에 편지를 쓰는구나. 네가 제대한 2010년 이후 이렇게 편지로 안부를 전하니 감회가 새롭구나. 네가 6월말 출국한 후 이제 거의 두 달이 다 되어 가는데 이제야 이렇게 소식을 전하니 참 무심했다는 생각이 든다.

여름도 다 지나고 내일이면 처서處暑라고 하니 곧 가을이 올 듯하다. 바람도 차가워졌고 신록도 이젠 그 푸르름을 조금씩 잃어가고 어떤 지역에는 벌써 단풍이 든다고 호들갑을 떨기도 하더구나. 7월 중순에는 네 동생이 자랑스럽게 전역을 했다. 전역하기 전에 보름 이상을 집에 와 있었기에 크게 실감은 나지 않았지만 사회가 복잡해지고 병영에서의 각종 사건, 사고가 사회적으로 큰 물의를 일으키다 보니 다행스럽게 여겨졌단다.

'윤일병 사건'이라 해서 우리 사회를 발칵 뒤엎어놓는 일이 또다시 발생했다. '병영의 세월호'라고 불릴 정도이다. 28사단에 근무하던 윤일병이 지난 4월에 많은 가혹행위로 인해 사망한 사건이다. 육군참모총장이 사임을 했고 사단장 등이 지휘책임을 지고 경질되었다. 의무병이었던 윤일병은 부사관과 병장 등에 의해 지속적으로 가혹행위를 당한 끝에 사망에 이르게 된 것이다. 가해 병사들은 기소가 되어 재판을 받는 중인데 살인죄를 적용해야 한다는 얘기도 있다.

그런 와중에 28사단 관심병사 2명이 휴가를 나와 아파트 베란다에서 목을 매 자살하는 일이 최근에 또 일어났다. 그것에 덧붙여 경기지사 아들이 고참병으로 하급병사들에게 가혹행위와 성희롱을 하는 바람에 또다시 사회가 충격에 휩싸였다.

세상이 참 혼란스럽고 안타깝게 돌아가고 있다. 많은 대책이 쏟아져 나오고 군의 환골탈태換骨奪胎하는 변화를 모색하려는 시도가 이어지고 있다.

이제 곧 추석이다. 이번 추석은 다행히 열차표를 구해서 편하게 다녀올 수 있을 것 같구나. 2014인천아시안게임도 9월에 개최된다. 7월 중순에는 네 생일도 있었는데 제대로 축하도 못해주었구나. 새삼 미안함을 전한다.

8월초에는 할아버지의 생신이 있어 네 엄마와 함께 부산으로 내려갔다 왔다. 송원이라는 일식집에서 근사한 저녁식사를 했다. 네 막내삼촌네만 참석했다. 그리고 네 막내 삼촌 집에 가서 차를 한 잔 마시며 환담한 후 귀가했다. 다음날 일찍 귀경했다. 며칠 후에는 2박 3일간 부부가 군산으로 휴가를 다녀왔다.

첫날은 고창 선운사를 둘러본 후 변산의 내소사를 둘러보았다. 다음날에는 군산 인근에 있는 선유도라는 곳을 관광했다. 미니버스로 섬을 한 바퀴 돌아보았다. 그리고 군산시내의 명소를 둘러보았다. 이성당이라는 빵집이 있었는데 거의 70년이 되었다더구나. 아직도 손님들이 줄은 잇는 것으로 봐서 항상 손님들로 성황인 듯했다. 금강하구언도 둘러보았다.

이틀째는 비가 내리는 통에 제대로 기분은 낼 수 없었지만 그런대로 휴가는 즐길 수 있었다. 다음날은 '계곡가든'이라는 곳에 가서 간장게장을 포장해가지고 곧바로 귀경했다.

지난주에는 담안회에 모임이 있어 혼자 김천을 다녀왔다. 역촌동 사촌 형님네 차에 편승해서 다녀왔다. 할머니와 가족 친지 등과 함께 즐거운 시간을 보냈고 염소고기를 맛보았다. 서울로 올라오는 길은 무척이나 막혀 애를 먹기도 했다.

사촌 형님네는 이제 39년의 공직생활을 접고 일상으로 돌아와 있는 듯했다. 네 엄마는 이번 주에 목포선원에서 수계를 받는다. 수계라는 것은 계명을 받는 것으로 제대로 불자로서의 인정을 받는 것으로 볼 수 있다. 법명도 받게 되고 새로운 국면에 접어드는 것이다.

다음 9월부터는 네 동생이 개학을 하게 되고 네 엄마도 9월부터는 부서의 주무를 맡게 되어 무척이나 바쁜 생활을 하게 될 듯하다. 네 동생은 중고차판매점에 가서 물권을 등록하는 아르바이트를 하고 있다. 그리고 글쓰기 교습지도도 받고 있다. 8월 말 경에는 제주도에 친구들과 2박 3일간 놀러간다고 해서 열심히 아르바이트를 하고 있다.

아빠와 엄마는 치과에 다니고 있다. 아빠는 앞니를 새로 하고 있고 네 엄마는 잇몸치료를 받고 있다. 앞니만 바꿨을 뿐인데 인상이 달라져 보인다. 참으로 신기한 일이다.

요즘 우리나라 영화가 대박을 내고 있다. 얼마 전 개봉한 명량이라는 영화가 천오백만 명을 돌파하는 기염을 토했다. 최민식 주연 영화인데 이순신 장군의 명량해전을 대상으로 했다. 13척의 배로 130척을 당해낸 세계 해전사에 유례가 없는 쾌거를 이룬 것이 화제다. 리더십의 부재가 절실하게 느껴지는 요즘에 새롭게 이순신 리더십이 각광을 받고 있는 것이다. "임금이 나라를 버렸습니다."라고 얘기할 때 장군은 "임금을 위해 충성을 하는 것이 아니다. 백성을 위해 충성을 다해야 한다."고 사자후를 토했으며 생즉사 사즉생生卽死 死卽生이라는 유명한 말씀을 했던 그 숭고한 뜻이 오늘에야 되살아나는 듯하다.

또 다른 하나는 얼마 전 교황이 우리나라를 다녀간 것이다. 낮은 데로 임하고 한없이 가난하고 힘없고 약한 자들 편에 서서 그들을 대변하고자 했고 솔선수범하는 모습을 보여준 성직자에게서 우리 민족은 희망을 보았던 듯하다. 교황이 탔던 승용차 소울은 매출이 60%나 상승하는 효과가 일어나고 있다고 한다.

평화롭고 일상적인 나날들이 이어지고 있다. 나라 경제는 조금씩 호전되기 시작하는 조짐을 보이고 있기는 하나 아직도 갈 길이 멀기만 하다. 이제 그곳 생활도 두 달이나 되었으니 잘 적응하고 있으리라 믿는다. 항상 대한민국 국민임을 명심하고 매사에 빈틈없이 처리하고 공부해서 당초 품었던 뜻과 목표를 잘 성취하고 이루고 돌아올 수 있도록 해주기 바란다.

너무나 자랑스러운 우리 아들은 소기의 성과를 거두고 충분한 경험을 쌓고 오리라 확신한다. 우리의 이런 기대가 헛되지 않도록 잘 지내고 열심을 다해 생활해서 더욱 성숙되고 자신감에 넘치는 젊은 호랑이가 되어 오려무나.

이제는 본격적인 가을로 접어드는 때이니 환절기에 감기 조심하고 기쁨이 넘치는 생활로 호연지기浩然之氣를 기르는 멋진 사나이로 거듭나기를 바란다. 그럼 이만 줄이마.

안녕.

앉거나,

내소사와 선유도에서

우리가 내소사에 도착했을 때는 해가 제법 뉘엿뉘엿 기울어져 갈 때쯤이었다. 아직도 한여름의 뙤약볕이 강하게 내리던 때이기는 했지만 한풀 꺾인 더위였던 탓에 무더위에 크게 신경쓰지 않아도 될 만한 처지였다.

선견지명先見之明이 있었는지 작년에는 변산을 다녀왔는데 내소사는 둘러보지 않았다. 반대편에서 등산을 해 내소사로 넘어왔는데 내소사 내부는 들르지 않았던 것이다. 이곳은 국립공원으로 입장료를 내는 곳으로도 유명했다. 유공자만 면제가 되는 것이 아니라 배우자까지 면제되는 것으로 적시摘示를 해놓았다. 공짜구경이 좋긴 좋았다. 기분 좋은 상태로 올라갔다.

입구 주변에는 대장금의 촬영장면이 전시되어 있었다. 그곳에서 멋진 배경으로 사진을 찍었다. 절 중앙에는 보호수가 한 그루 영험하게 자리하고 있었다. 수종은 느티나무라고 했고 아름드리나무로 수령이 천년을 상회할 정도였다. 모두들 신기해 할 거목이었다.

대웅전에서 집사람은 시주도 하고 절도 했다. 집사람이 예전에는 그러지 않았는데 마음공부를 시작한 이후에는 이렇게 절에만 가면 절을 올리게 되었다. 절에서 내려오다 보니 널찍한 돌자리가 마련되어져 있었다. 그곳에서 땀도 좀 식히면서 휴식을 취했다.

내소사는 백제무왕 때 건립된 곳으로 '이곳에 오는 사람은 새롭게 소생하게 하소서' 라는 원력을 가지고 내소사로 명명되었다. 임진왜란, 6.25 등 전란을 겪으면서 새롭게 건립되는 부침은 있었다. 주차장에서 차를 끌고 요금을 계산하려고 했더니 그냥 가라고 해 또 한 번 기분이 좋아졌다. 비는 내리지 않았지만 태풍의 영향인지 흐린 날씨를 보이고 있었다.

다음 행선지는 군산의 명소라고 알려진 이성당이었다. 1945년부터 영업을 했다고 하니 장구한 세월을 유지하고 있는 곳이었다. 빵집이었는데 단팥빵과 소보루빵도 유명하다고 했다. 입구에 도착해서 매장을 보니 사람들로 북적이는 게 인산인해를 이루고 있었다. 간단히 빵을 종류별로 사 가지고 다시 또 맛집을 찾았다. 삼오정三五停이라는 고기집이었다. 이른 시간이어서 그런지 손님은 별로 없었다. 고바우정육식당이라고 별칭이 있기도 했다. 싸고 맛있는 집으로 인기가 높았다. 안심과 등심으로 반반을 시켰다. 기본이 600그램으로 되어 있었으니 300그램씩인 셈이었다. 시간이 조금 지나자 그 넓은 홀이 가득찰 정도가 되었다. 고기만으로도 배가 부를 지경이었다. 식사를 마치고 다시 차에 올라 숙소로 갔다. 하루 일정이 모두 소화된 셈이었다. 술에 대한 유혹도 있었지만 간신히 참아냈다. 길을 가다가 노변에서 파는 무화과와 복숭아를 한 박스씩 샀다.

다음날 아침 늦잠을 잤다. 일어나니 약속시간을 맞추기가 빠듯했다. 부랴부랴 준비를 해 곧바로 택시를 타고 연안여객선터미널로 향했다. 시간은 30분 정도 밖에 여유가 없었다. 택시기사가 사정을 알고는 상당히 무리를 해서 운전을 해주었다. 도착 오분 전에 터미널에서 전화까지 왔을 정도였다. 표는 어제 예매해놓았기에 간신히 배에 오를 수 있었다. 비는 억수같이 심하게 내리는 상황이었다. 180석 정도의 조그만 배였다. 코스모스호라고 명명되어 있었다. 목적지인 선유도까지 50분 정도가 소요되었다.

행선지는 선유도였다. 서울에도 선유도라는 명칭을 사용했는데 군산선유도라는 것이 정확할 것 같았다. 군산열도라고도 하는데 60여 개의 섬이 자리하고 있다. 그중 유인도가 30여 개이고 나머지는 무인도이다. 향후 2년 후에는 다리가 놓여 육지화가 될 것이라는 설명이 있었다. 울릉도의 절반 정도 면적이라고 했다. 본래 골프장에서 자주 볼 수 있는 전동카터차가 선유도를 돌아다녔는데 그것이 얼마 전에 인명사고가 나는 바람에 거의 사용이 불허되는 상황이 되었다. 결국은 자전거라든가 기타 교통수단에 의해 통행을 할 수밖에 없는 처지가 되었다.

배에서 내리니 관광용 미니버스가 대기하고 있었다. 달리 도리가 없었다. 비가 내리는 상황이라 자전거를 탈 수도 없었고 도보로 이동하기에는 위험부담이 컸다. 다른 서해안의 섬처럼 차량으로 배에 승선해서 이동할 수 있도록 되어 있지도 않았다. 한 시간 정도로 돌아다니는 미니버스 이용료는 일인당 만원 수준이었다.

운전기사는 14년을 선유도에 산 자로 관광가이드까지 겸하고 있었다. 명사십리 해수욕장도 있었고 우람한 바위산도 있었다. 김양식을 하는 마을도 있었고 갯벌에서 바지락을 캐서 생업을 유지하는 부락도 있었다. 생선회에 대해서는 대부분이 양식이니 가급적이면 시내에 가서 제대로 된 서비스를 받으면서 먹는 것이 유리할 것이라는 안내도 있었다. 도보로만 이동할 수 있는 다리를 건너갔다가 왔다.

그리고 다시 버스를 타고 이동해서 몽돌해수욕장의 가장자리를 돌아보았다. 40분 정도의 시간이 주어졌다. 11시 15분까지 오라고 하고 버스에서 내렸다. 그런데 갔다 오고 나니 버스가 없었다. 한참을 기약 없이 빗속에서 버스를 기다렸다. 곧 버스가 와서 그것을 타고 선착장까지 이동했다. 아침도 먹지 못하고 나왔던 터라 허기가 졌다.

선착장 식당에서 바지락 칼국수를 시켜서 먹었다. 식사를 마치니 그래도 좀 편안한 상태가 되었다. 해수욕장까지 걸어서 갔다. 한쪽은 갯벌이었고 또 다른 쪽은 해수욕장이었다. 중간지대에 두서너 곳에 텐트가 쳐져있었다. 우산을 받쳐 들고 해수욕장에 가서 바닷물에 발을 담갔다. 그리고 인증샷을 날렸다. 전부 우산을 쓴 채로 사진을 찍은 것이어서 폼이 나지 않았다. 귀항하는 시간은 두 시였는데 한 시쯤부터 배가 와서 대기하고 있었다. 다행이다 싶어 곧바로 승선해서 배에서 휴식을 취했다. 이렇게 해서 내소사와 선유도의 관광은 끝이 났다.

대부분의 휴가를 해외에서 보내는 세상이 되었고 또한 국내에서 보내더라도 캠핑 등으로 보내다 보니 지역경제에도 큰 도움이 되지 못하는 세상이 되고 말았다. 농촌지역에서 보내야 한다고 캠페인은 벌이고 했지만 제대로 효과를 보지 못하는 것이 현실이 되었다. 바닷가에서 보내는 여름 한 철을 위해 노력하신 분들에게는 큰 타격이 아닐 수 없을 것이다.

봄에 세월호 사고로 인해 큰 아픔과 슬픔이 있었는데 이제는 그 모든 것에서 벗어나 평범한 일상이 영위되고 관광경기가 회복되기를 기원해 본다.

담안회 행사를 다녀오면서

엊그제 황금연휴를 맞아 담안회 행사를 다녀왔다. 본래 집사람까지 해서 부부동반으로 가야 했는데 부득이한 사정으로 인해 홀로 다녀와야 했다. 애초에는 차를 가져갈까? 대중교통을 이용해 볼까? 등 갖가지 생각이 많았는데 최종적으로는 사촌 형님네에 편승해가는 것으로 결정되었다. 황공하게도 형수님이 차를 운전해 와서 집앞 모자원고개에서에 해후했다.

거의 두 시경에 출발이 되었다. 형님네는 부산하게 출발하는 바람에 중식도 거른 채였다. 안성까지는 순조롭게 진행이 되었는데 안성휴게소 부근부터 정체가 시작되었다. 하필 프란체스코 교황의 시복식 등으로 인해 많은 인파가 광화문으로 몰렸고 그 인원이 지방으로 내려가는 행렬과 조우가 된 상황이었다. 버스전용차로도 밀려드는 버스로 인해 몸살을 앓고 있었고 또 교통사고까지 발생되어 정체는 극심했고 거의 명절 수준을 능가하고 있었다. 다른 방도를 강구해야 했다. 한 시간여를 달려 겨우 3키로미터 정도 떨어져 있던 안성IC로 빠져나올 수 있었다. 그리고 다시 유턴을 해서 안성IC로 다시 들어가 서울방향으로 길을 잡았다. 그리고 서평택 충주간 고속도로로 해서 달렸다.

그리고 대소JC에서 중부고속도로로 바꿔탔다. 오창 휴게소에서 휴식을 취했고 운전도 교대해서 직접 운전대를 잡았다.

청원부근에서 청원상주간 고속도로로 접어들었다. 길이 막히지 않으니 순조롭게 달릴 수 있었다. 낙동JC에서 중앙고속도로로 접어들어 성주IC까지 일사천리로 달렸다. 다행히 비는 내리지 않았고 무더운 날씨도 그리 심한 편은 아니었다. 형님네가 가져온 월병과 따로 챙겨온 복숭아 과일로 요기를 했다.

형님은 39년의 공직생활을 마무리 짓고 지난 6월 30일자로 정년퇴임을 한 상태였다. 녹조근정훈장을 받았다. 33년 이상의 공직생활을 한 4급 이하 직원에게 수여되는 것이었다. 퇴직금은 일부만 수령하고 나머지는 연금으로 전환을 했다. 아이들도 모두 결혼을 시켜 홀가분한 상황이었다. 몇 년전에 결혼한 딸네가 현재 임신 5개월에 접어들고 있어 금년 말쯤이면 출산 할 예정이었다. 마땅히 육아를 담당해 줄 이가 없어 결국 외할머니의 몫으로 남겨질 듯한다. 형수의 건강이 문제였다. 손목이 불편해서 현재 물리치료를 받고 있는 모양이었다. 어느 정도 자신을 돌볼 나이까지는 아이를 키워줄 요량을 갖고 있었다. 아들네도 금년 오월에 결혼을 했으니 언제 아이 소식이 들려올지 모를 일이었다.

목적지인 김천 증산면 단지봉식당에 도착하니 모두들 와 있는 상황이었다. 염소고기로 메뉴를 정한 모양이었다. 낯익은 얼굴들을 만날 수 있었다. 제일 어른은 모친이었다. 다음은 해운대 형님이었고 다음은 서울 자형네였다. 훈이까지 대가족이 왔다. 인원이 거의 20여 명이 되는 듯했다. 반가운 분들과 정담을 하며 식사를 했다. 식사가 끝난 후에는 인근에 있는 노래방에 가서 흥겨운 유흥을 즐겼다.

담안회는 외조모님의 택호를 따온 것이었다. 3남 3녀의 자손을 중심으로 회원이 구성되어 있다. 1년에 한 차례 정도 모임을 갖고 있는 셈이다. 10년정도의 지속적인 모임을 이어오고 있다. 모임 장소는 김천에서 한 경우도 있었고 부산이나 함안 등지에서 한 적이 있었다. 조자형의 경우에는 칠순잔치를 작년에 했었다. 제일 막내가 상수네인 듯하다. 음식점에 있는 방에 자리를 깔고 잠자리를 마련했다.

다음날 아침에는 태성 형님이 발마사지를 회원들에게 해주었다. 모두들 좋아했고 시원해했다. 아침식사를 간단히 하고 태윤 형님네로 자리를 옮겼다. 임자형은 일이 있어 먼저 출발했다. 부추로 부침개를 해서 막걸리의 안주로 삼아 얘기꽃을 피웠다. 망개떡도 나왔고 옥수수, 매추리알 등 갖가지 주전부리가 나왔다. 남자들은 옥수수 대궁을 치우러 축사 쪽의 밭에 갔다. 한창 치우다 보니 땀이 흘렀다. 밭 한켠에는 물이 쏟아오르는 곳이 있었다. 밭 주위에는 철조망이 쳐져 있었고 전기가 흐르고 있었다. 산짐승들로부터의 농작물을 보호하기 위한 방편이었다. 다른 집은 아예 망으로 밭을 둘러 놓은 곳도 있었다. 산짐승에 의한 농작물 피해도 극심하다고 했다. 소는 거의 20여 마리가 축사에 있었다. 분뇨로 인해 냄새도 심했다. 입구에는 개도 너댓마리 있었다. 11시 30분 정도를 출발 시점으로 잡았으나 시간이 지연되어 거의 12시가 다되어 출발을 할 수 있었다. 조자형은 이제 일에서 손을 뗄 모양이었다. 추후 묻히게 될 묏자리까지 사놓았다고 했다. 성남쪽 공원묘지에 마련이 되었단다. 누님은 그곳을 다녀온 후 한동안 우울증이 와서 혼났다고도 했다. 태규 형님은 교통사고로 인해 3년간 병원생활을 했다. 이제는 거의 운신을 할 수 있을 정도까지 회복이 되었다. 염소고기를 먹은 것으로 해서 저녁과 아침을 해결했고 숙식이다 해소된 셈이었다. 총무께서 정산을 하고 마무리를 지었다.

서울로 올라오는 길은 무주 쪽으로 해서 귀경했다. 한가한 도로를 따라 엄청나게 긴 계곡이 이어지고 있었는데 휴가객들은 거의 눈에 띄지 않았다. 물놀이를 즐기는 이들이 별로 없었다. 중간에 휴게소에서 기름을 넣고 본격적으로 귀경길을 서둘렀다. 연휴 마지막날이라 정체가 무척이나 심했다. 사촌 형님네의 가족이야기와 공직생활에 관한 것이 주류를 이루었다.

서울로 올라갈 때도 우연의 일치로 오창휴게소에서 늦은 중식을 하게 되었다. 서울 쪽에서 내려간 다섯 명이었다. 된장찌개 육개장 등으로 식사를 하고 후식으로 아이스크림까지 먹었다. 비가 내리고 있어 우산을 들고 다녀야 했다.

중부고속도로도 막히는 상황이었다. 호법까지 가서 영동고속도로를 타다가 다시 경부고속도로를 탔다. 집에 도착하니 거의 6시 30분경이었다. 식사시간 등을 제하더라도 5시간 이상이 소요된 셈이었다. 평상시 같았으면 부산까지 갈 수 있는 시간이었다. 말일쯤에는 모두들 벌초를 하러가는 것으로 계획을 잡고 있었다. 그때도 도로가 몸살을 앓을 듯하다. 가족 간의 모임을 이런 휴가철에 하는 것이 적절한지 모를 일이다. 아무튼 연휴를 이용해서 오랜만에 친척들의 얼굴과 근황을 알 수 있어서 좋았던 듯하다.

모두들 이제 50대에서 70대에 이르는 나이가 되었으니 세월의 유수같음을 새삼 느끼게 되는 듯하다. 항상 가족끼리의 모임이 계속이어지기를 기대하고 더욱 화합하고 우의를 돈독히하는 담안회가 되기를 기원해본다.

문상을 다녀오며

지난 주말에 문자가 한 통 왔다. 부고였다. 갑작스러운 일이었고 쉽사리 믿기지 않는 일이었다.

부고로 온 것은 [배우자상 2014. 5.1 오후 1시 빈소 강남 서울성모병원 장례식장 3층 31호실 장례미사발인 천주교 반포4동 성당 5.3토 오전 7시~8시 장지 파주시 광탄면 분수리 XXX-XX 중림동 약현성당 하늘정원 묘원] 문자를 받고 든 생각은 아직 한창 생을 구가해야 할 나이일 텐데 너무 일찍 영면한 게 아닌가 하는 생각이 들었다.

몇 년 전에 고교동창의 부인상이 있었다. 별로 친하지 않은 친구여서 그런가 보다 하고 지나쳤는데 막상 친한 친구의 부인상을 직접 겪고 보니 예삿일이 아니게 다가왔다. 일과를 마치고 부랴부랴 준비를 해서 장례식장으로 갔다. 예상했던 것과는 판이하게 문상객은 무척이나 많았다. 항상 문상을 하거나 결혼식장을 가거나 하면 드는 느낌 가운데 하나는 그것으로 살아온 세상살이의 평가가 이루어진다는 점이었다. 상주나 혼주가 제대로 세상을 산 사람일 경우에는 항상 손님이 넘쳐났다. 쉽게 문상을 할 수 없을 정도로 줄을 서서 한참을 대기했다가 문상을 하고 자리에 착석할 수 있었다. 미리 온 동기들과 합석을 했다. 부산에서 변호사로 활동하고 있던 두 명이 올라왔다. 장례식장의 벽면에는 조화의 팻말을 죽 붙여놓았는데 그 수를 헤아릴 수가 없을 지경이었다. 반갑게 동기들과 인사를 나누고 얘기를 들어 보았다. 잠깐 상주가 왔다가기도 했다. 참으로 황망하기 그지없을 듯했다. 한 문상객은 문상을 마치고 자리로 들어서면서 터져 나오는 오열嗚咽을 참지 못한 채 흐느끼기도 했다.

남겨진 자식들은 대학 2학년과 3학년이라고 했다. 99년도에 유방암이 발병을 했다고 하니 거의 14년간을 투병해 온 것이었다. 천주교식으로 장례를 지내는 것이라 한쪽에서는 신도들이 예배를 보고 있는 가운데 문상이 진행되었다. 전체적인 분위기가 무척 착잡했고 마음도 무거워 보였다. 세상을 살다 보면 많은 일을 겪게 되는 데 너무나도 가슴 아프고 안타까운 노릇이 아닐 수 없었다. 모두들 안쓰러워하고 애가 타는 듯했다.

친구가 장례식을 마치고 보내온 문자는 더욱 눈시울을 뜨겁게 만들었다. [고마워 친구. 아내의 빈소에 찾아와 고통과 슬픔을 함께해주어 백골난망이여. 아내는 1990년 혼인 이후 행복한 신혼생활 중 1999년 초 유방암 수술을 받았으나 전이轉移되었는데 이웃이나 부모님 가까운 친인척에게 일체 알리지 않고 14년간의 병고의 세월을 오롯이 견뎌왔다오. 신경써줘 감사해. 덕분에 어제 파주 광탄에 있는 중림동성당 천주교 묘원 하늘정원의 풍광 좋은 자리에 매장 잘 마쳤다네. 아내는 늘 아름다운 미소와 향기를 간직한 사람이었고 나의 자랑이었고 병고의 세월 동안 늘 행복의 원천이었어. 4월 7일 호스피스병동에 입원한 사실을 알게 된 많은 부부들이 기적을 구하는 기도와 봉사를 해주었지. 라자로의 기적은 아니어도 주변에 일상의 삶이 기적임을 일깨

워주었고 수많은 사랑의 기적을 남겼다네. 5월 1일 낮에 아내는 기나긴 고통의 숨을 거두고 편안한 휴식에 잠들었어. “연두빛 어린 새싹과 귀여운 토끼새들의 아침인사와 함께해서 좋아요”

아내의 묘비문. 작년 봄 서리풀 공원을 함께 산책 중 한 말]

세상을 살아가면서 고통스러운 것이 세 가지 있다고 한다. 그 중 두 번째가 중년 상처라는 것이다. 또 다른 얘기로 중년 이후에 꼭 필요한 것의 하나는 부인이었다. 그것은 마누라라고도 하고 아내라고도 한다. 그런데 친구는 그 귀중하고 소중한 사람을 잃은 것이었다. 자녀들도 어느 정도는 성장했지만 그래도 아직은 한창 부모의 손길이 필요할 때인데 덜컥 세상을 하직하고 말았으니 그 아픔이 오직하랴 싶다. 한 때 소식을 듣기로는 자식들을 다 키워 놓았으니 손 놓았던 일도 했었던 것으로 들었는데 말이다. 통상 5년이 지나면 다 치유가 되는 것으로 알았는데 그게 그런 것도 아닌 모양이었다. 참으로 깨끗하고 지극정성으로 현모양처의 모습으로 세상을 살다간 것으로 알 수밖에 없었다. 친구의 아내에 대한 사랑도 무척이나 애틋했던 듯하다. 서리풀 공원에서 부부가 정답게 산책하던 모습을 보고 인사를 나눴던 때가 엊그제 같은데 이런 일을 당하고 보니 황망하기 그지없는 노릇이다. 내가 몇 해 전 모임에서 손가락을 다쳤을 때에도 물심양면으로 편의를 봐주었던 친구였다. 항상 남을 먼저 배려하고 조직과 모임에 헌신하는 이였는데 이렇게 안타까운 일을 당한 것이다. ‘하늘도 무심하시지’ 라는 말이 절로 나왔다.

옛말에 인명은 재천이라는 말이 있다. 사람의 목숨은 하늘에 달려있다는 것이다. 인력으로 어쩌지 못하는 천명을 타고나게 된다는 것이다. 항상 사연 없는 무덤이 없고 억울하지 않는 죽음이 어디 없겠냐마는 그래도 이것은 아니라는 느낌이 든다.

노자의 도덕경에서는 '천지불인' 이라는 것이 있다. 착한 사람이라고 해서 좋은 일만 생기고 악한 사람이라고 해서 나쁜 일만 생기는 것은 아니라는 것이다. 결코 원하는 바대로 뜻하는 바대로 세상사가 이루어질 수 없다는 것과도 일맥상통하리라. 천지불인이란 만물이 생성화육生成化育함에 있어 어진 마음을 쓰는 것이 아니라 자연 그대로 행할 뿐인 것이다. 자연이 그렇게 인자한 것만은 아니다. 비도 내리고 홍수도 주고 그렇게 인간에게 유익하게만 하지는 않는다는 의미도 지니고 있는 것이다.

세상이 온통 세월호 때문에 억장이 무너져 내리고 있는 상황에서 친구는 또 한 번 마음을 쓸어내리는 통한의 슬픔을 겪게 되었다. 친구가 아내를 잃은 아픔을 잘 이겨내고 새롭게 힘찬 생활을 해나갈 수 있기를 간절히 소망해본다.

선운사를 찾아서

얼마 전 작심을 하고 부부가 휴가를 떠났다. 가니 마니 하다가 겨우 달래고 설득을 해서 하라는 대로 다한다는 다짐을 하고 가는 여행이었다.

요즘은 여행이 대세인 듯하다. 국내여행보다는 국제여행이 더 운치가 있고 각광을 받는 시대이다. 아들의 아침을 챙겨주고 아르바이트를 하러 가는 것을 보고 집을 나섰다. 시간은 오전 9시를 조금 넘기고 있었다. 남쪽에서 태풍이 온다고 하더니 그리 썩 좋은 날씨는 아니었다. 무더위가 심할 때였는데 하필이면 비까지 내린다고 하니 걱정이 되었다. 부푼 기대와 흥분된 가슴을 안고 출발했다.

서해안 고속도로로 접어들었다. 휴가철이라 길이 제법 막힐 줄 알았는데 도심을 벗어나자 한가로웠다. 두 시간 여를 달린 후에 휴게소에서 휴식을 취하고 재충전을 했다. 얼마 만에 부부간에 떠난 오붓한 여행인 줄 아느냐고 윽박지르는 통에 주눅이 잔뜩 들었다. 찍소리도 못 내고 숨죽인 채 마누라의 비위를 맞추는 나 자신이 한심하기 그지없었다. 예정했던 고창의 한 식당에 들어서니 이미 점심시간을 넘기고 있었다. 고창을 또 한참 지나오니 한가한 느낌이 들었다. 길가에는 온

통 풍천장어라고 광고판을 대대적으로 널어놓았거나 원조라는 글귀가 즐비했다. 간간히 셀프라는 팻말도 보였다. 풍천이라는 것을 원래 지명으로 알고 있는 이들이 많은 데 바다와 강물이 만나는 곳을 일러 풍천이라고 한단다. 그곳에서 잡힌 장어가 제대로 힘을 쓰고 보신용으로 각광을 받는가 보다. 이른 시간이어서인지 손님은 거의 없는 상황이었다. 1킬로그램을 시켰다. 숯불이 들어오고 밑반찬이 들어왔다. 세트처럼 되어 있고 정형화된 것이어서 별로 색다를 것도 없었다. 물김치가 좀 이색적이었다. 곧바로 불판이 준비되었고 초벌구이를 한 장어가 세 마리 화로 위에 올려졌다. 집게와 가위로 적절한 크기로 잘려졌고 맛있게 구워졌다. 이젠 시식을 할 차례였다. 그전에 요즘 대세인 핸드폰으로 촬영이 먼저 이루어졌다. 깻잎이나 상추로 장어를 한 점 올려놓은 후 마늘과 생강을 올려놓고 한 입 가득 털어 넣었다. 세상에 부러울 것이 없었다. 코로 들어가는지 입으로 들어가는지 알 길이 없었다. 마파람에 게 눈 감추듯 순식간에 장어가 동이 났다. 밥도 먹을 수가 없을 지경이었다. 계산을 하고 음식점을 나왔다. 명함을 챙겨두는 센스까지 발휘하였다. 본래는 구석진 곳에 자리했었는데 지금은 길 옆으로 나와 제대로 양식장을 갖추고 영업을 하는 집으로 추천을 받았던 곳이다.

이제 본격적으로 선운사로 떠날 차례였다. 예전에 선운사를 가보지도 않았다고 해서 한 차례 핀잔을 받은 적이 있어서 오기傲氣로라도 꼭 선운사를 가 보고자 했었는데 그 소원을 푸는 셈이 되었다. 절로 들어가는 초입이 옆으로는 계곡물이 흐르는 형태를 갖추고 있었다. 영업점들이 곳곳에 자리하고 있었고 유스호스텔 등도 보였다. 넓은 주차장이 관광명소로서의 명성에 걸맞아 보였다. 버스가 정차할 터미널까지 있는 것으로 봐서는 대단한 이름값을 하는 것 같았다. 입장료를 내야하는데 집사람의 유공자증으로 인해 면제를 받았다. 다행스럽게도 비는 내리지 않았다. 입구에서 조금 들어가니 사찰이 나왔다. 활짝 핀 백일홍이 우리를 반겼다. 대웅전 뒤편에는 울창한 동백나무 숲이 장관을 이루고 있었다. 일하는 분들이 한참 동백나무의 가지치기를 하고 있는 중이었다. 선운사의 유명한 것은 꽃무릇이라는 것이었다. 9월 상순이 되면 그 꽃무릇이 피워져 온통 주변을 붉게 물들인다. 혹자는 이를 상사화로 잘못 알고 있는 경우도 있었다. 곳곳에서 사진을 찍으며 즐거워하고 흔적을 남기고자했다. 서정주 시인의 선운사에서 라는 시도 있었고 노래도 있었던 듯 했다. 농협도 자리해서 금융업무도 했고 특산물 매장도 있었다. 거의 실익은 없을 것 같은데 그래도 명맥을 유지해 가고 있는 듯 여겨졌다. 지점장과 직원 둘이 근무해 보였는데 참 한가한 사무소라고도 반대로 힘든 곳에서 고생한다고 여겨질 수도 있을 듯했다. 이제 선운사를 다녀왔으니 선운사도 못 가본 사람이라는 핀잔은 듣지 않겠지 내심 으쓱해지는 마음이 들었다.

대웅전 앞마당에는 연등이 줄지어 달려있었다. 등燈에는 축원자들의 성명이 기재되어 있었다. 앞쪽에는 찻집이 있었는데 셀프였고 요금도 보시를 하도록 되어 있었다. 온수를 받아서 차를 마셨고 대접에 또 다시 온수를 받아서 설거지를 하고 나오는 형태였다. 탁자 중간에는 반야심경 등 불법관련 서적이 두 권 놓여있었다. 그리고 찻집의 중앙에는 이젤에 받쳐진 사진들이 전시되어 있었다. 선운사의 풍경이 사계절로 나눠져 있었다. 봄, 여름, 가을, 겨울로 아름다운 풍광을 유김없이 자랑하고 있었다. 예전에도 이 부근을 한 번 다녀간 적은 있었는데 절은 오지 못했다. 단지 장어와 복분자만 맛보았을 뿐이었다. 그리고 선운사 부근이었다는 기억만 간직한 상태였다. 아이스크림을 사주겠다고 했음에도 집사람은 그냥 가자고 했다. 아주 오래 전 학창시절에 집사람은 한 번 다녀간 적이 있다고 했다. 그렇게 건물이 많이 들어서 있던 상황은 아니었던 것으로 기억했다. 날씨가 좀 더 좋았더라면 많은 사람이 몰려왔을 것 같았는데 날씨 탓인지 경기 탓인지 아무튼 관람객은 그렇게 많지 않았다. 변산에 위치해 있는 곳곳의 명소를 둘러볼 차례였다.

모항이라는 곳으로 갔다. 조그마한 해수욕장이었고 길도 좁았다. 쉽게 찾기도 할 것 같았지만 사람들이 붐비지 않아서 좋았다. 리조트 쪽으로 해안가를 한 바퀴 도는 것으로 만족해야 했다.

다시 행선지를 바꿔 수성당이라는 곳에 갔다. 바다에 나가는 이들을 위해 제를 지내는 곳으로 아주 한적한 곳이었다. 여러 가지 제기들도 보였고 촛불도 밝혀져 있어 상당히 엄숙한 분위기를 연출하고 있었다. 충무공 이순신 장군에 관한 드라마 촬영지도 돌아보아야 할 곳이었으나 시간이 없어 그냥 지나쳤다. 그리고 조금 더 이동해서 도착한 곳은 채석강이었다. 거의 바위산으로 여겨졌는데 그 속에 천연굴이 만들어져 있었고 생명력 강한 나무들이 그 아름드리 위용을 뽐내고 있었다. 방파제로 길게 되어져 있는 끝자락에는 조그만 등대도 있었다. 방파제 가장자리에서는 낚시꾼들이 소일 삼아 낚싯줄을 드리우고 있었다.

다음으로 가야 할 곳은 부안의 명소로 유명한 바지락죽을 맛볼 수 있는 곳이었다. 원조집이 있었고 또 한 집은 명인의 집이라고 했다. 가까운 곳에 위치해 있고 새만금에 가까이 있던 원조집으로 갔다. 간판도 손님을 압도할 정도였고 식당 내의 벽면에 부착된 방명록에는 저명

인사들이 줄줄이 사인을 해놓았다. 더욱 독특한 것은 주인장과의 기념 촬영한 사진까지 걸려 있으니 의심 많은 우리 국민들에게 확실한 증거를 보여주는 흔적들로 보아도 무방할 듯했다. 주인이 직접 고안하고 만들었다는 뽕잎바지락 칼국수를 시켰다. 뽕잎파전도 하나 더 추가해서 맛을 보았다.

27년간의 결혼생활을 해왔는데 이렇게 부부간에 여행을 해본 것은 신혼여행 이후 처음인 듯했다. 연초에 집사람은 인도를 다녀온 적이 있었다. 그리고 그전에도 핀란드 등 북구 여행도 있었고 미국도 두 차례 갔다 왔지만 모두 혼자서 간 것이었다. 다음부터는 집사람과 함께하는 여행으로 갈 수 있는 기회를 자주 만들어야겠다는 생각을 하게 되었다. 이 여행도 계획하고 실행하는 것을 모두 집사람이 하게 했으니 할 말이 없는 셈이다. 다음부터는 제대로 여행계획을 세우고 실행에 옮겨서 멋진 추억이 되는 여행이야기를 남기리라 다짐해본다.

신록사 모임을 다녀오며

지난 주말에 신록사 모임이 있었다. 여름 휴가를 보내고 추석이 지나 만난 모임이어서 꽤 오랜만에 회원들과 반가운 만남이 이루어졌다. 거의 전 회원이 참석했다. 영재네만 빠진 모양이었다. 제일먼저 기택이네와 훈민이네가 왔다. 민경이네와 수미네가 왔고 다음으로 회장님네, 재민이네, 학균이네 그리고 교장선생님 마지막으로 고문네가 왔다.

장소는 예전 KFC가 있던 자리의 뒷건물에 위치한 갈비촌이었다. 메뉴로 시킨 것은 처음에는 갈매기살로 하다가 모듬으로 바꿨다. 이러 저러한 일상들에 관한 얘기들이 있었다.

화제의 중심에는 오랜 노력 끝에 고문이 내일 영세를 받는 것이었다. 영세명도 스테파노라고 정해졌다. 오늘 저녁 8시에 성당으로 가서 내일의 본 행사에 대비한 예행연습을 해야 했다. 그것에는 대부역을 맡은 훈민이 아빠와의 협조가 크게 기여한 듯했다. 오랫동안의 교리공부를 거쳐 힘들게 나이 60에 영세를 받게 되는 것이었다. 영세를 받음으로써 이때까지의 모든 죄악이 사함을 받고 새사람으로 거듭나게 되는 내용이었다.

재민이는 3개월 여의 자전거 유럽여행을 마치고 8월 중순에 돌아왔다.

범수는 아산에서 공익보건의로서 의료활동 지원을 하며 생활하고 있단다. 그 와중에 차가 필요하다고 해서 아빠의 자가용을 내일 넘겨주기로 한 상태라고 했다. 휴가도 거의 아산에서 보냈단다. 꼬박 3년을 근무해야 한다고 하니 보통 일이 아니었다. 봉급이 2백만 원 가량 되었다.

민경이는 강남에서 미용사로서 미용기술을 잘 배우고 있단다. 머리손질 한 번하는 비용이 4만5천 원이라고 하니 대단한 실력이었다. 용성이네는 차량을 바꿨다. 카니발 11인승으로 교체해서 신이 나 있었다.

영근의 여친은 일주일간 유럽을 돌아보고 왔단다. 영근이와 함께 찍은 사진도 보여주었다. 올 3월에 영국으로 어학연수를 간 상황인데 아직 학교도 3학기를 남기고 있었다. 올 12월 말쯤에 돌아올 예정이라고 했다.

기택이네는 보성 쪽의 빈집 농가에서 열흘정도 지내다 오기도 했다는 얘기를 했다. 교장선생님은 결혼식을 다녀오시느라 늦으셨다고 했다.

부회장은 어제의 전작도 있고 곧 성당을 가봐야 하는 것 때문에 술을 먹는 것이 더뎠다. 각자의 취향에 따라 어떤 이는 소맥으로 어떤 이는 소주로 어떤 이는 맥주로 각양각색의 음주양태를 보여주고 있었다. 요즘은 술을 마셔도 적당히 마시는 것이 추세이고 유행인 듯했다. 예전처럼 강권하거나 취할 정도까지 마시는 경향은 많이 줄어든 듯했다.

신록사 모임을 시작한지 거의 15년이 다 되어가니 무척이나 오랜

연륜을 자랑하는 모임이다. 대부분 회원 간의 속사정을 다 아는 편안한 모임이었던 것이다.

초창기에는 무던히도 어울려 다녔고 주기적으로 행사를 하기도 했었는데 요즘은 많이 시들해졌다. 이제 할아버지가 된 이도 있고 손자를 보기도 했으니 격세지감隔世之感이 느껴질만 했다. 뭐니 뭐니 해도 화제의 중심은 재개발에 관심의 초점이 모아졌다. 방배동이니 강남의 노른자 위 땅이라 할만하였다. 50여 평이 되니 그 가격도 천정부지인 듯했다. 사업주와의 소송이 진행 중이란다. 변호사까지 선임해서 매입 가격에 대한 적정여부를 산정하기 위해 소송을 불사한다고 하니 이권에 대한 논란은 결국 쉽게 해결되지 않을 것으로 보였다. 평당 가격이 3천만 원을 호가한다고 한다. 30%가 세금으로 나간다는 얘기도 했다. 아무튼 이제는 그것만 해결되면 거의 재벌 수준은 아니더라도 제법 안정된 생활을 영위할 수 있을 듯했다. 오랫동안 각고의 노력을 해왔던 터였고 10여 년전에 무리를 해서 장만했던 집이니만큼 그 정도의 보상으로 보답을 받는 것이 부족한 것인지도 모를 일이었다. 몇 명의 아이들은 이제 대학원을 다니고 있는 상황이고 보니 세월이 흘렀음을 절감하게 된다. 몇 년 후면 이제 손자 손녀 얘기가 화제의 중심에 설 것 같았다.

얼마 후 자리를 파했다. 그 사이에 영세를 받기 위한 전야 행사를 위해 두 분이 잠깐 자리를 비웠다. 1차적으로 모임을 파한 후 나머지 사람들은 각자 집으로 갔고 또 일부가 남아서 인근의 호프집으로 자리를 옮겼다. 예전에는 1차 모임 2차 호프 3차 노래방의 수순을 밟았으나 이제는 겨우 1차로 끝나는 것이 대부분이었고 애주가들만 2차 정도로 마무리가 되는 것이 추세였다. 나중에 영세 준비를 위해 성당으로 갔던 두 분이 합류하였다. 늦은 시간까지 담소하며 세상을 살아가는 근황들에 관한 얘기를 나누었다.

이 모임은 2000년경에 결성되었고 신림, 녹색소년단, 사랑하는 모임의 첫 글자를 따서 신록사로 지었다. 매월 1회 정도 모이고 모이지 않는 경우도 가끔 있었다. 명절이 끼인다든지 휴가기간이라든지 기타 회원의 혼사가 있으면 그렇게 혼사에 참석하는 것으로 모임을 대하는 경우도 있었다. 여러 곳에서 온 회원들이었고 각종 직업에 종사하는 형편이어서 다양하게 분포되어 있었다. 그렇지만 하나의 목적이나 목표를 갖고 모임이 유지되고 지켜져 온 셈이었다. 우의를 돈독히 한 상태였기에 잘 운영이 되는 듯했다.

초창기에는 일요일마다 서울대학교 공학관까지 갔다 오는 자전거 타기를 했었고 아이들도 함께 했었는데 얼마 후에 아빠들만 가게 되었고 그러다가 지금은 간혹 자전거를 타러가는 상황이 되었다. 야외행사도 곧잘 다녀오기도 했었는데 요즘은 거의 신림동 부근에서 행사를 치르는 것이 대부분이 되었다.

처음에는 인원이 많았으나 부득이한 사유 등으로 인해 12명으로 축소가 되었다. 이제 아이들도 다 장성해서 거의 혼인 적령기에 접어들 정도가 되었으니 세월의 유수 같음을 새삼 느끼게 된다. 자녀들도 이제는 사회인이 되어 직장생활을 하는 이가 있는가 하면 대학원에 진학해서 학업을 계속하고 있는 이도 있다. 모든 자리가 끝나고 돌아올 때에는 집근처에 사는 회원의 차를 얻어 타고 모자원고개까지 와서 귀가했다. 조신하게 술을 마셨고 천천히 마신 탓에 그렇게 취기가 오르지는 않았다.

앞으로 이 모임도 경조사를 챙기고 회원의 친목도모를 최우선으로 하는 그런 식으로 밖에 될 수 없을 것 같다. 모든 회원들이 항상 건강하고 밝은 모습으로 생활하고 원하고 뜻하시는 바를 다 이루길 기원해본다.

제4부

문상

지난 수요일에 카톡으로 온 부고를 받았다. “부산에 계신 어머니가 조금 전 돌아가셨다. 나는 29일 저녁 16:10분 카타르 XX편으로 인천공항에 도착할 예정이다. 그날 밤늦게 장례식장에 들어갈 것 같다. 장례식장은 XX 장례식장이고 동생이 있을 것이다. 연락을 부탁한다.” 이제는 하나 둘씩 친구들의 부고장이 날아드는 것이 나이를 먹었다는 방증이리라. 브라질 상파울로에서 오는 것이니 오는 데만 꼬박 1박 2일이 족히 걸릴 것으로 보인다. 장례식장에 확인해서 발인과 장지 등을 확인해서 문자로 지인들에게 부고를 통지했다. 한참 바쁜 월말이라 쉽게 문상을 갈 엄두를 내지 못하고 부의금만 송금하는 실정이었다.

친구의 모친은 무척이나 억척스럽게 세상을 산 자갈치 아지매의 전형으로 여겨지는 분이었다. 슬하에 6남매를 키우고 공부시키느라 허리가 휘어지도록 노력하고 애를 태웠던 한평생이었다. 요양병원에서 말년을 보내셨으니 안타까움도 남았다. 학창시절 댁에 가보면 항상 따뜻하게 대해주셨고 정이 넘쳤던 자상함이 있었다. 한 친구는 부친이 암수술을 받고 입원가료入院加療 중이어서 조문을 갈 입장이 아니라는 사연을 토로하기도 했다. 부산이 교통수단의 발달로 인해 지척거리가 되었으나 그렇게 문상을 다녀오는 것이 간단치가 않았다.

나는 목요일은 반휴를 금요일은 온전히 하루를 휴가로 처리했다. 일단 집에 차를 가져다 놓아야 했다. 그리고 서울역으로 나갔다. 차표를 끊었더니 서울에서 16시 40분 발이었고 19시 50분에 도착하는 KTX였다. 어제의 술로 인해 컨디션도 난조인 상황이었다. 열차에 올라탄 후 취침을 좀 했다. 차창 밖으로 펼쳐지는 늦가을의 정취情趣를 느껴볼 여유도 없었다. 고속철이라 하지만 고속철 궤도로 가는 것이 아니라 구철도로 가는 형식이어서 시간이 그렇게 단축되는 셈도 아니었다. 본래 KTX는 두 시간 20분 가량이 소요되는 것이 정상인데 3시간 10분이 소요되니 훨씬 느린 셈이었다. 다같은 KTX 열차가 아닌 모양이었다. 이미 차에 오른 후이니 그런 내막을 알고서도 어떻게 해볼 도리도 없었다. 얼마 간의 시간이 지난 연후에 부산역에 도착했다. 지하철로 해서 일단 남포동까지 갔다. 그리고 그곳에서 택시를 탔다. 15분 정도가 소요되었다.

일단 장례식장으로 들어갔다. 특이하게도 장례식장이 5층에 소재해 있었다. 조문을 위한 조화가 즐비하게 서 있었다. 일단 친구들이 담소를 나누고 있는 곳으로 가서 반갑게 인사를 나누었다. 친구들이 많이 왔을 것으로 기대를 했는데 별로 많은 인원이 온 것은 아니었다. 친구들 네댓 명이었고 후배들도 몇 명 보였다. 어느 정도 인사를 나눈 후 자리를 정돈하고 조문을 하러 가서 조문을 하고 상주들과 인사를 나눴다. 맏상주인 친구는 아직 도착이 되지 않았다. 아마도 인천공항에 도착해서 김포공항으로 이동했다가 그곳에서 다시 국내선으로 갈아타고 김해로 와서 택시로 이동해서 장례식장으로 오는 듯했다. 자리에 합류한지 한 시간 여가 지나고 상주가 나타났다. 제대로 시차적응도 쉽지 않을 것으로 여겨졌다. 상복차림에 검은 넥타이를 하고 팔목에는 상주표식인 상장을 차고 왔다. 약주를 한잔 권했다. 지난 봄에 한차례 우리나라를 다녀갔는데 또다시 나온 셈이었다. 이색적이게도 상차림에 조촐하게 회가 조금 나왔다.

얼마 후에는 남선배가 문상을 오기도 했고 후배들도 몇 명이 더 합류했다. 술을 많이 마시면 여의치 않을 것 같아 맥주만 몇 잔을 했다. 한의사인 남선배에게 다들 진맥을 한 번씩 하기도 했다. 이제는 매우 많이 연로해졌고 노숙해진 모습들이었다.

김상무의 얘기를 좀 들었다. 부친은 아직도 건재하시고 잘 활동하신다고 했다. 고향집에는 혼자 계신다. 문제는 모친이었다. 얼마 전에 중풍이 와서 오른쪽의 마비가 왔다. 그래서 요양원에서 생활하고 계신단다. 병원비의 40% 정도는 형제간에 부담을 하고 나머지는 국가에서 지원이 된다. 부친의 생활비는 3형제가 각각 40만 원씩 갹출해서 보내드리고 있고 식사에 필요한 음식 등은 3형제가 일주일에 한 번씩 찬과 국 등을 장만해서 일주일치를 보내드린다. 임원을 퇴직하게 되더라도 2년 정도는 일정 급여를 지급해서 보전해 준다. 아들은 여전히 사법고시에 대한 미련을 버리지 못하고 있는데 아무튼 취업을 하려 하고 있다. 딸도 여전히 학업에 매진하고 있고 봉천동 쪽에 원룸을 하나 장만해 주었다. 아들은 아들대로 신설동 쪽에 원룸을 하나 사주었다. 아내도 여전히 교직생활을 잘 하고 있는 상황이었다. 이제는 주말에만 한 번씩 아내를 보는 정도로 생활하고 있다. 산책을 하면서 옛 우리가요를 들으면서 추억에 잠긴다. 주후에 선체 서클의 모임을 한번 개최하고자 하는 희망을 갖고 있었다.

10시 30분 경에 문상을 마치고 작별을 고했다. 셋이 김상무 차에 편승해서 부산역으로 갔다. 이부장과 함께 서울행 기차에 올랐다. 11시 10분발 무궁화호 열차였다. 좌석이 따로따로였는데 좌석을 정하고 나란히 같이 앉았다. 상가집에서 못다한 얘기를 귀경열차 속에서 나눴다. 열차에 타기 전에 맥주랑 마른안주를 좀 사가지고 열차에 올랐다. 밤기차였다. 서울 도착이 아침 4시 30분이었다.

이부장이 가고자 하는 곳에는 구미였고 새벽 한 시 10분 정도였다. 녀석의 아이들은 모두 잘 자라고 있는 듯했다. 큰 딸은 취업해서 1년 벌었던 것으로 해서 해외여행을 이곳저곳 다니러 갔다. 둘째는 이제 군에서 제대하고 복학을 하려 하고 있다. 학교는 대구에 있는데 그냥 집에서 다니게할 요량이다. 막내는 이번에 수능을 볼 예정이다. 집사람은 경북 의성이 고향이다. 웅진출판이라는 곳에서 사무직으로 20여년간 근무를 하는 중이다. 건강을 위해서 열심히 산행을 다니고 있다. 요즘은 맨발 산행에 맛을 들여 그것을 계속하고 있는 중이다. 신발속에는 발지압을 위한 특이한 것도 직접 보여주기도 했다. 그의 건강 지론에 의하면 침대보다 딱딱한 돌침대를 권유했다. 그리고 팔을 쭉 뻗고 자는 자세가 좋다. 지금은 보험사에 적을 두고 있었다. 오로지 보험 권유 실적에 의해 보수를 지급받는다. 향후 필요한 부분은 손을 사용하는 일을 할 수 있어야 한다는 얘기를 했다. 피곤했는지 구미역에 도착할 때쯤에는 이미 잠이 든 상황이었다. 목적지인 구미에 임박해서 급히 깨웠음에도 어리둥절해 했다.

구미부터는 졸음이 몰려와 눈을 붙이지 않을 수 없었다. 서울의 영등포역에 도착하니 쌀쌀한 기운이 느껴졌다. 택시로 귀가해서 잠에 빠졌다. 밤기차를 타고 온 후유증인지 피로감이 쉽게 가셔지지 않았다. 어쨌든 월말을 친구의 모친 문상에 다바친 꼴이 되었다. 한창 교육이 진행되는 중이어서 휴가를 내는 것도 쉽지 않은 일인데 도리가 없었다.

요즘 시대는 요양병원에서 최후를 맞이하는 분들이 20%에 육박한다고 한다. 참으로 안타까운 일이었다. 건강하게 살다가 운명을 하는 것도 쉬운 일이 아닌 듯하다. 한평생을 자식을 위해 헌신하고 고생만 하시다가 돌아가는 것이 아닌가 했다. 모쪼록 친구모친께서 저승에서는 편안한 세상에서 편히 지내시길 기원해 본다.

상주의 감사인사

금번 저의 모친상에 애도와 격려를 보내주신 문상객 여러분께 깊이 감사의 말씀을 드립니다. 오랜 이국생활로 고국과의 관계가 거의 없는 저에게 라멜 가족들의 따뜻한 문상은 큰 감동이었고 지난 기억을 불러내어 새로운 관계의 시작을 재촉하는 축복었습니다.

제 어머니는 자갈치 아지매였습니다.

차고 비린 바닷바람을 온몸으로 막고 비릿한 생선내음이 묻어나는 부드러운 당신의 젓으로 지금의 저를 있게 해 주셨습니다.

하지만 늘 함께하지 못한 채 네 번째만에 아들을 보신 어머니의 뿌듯한 자랑을 내 몰라라 하고 이국땅으로만 돌아 다닌 것이 죄스러워 천수天壽를 다하신 어머니를 회상하고 추모하는 마음을 오랫동안 무겁게 합니다.

어머니는 평생을 자식 걱정과 자식사랑으로 보내셨으면서도 마지막 가시는 길 위에서도 떨어져 있는 형제들을 불러 모아 화목하게 하고 더불어 희미해져가는 저의 기억까지 불러내어 주시는 사랑을 베푸셨습니다.

어찌 온전한 사랑이고 희생으로 가득찬 삶이 아니겠습니까.

이제 먼 길 가신 어머니를 놓아 드리고 어머니가 가시는 길에 불러낸 저의 젊은 시절의 기억과 감수성으로 여러분 곁으로 다가가 세상 모든 어머니의 바램이고 유산인 사랑을 실천하는 삶을 살도록 하겠습니다.

문상객 여러분.

다시 한 번 공동체의 힘과 소중함을 일깨워 주시고 애정어린 관심과 조의를 보내주신 모든 분에게 마음 깊이 애정과 감사를 보냅니다.

늘 여러분 곁에서 좋은 일과 궂은 일에 함께하도록 노력하겠습니다

추가하여 문상객 여러분들의 이름을 한 분 한 분 부르며 제 기억의 한 편에 꼭 붙들어 매어야 하겠지만 생략하는 점 이해해 주시기 바랍니다.

특별히 저의 여정에 이런저런 모임을 만들어 준 라멜 20기 마들렌 후배님과 공연의 부담을 감내하며 함께하는 시간을 내어준 19기 김정은 후배님 고맙습니다.

여러분 행복하십시오.

상파울에서 14기 박병건 드림.

조문을 다녀오며

요즘은 부고도 보통의 전화나 기타 방법이 아니라 SNS나 카카오톡 등으로 통용되는 시대가 되었다. 목요일에 밴드, 신문 등에 친구 부모님의 부고가 통보되었다. 장례식장은 부산이고 장지는 공원묘지이며 발인은 토요일이니 금요일밖에 시간이 없는 상황이었다. 문제는 조문을 가느냐 아니면 그냥 송금만 할 것인가 고민에 고민을 거듭한 끝에 가야 하는 것으로 작심을 했다. 여러 친구에게 알아보니 직접 조문을 가는 사람은 많지 않은 듯했다. K군이 광명에서 2시 15분 출발하는 KTX를 탄다는 것이었다.

일단은 휴가를 내야 했다. 반휴를 내는 것으로 해서 보고를 하고 통지를 했다. 열차표 예매를 한 것은 오후 2시 30분발이었다. 최대한 빨리 역으로 갈 필요가 있었다. 알만한 선배들로부터 조의금 부탁도 많았다. 처음에는 K군과 부산역에서 만나서 같이 문상을 가려 했는데 역에 제법 일찍 도착이 되는 바람에 기다리려면 족히 1시간은 더 소요가 될 듯했다. 결국 각자 조문을 하는 것으로 했나. 부산역에 도착하니 오후 4시 10분 가량이 되었다. 열차를 타고 가는 시간 내내 조의금을 부탁하는 연락이나 문자 등으로 소비했다. 금요일 오후임에도 열차 내 좌석은 여러 군데가 비어 있었다. 좌석이 열차 진행방향과 역방향이어서 요금도 할인이 되는 것 같았다. 외국인인 듯한 사람들도 여럿 있었다. 본래 들고 다니는 가방과 책을 좀 넣은 종이가방을 또 하나 들고 탔다.

차는 집사람에게 인계를 하고 왔다. 내일 아들을 인천공항에 데려다주어야 했기 때문에 외부에 차량을 두는 것도 안심이 되지 않는 상황이었다. 통신의 발달을 새삼스럽게 느끼게 해주는 부분도 있었다. 영국에 있는 선배와도 연락이 닿았고 브라질 있는 친구에게서도 조의를 표하는 문자가 오기도 했다. 세계가 한 몸인 듯했다.

역에서 내려 지하철역으로 갔다. 표를 끊고 지하철을 타고 남포동역까지 갔다. 그리고 부산 영도다리 방향으로 나가서 영도 정요양병원을 가자고 했다. 다리를 건너고 5분 만에 도착이 되었다. 요양병원이라 해서 협소할 듯했는데 규모가 꽤 컸다. 일단 편의점에 들러 현금을 더 찾았다. 결국 책의 무게를 이기지 못한 종이가방에 문제가 생겼다. 줄이 끊어져 버린 것이었다.

장례식장은 특실로 잡혀져 있었고 장소도 널찍해서 시원해 보였다. 아직 이른 시간이라 그렇게 많은 문상객이 있지는 않았다. 조문을 하고 준비된 자리로 안내되었다. 형제들이 많아 무척이나 상주 등이 많았다. 조화도 엄청났다. 부지기수라는 말이 실감될 정도였다.

얼마나 많았는지 리본만 붙여놓은 것도 다 못 붙일 정도로 빽빽이 걸려 있는 듯 여겨졌다. 얼마 전에 위독하다고 해서 부산으로 내려갔다는 소식을 들은 적이 있었는데 이렇게 부고를 듣게 된 것이다.

고인은 89세로 거의 지병 없이 건강하게 사시다 돌아가셨다고 했다. 호상이라 할 만한 일이었다. 요양원에 2달 정도 있었고 요양병원에도 한 달 정도 지내셨다고 한다.

조금 앉아 있으니 곧 친구들이 하나둘씩 나타났다. J군이 왔다. 해운업에 종사를 하다 이제는 개인적으로 사무실을 차려 업무를 하고 있다고 했다. 다음 K군이 왔다. 중간쯤의 자리에 있다가 자리를 구석지로 옮겼다. 오랜만에 만나는 친구들이라 근황에 대해 얘기를 나누느라 여념이 없었다. 오후 7시쯤에는 저녁식사를 하고 환담을 했다. 몇몇 친구들은 전날 문상을 하고 갔다고 했다. 오후 9시 가량까지 앉아 있었던 듯했다. 시간이 금방 지나갔다. 일부 친구들은 바로 상경한다고 부산역으로 가기도 했다.

문상을 마치고 5명이 같이 나왔다. 영도에 유명한 꼼장어집으로 갔다. 30년의 연륜을 자랑한다고 했다. 처음에 나온 음식은 양념이 되어 있지 않은 것이 나왔다. 다음은 양념된 것이 나왔다. 자갈치 바닷가의 구수한 냄새를 풍기는 자갈치시장 옆 노천 꼼장어집과는 또 다른 정취가 있었다. 이런 저런 이야기가 시작되었다. 김 상무 차량에 문제가 있는 것 아니냐는 등의 논란도 있었지만 잘 굴러가기만 하면 되고 실질적인 것이 문제지 형식이 문제될 것이 없다는 얘기가 있었다. 부모님 두 분 모두 산책하시면서 건강히 잘 지내고 계신다고 했다. J군의 아이들은 이제 대학 졸업반이라고 했다. 이제는 다들 나이도 어느 정도 들어 장년의 연륜이 느껴질 정도였다.

회합을 마치고 다들 김 상무 차를 타고 그곳을 떠났다. 부모님 집에서 하루를 보내고 상경을 해야 했다. 마침 큰아들이 영국으로 연수를 내일 떠나는 날이라 오늘밖에 아들과 같이 있을 시간이 없었나. 오래 전에도 상가를 가기 위해 부산으로 내려온 적이 있었는데 그때에는 밤을 꼬박 새고 아침 비행기로 상경하기도 했다. 서울로 올라가는

KTX는 오전 9시 50분발로 끊었다.

문제는 휴대폰의 배터리였다. 아침에 편의점에서 어느 정도 충전을 하기는 했는데 소모가 다 되었다. 한 시간 가량을 그냥 보냈는데 도저히 그냥 있을 수가 없었다. 승무원에게 문의를 해서 충전기의 위치를 확인했다. 옆 좌석 손님에게 양해를 구하고 충전기가 있는 통로로 갔다. 비용을 지불하고 충전을 했다. 30분 정도 소요되었다. 요즘은 휴대폰이 제대로 작동이 되지 않으면 한시라도 불안해서 견디지 못하는 시대가 된 듯하다.

친구들의 부고가 부쩍 늘어나고 있고 경조사도 끊임없이 발생되고 있다. 나이가 들었다는 징표일 것이다. 고인이 되신 분은 큰 질병 없이 돌아가셨다고 하니 복도 많이 받았고 행복하게 살다 가신 것처럼 여겨졌다. 친구가 일곱 번째 자녀라고 하니 참으로 다복多福했을 것 같았다. 마침 둘째 손자가 미국에서 돌아와 있어 장례 일을 도울 수 있어서 다행이기도 했다. 큰 손자 내외는 미국에서 생활하고 있어 상가에 오지 못한 모양이었다.

오랜만에 친구들을 만나 회포도 풀고 정겨운 대화도 많이 나눌 수 있었던 것이 좋았다. 이제는 친구들도 자식들을 시집장가 보낼 때가 된 모양이었다. 경조사가 있을 때나 한 번씩 친구들을 만나는 기회로 작용이 될 것 같다. 모든 친구들이 다 평안하고 건강하게 노후를 보내고 대비하기를 기원해본다.

금 연

포천 나들이

얼마전 포천의 관인면의 장독대 마을을 다녀왔다. 연수원의 사회공헌 활동의 일환으로 일손돕기도 하고 직원들의 사기진작을 위한 행사로 계획되었다. 일부 직원들은 빠지기도 했지만 대부분은 적극 동참해 주었다.

금요일 11시쯤에 사무실에서 출발했다. 2호차와 봉고차 그리고 개별 출발하는 직원차 여러 대가 순차적으로 1차 집결지를 향해 출발했다. 나는 M 교수의 차를 타라고 해서 그렇게 갔는데 제 1착으로 도착했다. 망향식당이라는 곳으로 유명한 국수전문집이었다. 오로지 국수와 만두 메뉴만 있었다. 바로 앞에 군부대가 있었던 관계로 군인들도 많은 좌석을 차지하고 있었다. 가격도 저렴했고 맛도 뛰어난 곳으로 정평이 나 있었다. 워낙 손님이 많아 20여명이 앉을 수 있는 좌석을 확보하는 것도 쉽지 않았다. 겨우 한 좌석을 확보確保해서 직원들이 앉을 수 있는 자리를 선점해 두었다. 얼마 간의 시간이 지나자 직원들이 삼삼오오 나타나기 시작했다. 메뉴를 주문하고 계산을 하자 음식이 나오기 시작했다. 국수에 만두를 곁들어 식사를 했다. 20여 분이 지나자 식사가 완료되었다.

이제는 본격적으로 숙소가 있는 장독대 마을로 갈 차례였다. 식당까지 한 시간 여를 왔기 때문에 마을까지는 30분 가량 가면 도착할 거리에 있었다. 모두들 제대로 장독대 마을의 위치를 모르는 상태였기에 찾는데 다소 애로를 겪었다. 구 마을이 수몰되는 지역이었기에 새롭게 거주지를 마련해서 그곳으로 주민들의 이동이 이루어지는 상황인 모양이었다. 25가구 정도가 생활을 하고 있다고 했다.

일단 여장을 풀고 곧바로 일손돕기 작업에 들어갔다. 오늘의 작업은 땅콩심기였다. 오후 2시경부터 4시경까지 작업이 이어졌다. 기념촬영을 하고 농작업의 마무리를 지었다.

다음은 한탄강에서 물고기를 잡는 것이 준비되었다. 한탄강으로 가는 길에 가막골에 들렀다. 포천 8경 중의 하나라는 곳이었다. 스토리가 있었고 전설이 남아 있는 곳이었지만 아직까지 제대로 관광명소로서의 면모를 갖추고 있지는 못한 듯했다. 기념촬영을 좀 하고 곧바로 한탄강으로 갔다. 다리 높이가 50미터를 넘는다고 하니 한참 올려다보아야 할 지경이었다. 평일이라 그런지 일반 사람들의 모습은 별로 보이지 않았다. 자리를 잡고 곧이어 천렵에 들어갔다. 투망을 하는 것은 언제나 그런 것에 정통한 김교수가 맡았다. 얼마 지나지 않아 곧바로 월척이라할 만한 큰 물고기를 잡았다. 얼마나 심하게 요동을 쳤던지 그물의 망이 찢어지는 일이 발생했다. 투망을 새롭게 보수해서 다시 투망을 던졌지만 그런 물고기의 포획은 더 이상 이루어지지 않았다.

한쪽 편에서는 물고기 튀김이 요리되고 있었고 또 한쪽에서는 매운탕이 준비되었다. 한 켠에서는 올갱이를 줍는 작업도 있었다. 제대로 신발을 준비해 오지 않은 이는 물에 들어가는 것도 쉽지 않았다.

피리등의 튀김에 약주도 한 잔씩 하게 되었다.

한창 분위기가 무르익어 가는 가운데 관인농협의 전, 상무님이 격려차 방문을 해 주었다. N교수는 갑자기 친구의 부고 소식을 접하게 되는 바람에 중도에 상가를 가게 되는 일도 있었다. 날이 어두어질 때쯤에 그곳을 떠나 트랙터 마차를 타고 마을로 돌아왔다. 이제는 마당에서 숯불구이로 고기를 구워 먹으며 환담했다. 밤하늘의 별들은 초롱초롱 빛나고 있었다. 모두들 숯불에 구운 고기에 약주를 한잔씩 하며 정담을 나누었다. 이번에는 J실장의 송별회도 겸하고 있었다.

이제 야외에서의 진행도 끝나고 모두들 실내로 들어왔다. 지난 시간 동안의 J실장의 연수원생활이 동영상으로 실행되었다. 감회가 남달랐던 것으로 오랫동안 고생했던 J실장의 지난날들을 회상해 볼 수 있는 기회였다.

실내에서는 세 개의 팀으로 나뉘어 팀별 대항 게임을 진행했다. 우승팀 준우승팀에게는 상품이 주어졌다. 팀원들이 다 각각 혜택을 받을 수 있을 만큼의 상품이 들어 있었다. 이제 1일차를 마무리해야 할 때가 되었다. 모두들 각자 숙소로 가서 정비를 하고 취침에 들어갔다. 방을 4군데 잡았다. 원장 부원장 한방, 남자 직원용 2곳 여직원용 한곳으로 되어 있었다.

다음날 아침이 되었다. 모두들 공기좋은 곳에서 편안히 잠을 잔 것으로 여겨졌다. 일부는 코고는 직원으로 인해 잠을 편히 자지 못한 이들도 있었다. 아침식사는 마을에서 천연재료로 해서 잘 준비되었고 해장국도 속풀이에 유용한 차림이었다. 식사를 마치고 짐정리를 끝내고 다들 출발 준비를 했다. 일부는 오늘 일정을 참여하지 못하고 바로 상경하는 직원도 꽤 있었다.

일단 차로 둘레길의 입구까지 갔다. 한탄강을 끼고 걷는 산책길은 아직 정식으로 개통되지 않은 상황이었기에 인적이 드물었다. 거의 깍아지른 듯한 절벽이 내려다 보이는 길을 걷는 것이어서 느낌이 달랐다. 다른 쪽으로는 반대편 산들이 신록의 푸르름을 뽐내고 있었다. 아래 쪽에는 한탄강물이 유유히 흘러가고 있었다. 나무로 된 사다리 길은 한참동안 이어졌다. 상쾌한 숲속길을 유유자적하게 걸으며 사진도 찍고 한담을 나눴다. 3㎞ 남짓 걸은 후 강변으로 내려갔다. 인적이 있고 사람들이 버리고 간 쓰레기들이 여기저기 흩어져 있었다. 노부부 한 쌍이 강변 길을 건너오고 있었다. 어제 천렵을 했던 곳보다 훨씬 물고기가 많아 보였다. 길 옆에는 캠핑을 온 젊은 가족들이 야영을 하고 있는 모습도 볼 수 있었다. 둘레길을 둘러보고 다시 차를 타고 비둘기낭이란 곳으로 갔다. 폭포가 있는 곳인데 가뭄이 심해서인지 시원한 폭포수는 볼 수 없었다. 이제는 마지막 식사를 하는 곳으로 집결을 했다. 복매운탕과 튀김 찜 등이 준비되어 있었다. 속풀이를 제대로 할 수 있었다. 이로써 1박2일간의 행사가 마무리 되었다.

아직도 세상의 곳곳에 비경이 산재해 있다는 것을 새삼스럽게 느껴볼 수 있었다. 항상 산으로만 다녔었는데 이렇게 물가를 가는 것도 색다른 느낌과 감흥을 가져볼 수 있었다. 직원들이 오랜만에 정겨운 시간을 가졌던 것으로 보였다. 준비를 철저히 했고 세심하게 각본을 짰던 것이 주효해서 성과가 있었던 행사로 오랫동안 추억될 수 있으리라.

봄이 오는 길목에서 보냈던 장독대 마을에서의 1박 2일은 많은 것을 생각하게 해 주었다. 모두들 좋아했던 것 같았고 묵은 스트레스를 다 날려 보낼 수 있었으리라 기대해 본다.

불국사

지난달 말 일요일이었다. 나는 집사람과 함께 아침 일찍 채비를 해서 집을 나섰다. 목적지는 경주였다. 거의 세 시간 반을 달려야 할 것을 작정하고 길을 떠났다.

집에서 나와 88도로를 탔다가 외곽으로 빠졌다. 중부고속도로로 가는 것이 수월하리라 여겼다. 아직 무더위의 여파가 남아 있던 상태라 날씨가 좋다하기에는 어폐가 있었다. 막바지 무더위가 기승을 부리고 있던 때였다. 호법 분기점까지 가서 영동고속도로로 접어들었다. 여주 쪽까지 가야 했고 그곳에서 중부내륙으로 꺾어져야 했다. 김천까지 가고 그곳에서 다시 경부로 가는 수순이었다. 선산 휴게소쯤에서 휴식을 취했다.

동생네와 부모님은 10시 30분경에 출발을 한다고 했다. 본래 연례행사로 치렀던 부친의 생신을 이번에는 경주 리조트에서 하기로 한 것이었다. 당초에는 통영 쪽에서 하려 했는데 예약이 끝난 상황이라 선택의 여지가 없었다. 휴가 기간도 거의 끝나가는 시점이라 충분히 방을 구할 수 있을 것으로 속단한 것이 잘못이었다. 미리 예약을 서둘렀다면 충분히 방을 구할 수도 있었을 것으로 여겨져 아쉬움이 남았다.

오래된 기억 속에 남아 있는 사진 한 장 떠오른다. 할아버지와 모친 그리고 고모님이 함께 용두산 공원의 부산타워 앞에서 찍은 사진이었다. 화창한 봄날이었고 백발의 수염을 휘날리는 할아버지는 손에 비둘기의 모이를 주고 있었고 비둘기는 얌전히 그 손 위에서 열심히 모이를 쪼아 먹고 있었다. 참으로 편안한 모습이었고 행복해하시던 표정이었다. 사진도 귀했고 그렇게 놀이를 가는 것이 호사豪奢로 여겨졌던 옛날의 아련한 추억이 되살아났다. 아무래도 일만 하셨던 조부가 오랜만에 부산 나들이를 해서 며느리와 딸을 데리고 공원에 갔던 한 때였으리라 짐작이 되었다. 한평생 식구들과 가족들을 챙기느라 일만 하셨던 조부였다. 일손을 놓고 그렇게 편안하게 관광을 즐기는 것이 특별했고 호사를 누렸던 날은 손가락으로 셀 수 있을 만큼 희소한 날이었지 싶다. 할아버지의 엄지손톱이 거의 3밀리미터 수준이었다. 얼마나 일을 하셨는지 가히 짐작이 가고도 남는다. 유일한 낙樂은 담배를 태우시는 것이었는데 곰방대에 봉초를 담아 휴식시간에 흡연을 하는 것이 다반사였다. 갈치구이를 무척 좋아하셨고 사이다도 좋아하셨다. 부산에 오면 호강하는 시기였다.

이제는 아들들이 그렇게 부모님을 모시고 관광을 하러 가는 것이었다. 하루를 휴가내서 가는 것이다. 여동생도 동생네와 같이 온다고 했다. 만남의 장소로 식당을 지정해서 카톡으로 보내 놓았다. 거리가 가까우니 훨씬 늦게 출발했음에도 더 빨리 도착해서 기다리고 있었다. 식당은 조그만 한옥으로 된 한정식 집이었다. 인터넷 검색상으로는 떡갈비가 주 메뉴였다. 그런데 막상 가보니 불고기로 주 메뉴가 바뀌어져 있었다. 식사와 더불어 오랜만에 만남의 정을 나눴다.

차를 한 잔 마시면서 다음 목적지를 정했다. 집사람이 양남면 쪽에 있는 주상절리柱狀節理[단면의 형태가 4~6각형의 긴 기둥 모양을 이루고 있는 절리]가 주변에 있고 가볼만 하다는 정보를 냈다. 곧바로 검색을 해서 목적지로 삼았다. 30분 정도면 가볼 수 있는 곳이었다. 바닷가 쪽이었고 문무왕릉도 근처에 있었다. 일요일 오후였음에도 관광객들이 몰려있었다. 드라마 촬영지로도 유명했는지 사극의 주인공 사진도 걸려있었다. 바위를 잘게 잘라놓은 것처럼 되어 있어 독특한 모양새였다. 그곳에서 차와 팥빙수 등으로 더위를 식힌 후 다시 보문단지로 나와 리조트로 갔다. 숙소에서 키를 받아서 들어갔다. 잠시 휴식을 취했다. 리조트에 딸려있는 바비큐 식당이 보였는데 일요일 영업을 하는지 알 수 없었다. 결국은 그곳에서 확인을 하고 휴일이라 만약 영업을 하지 않으면 근처 식당으로 가기로 하고 숙소에서 나왔다. 식당에 물어보니 영업을 오후 6시부터 한다고 했다. 특별석에는 좀 다르게 되어 있었다. 시간이 좀 있어 인근을 돌아보는 사이 동생네가 생일 케이크를 사왔다. 바비큐로 안주를 시키고 술도 한잔 했다. 사진도 기념으로 찍었다. 오후 8시경까지 오붓한 시간을 가진 후 다시 숙소와 와서 케이크를 잘랐다.

이제 거의 팔순을 바라보고 있었다. 아직까지는 건강하게 잘 지내시고 계시는 듯했다. 부모님은 당신들이 마지막을 보내게 될 뮛자리에 대한 부분에 희망을 피력하고 있었다. 동생은 장남인 형의 결정에 따르겠다고 하니 조만간에 결말을 지어야 할 것으로 보였다. 경인지역쯤의 공원묘지를 물색해서 준비를 해 놓아야 할 것으로 여겨졌다.

한참 얘기를 나눈 후 동생네와 여동생은 다시 부산으로 가기 위해 채비를 해서 출발했다. 부모님께 드릴 짐은 미리 동생네 차에 다 실어다 놓은 상태였다. 리조트의 밤은 고즈넉했다. 시끌벅적하고 소란스러운 소리가 들릴 것도 같았는데 의외로 조용했다. 토요일이었으면 더 복잡하고 시끄러웠을 것으로 짐작이 되었다.

다음날이 되었다. 리조트에 딸린 식당에 내려가 아침을 먹었다. 간단한 뷔페식이었다. 한식 위주가 아니라 양식 위주로 식단이 짜여 있었다. 외국인들이 주류를 이루고 있는 듯했고 대부분의 손님은 중국인으로 여겨졌다.

식사를 마치고 올라와 짐을 챙겨서 체크아웃을 했다. 그리고 경주의 대표적인 관광명소인 불국사로 향했다. 어렸을 적에 초등학교 시절에 수학여행을 온 곳이 경주였고 불국사였다. 몇 년 전에도 부모님을 모시고 관광을 한 적이 있어 낯설지 않았다. 김대성이 세운 절로 유명했고 경주의 대표적인 사찰로 이름이 높았다. 성인가요에도 '불국사의 밤' 이라는 게 있지 않은가. 초등학교 시절 동창의 고향이 이곳이어서 같이 놀러오기도 했었다.

주차장에 주차를 해두고 입장권을 끊어서 들어갔다. 집사람은 유공자라서 공짜였고 부모님은 경로여서 공짜였다. 혼자 입장료를 냈다. 평일이라 관광객은 많지 않았다. 사찰의 엄숙한 분위기가 느껴졌다. 석가탑은 보수공사 중이라 차양이 쳐져있었다. 다보탑은 웅장한 모습을 드러내고 있었다. 대웅전을 보았고 뒤쪽의 사당에는 석가탑에서 나온 부처님 진신사리가 전시되어 있기도 했다. 형체도 잘 알아볼 수는 없었지만 그렇다고 하니 그러려니 했다.

불국사를 빠져 나와 다시 향한 곳은 석굴암이었다. 토함산의 정상부근에 있었다. 차를 주차해 두고 걸어서 그곳까지 갔다. 돌 틈으로 다람쥐들이 나와 들락거리는 모습을 보여주었다. 마침 청소를 한 탓인지 길은 깨끗했다. 본존불을 직접 볼 수 있었지만 촬영은 금지되어 있었다. 동해가 멀리 펼쳐져 있었다. 한여름임에도 더위를 전혀 느낄 수 없을 만큼 선선한 기운만이 가득했다. 무릎이 좋지 않아 걷는데 불편함이 컸을 텐데 모친은 기꺼이 그 어려운 발걸음을 씩씩하게 내디뎠다.

다시 그곳을 나와서는 기린사라 해서 지척거리에 있는 사찰을 한 군데 더 가보기로 했다. 삼천불이 모셔져 있다고 했다. 인적이 드물 만큼 그렇게 잘 알려진 사찰은 아닌 듯했다. 사찰의 마당에는 화분에 심어져 있는 연꽃이 만개滿開되어 있었고 아름다운 자태를 뽐내고 있었다. 백일홍도 만개한 상태로 그 아름다움을 빛내고 있었다. 공양할 때가 되어 식사를 할 수도 있었는데 사양하고 감포항으로 내달렸다. 본래 어제 저녁때 감포항을 가자는 얘기도 있었는데 가는 길이 급하다고 해서 다른 것을 먹었던 것이었다. 그렇게 큰 항구는 아닌 듯 했다. 조그만 포구였고 조그만 고깃배들이 해안가에 정박해 있는 모습을 볼 수 있었다. 차를 주차해 두고 횟집에 들어갔다. 농어회를 시켜서 먹었다. 제대로 바다를 보면서 맛깔스러운 활어회를 즐겼다. 집사람과 부친이 반주를 한 잔씩 했다. 식사가 끝나고 차를 한잔 마셨다. 그리고 신경주역으로 방향을 잡았다. 본래 예정했던 시간에는 당도할 수 없을 만큼 너무 멀리 온 상황이었다. 결국은 차표의 시간을 변경해 놓고서야 겨우 좀 느긋해질 수 있었다. 신경주역까지 가는 길이 초행이어서 여러 가지로 이리 저리 헤매는 일도 있었다. 우여곡절 끝에 신경주역에 도착해서 매표를 하고 개찰구로 부모님을 배웅했다. 한 해 한 해 늙어가는 부모님을 뵐 때마다 안타까움이 있었다.

언제까지 이렇게 뵐 수 있을지 알 수 없는 노릇이다. 평안하게 잘 계시고 지내시기를 기원했다. 이제는 노후를 편안하고 건강하게 지내시는 것이 가장 큰 복락이라 여겨진다. 자식들에 대한 걱정 염려는 다 내려놓고 안온함을 느끼시길 기원해본다. 불국사에서의 하룻밤 또한 오랫동안 멋진 추억으로 기억되기를 간구해본다.

은화삼에서

오래 전부터 예약이 되어 있었던 것이었다. 별도로 고지된 내용이 없지만 그래도 걱정이 되어 확인을 해야겠다는 생각에 전화를 걸었다. 확인 결과 예상대로 진행이 그대로 된다고 했다. 아침 7시 10분이 티업이었기에 무척이나 예상보다 빨리 출발을 해야 할 듯했다. 동반자들과는 6시 30분에 만나기로 했다. 다른 이들은 주선자가 다 모시고 오는 상황이고 혼자서 골프장까지 가야 했다. 내비게이션을 참고해서 가다보니 금방 도착이 되었다. 거리는 53킬로미터였고 거의 한 시간 거리였다.

주차장에 차를 주차해 두고 가방을 들고 프론트로 갔다. 그런데 문제는 예약자가 누구인지를 모른다는 점이 문제였다. 시간대에도 두 팀이 나가는 것으로 되어 있다 보니 대략난감이었다. 주선자에게 연락을 취했으나 운전 중인지 통화가 되지 않았다. 결국은 30분을 기다려서야 동반자들과 해후가 이루어진 다음에야 겨우 라커를 배정받을 수 있었다. 옷을 갈아입고 채비를 해서 식당으로 갔다. 올갱이 해장국을 먹고 필드로 나갔다. 시간이 촉박해서 연습퍼팅을 할 시간적 여유도 없었다. 곧바로 실전에 들어갔다. 순위를 뽑았다. 2번을 뽑았다. 안개나 기타 장애요소는 전혀 없었다. 골프장은 골프계의 전설로 불리는 아놀드 파머가 설계를 했단다. 그래서 티박스마다 그의 상징인 우산 모양의 조형물들이 꼽혀져 있었다. 은화삼이라는 작명을 하는데도 꽤 공을 들였다고 했다. '은' 은 '푸른 풀빛 은' 이라는 한자이고 '화' 는 '꽃 화', '삼' 은 '산림 삼' 이라고 했다. 쌍용의 회장이 상당이 애착을 갖고 지은 골프장이고 전설적인 골프광이었던 김종필 씨가 즐겨 애용했던 곳이라고도 했다. 한 사람만 몇 년 전에 왔었던 기억을 떠올렸고 나머지는 모두 처음이었다.

첫 홀에서 버디를 했다. 출발이 좋았다. 파5의 롱홀이었는데 운 좋게도 스리온에 원퍼팅이었다. 각자 10만 원씩을 각출해서 묻었다. 첫 홀에서는 버디값이 없다고 해서 공금에서 만원만 받고 시작이 되었다. 4인 모두에게 1만 원씩도 배분되었다. 뽑기를 해서 두 사람씩의 승자를 선발하기로 했고 조커는 꼴찌가 원하는 스코어를 정하기로 했다. 통상 쓰리풀에서 버디까지였다. 날씨는 선선했고 무더위도 심하지 않았다. 운동을 하기에는 그저 그만으로 좋은 조건이었고 환경이었다. 캐디 언니는 대련에서 온 여성이었다. 앞팀은 남자 캐디였는데 우리는 운 좋게도 여자였다. 나중에 확인된 사항으로 20개월 된 남자아이를 둔 애 엄마였다. 영화배우 조OO를 닮았다고 했다. 말씨나 태도에서 우리나라 사람이 아니라는 것이 믿어지지 않을 정도로 철두철미했다. 다들 어느 만큼의 기본이 되어 있던 상황이라 그렇게 어려운 점은 없었다. 멀리건도 하나씩 허용이 되기도 했다. OECD는 6개로 정했다. 전반야가 끝나고 간단히 그늘집에서 막걸리를 한 잔씩 했다. 캐디 언니에게는 알로에쥬스가 제공되었다. 후반야에 들어갈 때쯤이 되니 대부분이 OECD에 가입이 되었다. 오비가 나거나 세 번의 퍼팅 또는 해

저드, 벙커가 되면 만원 씩을 게워내는 것이었다. 당연히 플레이가 신중해지지 않을 수 없었다. 자연친화적으로 본래 있었던 지형을 그대로 활용하면서 골프장이 만들어졌기에 경사가 심했고 지형들도 평평하게 되어 있는 상황이 아니었다. 신록은 푸르름을 더했고 능소화도 흐드러지게 피었다. 또한 페어웨이도 그렇게 넓은 편이 아니었다. 싱글 수준의 골퍼였던 분은 무난하게 플레이를 이어나갔고 나머지 세 사람은 열심히 플레이를 했지만 마음먹은 것처럼 그렇게 쉽게 플레이가 되지가 않았다. 15번 홀이 되었다. 이번에도 파5의 롱홀이었다. 쓰리온에 원퍼팅으로 또 한 번 버디가 되었다. 일생에 이렇게 두 번씩이나 버디를 하는 것은 처음이었다. 이때까지 총 해본 버디가 3번이었다. 두 번은 퍼블릭에서 했고 한 번만 정규 홀에서 한 것이었다. 이렇게 정규 홀에서 두 번씩이나 버디를 하는 기쁨을 맛보았다. 골프의 진수眞髓를 맛보는 듯했다. 다들 연배가 있어 대놓고 좋아할 수도 없었다. 16홀이 되자 캐디피를 정산하고 남은 상금을 다 배분해버렸다. 그리고 싱글골퍼와 둘이서 2만원 씩을 갹출醵出해서 마지막 두 홀의 상금으로 제공이 되었다. 얘기하는 중에 바퀴벌레 이야기가 나왔다. 지구상에 있는 동물 중에 가장 오래된 생존력을 가지고 있다고 했다. 4억년이라고 하니 그 생명력은 대단했다.

라운딩이 끝나고 캐디언니의 도움을 받아 기념사진을 촬영했다. 그리고 골프백을 차에 실어두고 샤워를 하러갔다. 몸의 피로를 말끔히 씻어내는 듯했다. 막판에 약간의 비가 뿌려지기는 했으나 라운딩을 방해받을 정도는 아니었다. 버디를 두 번 하면서 스티커도 두 개를 받아 챙기기도 했다. 그것은 모자의 귀퉁이에 붙여졌다. 그것에는 '이것이 남자의 버디'라고 한글로 명시되어 있었고 오른팔로 골프채를 쥐고

알통을 뽐내는 포즈가 그려져 있었다. 그리고 아래 쪽에는 'No.1 골프부킹 XGOLF' 라고 써져 있었다. 또 다른 스티커는 사각형 모양이고 '넘버원 골프부킹 엑스골프' 라고 쓰인 밑에 'Nice 버디' 라고 큼지막하게 쓰인 것이었다. 통상의 스티커는 나비 모양인데 이번에는 특이한 모양의 것이었다. 싱글골프의 모자에는 이미 나비가 날갯짓을 하고 있는 상황이었다.

라커에서 옷을 갈아입고 사우나로 들어갔다. 샤워를 하고 탕에 들어가 몸을 좀 녹인 후 샤워를 하고 나왔다. 라커에서 평상복으로 갈아입고 가방을 챙겨서 로비로 나갔다. 본래 주선자가 다 계산을 하고 추후 정산을 하기로 했는데 싱글골프가 먼저 계산을 하는 바람에 각자가 계산을 하게 되었다. 회원권을 확보한 상태에서의 운동이라 비용도 저렴했다.

이제 남은 부분은 식사였다. 골프장 입구에 갈비집이 있다고 했다. 그렇게 알고 출발했는데 갑자기 식당이 변경되었다. 서초동쪽의 부일갈비라는 곳이었다. 중간에 차를 세우고 행선지를 알려주었다. 내비게이션으로 검색해서 목표지를 선정해 그곳으로 향했다. 고속도로는 순조롭게 달릴 수 있었다. 그런데 서울에 들어오는 시점에서 정체가 심했다. 어떻게 해볼 도리가 없었다. 달래내 고개에서 반포IC까지가 극심한 정체를 빚고 있었다. 식당에 도착하니 거의 두 시가 다 되어있었다. 문제는 술이었다. 한 잔만 마시고 운전을 하고 가느냐 아니면 아예 작정을 하고 대리운전을 하느냐였다. 소금구이로 먹었다. 식사는 냉면으로 했다. 육수가 따로 비빔냉면에 제공이 되었다. 밥값은 주선자가 냈다.

일요일 반나절이 눈 깜짝할 사이에 지나가 버렸다. 집에 귀가하니 오후 3시 가량이었다. 일단 피로를 풀기 위해 낮잠을 한숨 자야 했다. 2개월 만의 운동이었다. 5월에 한번 했으니 정말 오랜만에 싸게 운동을 한 부분이었다. 세월호 참사로 인해 오랫동안 금기시 되었던 부분이 풀린 부분도 있었다. 맑은 하늘과 좋은 경관 속에서 심신의 피로를 풀 수 있었던 좋은 기회였었다. 좋은 기회를 제공해 준 주선자에게 다음에 보은할 기회를 가져야겠다는 다짐을 해본다.

제천에서의 하루

오래 전부터 예정되었던 일정이었고 계획이었다. 본래 제주에서 1박2일로 일정이 잡혀있었는데 국감으로 인해 한 달 여가 순연된 것이었다.

집합은 서울의 강동구청 부근이었다. 문제는 시간이었다. 새벽 4시 30분이었다. 제법 거리가 있어 한 시간 정도의 소요를 예상하고 출발했는데 88을 타고 가다 보니 금세 도착이 되어 25분 정도밖에 걸리지 않았다. 1차 집결지에 도착해서 주변을 돌아보았다. 칠흑같이 깜깜한 밤이었고 오로지 가로등 불빛만 비춰져 나오고 있었다. 인근을 한 바퀴 돌아보았다. 약속 시간이 되자 모두들 모였다. 어떤 이는 지하주차장으로 가서 주차를 해둔 이도 있어 대략난감이었다. C프로의 차에 가방과 클럽을 다 싣고 출발을 했다.

다음은 2차 집결지였다. 골프장 인근에 있는 식당이었다. 시내를 빠져나와 고속도로로 진입했다. 깜깜한 새벽이었는데 도로에는 안개가 잔뜩 끼여 있었다. 시야가 가려져 제대로 속력을 낼 수 없있다. 약속 시간이 6시 30분이었는데 정시에 도착할 수 있을까 우려되는 상황이었다. 비상깜빡이를 켜고 달렸다. 중부에서 다시 영동고속도로로 접어들었다가 중부내륙을 타야 하는 상황이었다. 선탑을 했다. 뒤에 탑승자는 모두 눈을 감고 있었다. 운전자가 혹시라도 졸음운전을 할까 우려되어 계속 얘기를 했다. 좀 조용히 하라는 권고도 있었지만 달리 도리가 없었다. 한 시간 여를 달린 후에 목적지에 도착했다. 지방 토속음식으로 유명한 올갱이 해장국집이었다. 마침 다른 팀도 정확한 시간에 도착해 반갑게 조우가 되었다. 인사를 나누고 식당 안으로 들어갔다. 무척 이른 시간이었음에도 손님이 많았다. 특이하게 올갱이 해장국이라 하지 않고 올뱅이 해장국이란 용어를 사용하고 있었다. 금방 밥과 국, 그리고 찬이 나왔다. 식사를 하고 차를 한잔 마셨다.

식당을 나와서 클럽하우스로 향했다. 지척의 거리였기에 금방 도착되었다. 안개는 쉽게 없어질 것 같지 않았다. 라커를 배정받고 들어가 옷을 갈아입고 만반의 준비를 갖추었다. 준비를 하고 나오니 아직 30분 정도의 여유가 있었다. 주최 측에서 공을 나눠주었고 또한 핫팩도 하나씩 주었다. 손이 시렸는데 아주 요긴하게 쓸 수 있을 듯했다. 한쪽에서는 흡연자들이 담배를 피우고 있기도 했다. 7시 20분대의 티업시간이었다. 다음은 30분대였다. 7분 간격으로 되어 있었다. 우리 조는 후반야였다. 스트레칭을 하고 본격적인 경기에 들어갔다. 안개 때문에 시야가 가렸지만 스윙에는 큰 지장이 없을 정도였다.

11월 하순의 날씨였음에도 제법 한기가 느껴졌다. 단풍은 거의 끝난 상황으로 여겨졌고 잔디도 거의 푸르스름한 기운이 다 빠진 상황이었다. 안개가 좀 걷히는가 싶더니 다시 또 안개가 내려앉기 시작했다. 좀체 안개가 끼는 지역이 아니었는데 안개가 낀 형국이 되어버렸다.

전반야 파3홀에서 이변이 일어났다. K프로가 티샷을 벙크에 빠뜨렸다. 그런데 벙크샷을 했는데 그것이 홀컵으로 빨려 들어가 버디가 되었다. 한바탕의 축하가 있었고 하이파이브가 나왔다. 후반야에서 L프로의 버디와 K프로의 버디가 추가로 나왔다. 실력들은 다 비슷해 보였으나 L프로가 정확하고 정교한 샷을 구사했다. 본래 예정은 전반야가 끝나고 선수교체를 할 계획되어 있었는데 그냥 그대로 플레이가 진행되었다. 전체 경기가 끝나고 나니 거의 정오를 넘기고 있었다. 최종 마무리가 되고 캐디 언니에게 부탁해서 사진을 한 장 찍었다. 캐디 언니는 고향이 원주라고 했다. 원포인트 레슨을 해주었는데 그로 인해 스윙이 상당히 향상된 이도 있었다. 그래서 농으로 캐디 언니에게 레슨을 받으러 원주로 따라 가야겠다고도 했다.

대체적으로 무난한 경기가 이어졌다. 친선 경기였고 부담이 없는 경기를 펼쳤다. 스코어는 L프로가 제일 나았고 다음이 K프로였다. 경기를 하면서 얘기를 나눴고 속내를 드러낸 얘기도 있었다. 항상 친숙하게 지내오긴 했지만 그렇게 속내를 드러낸 일은 없었던 듯했다. 경기를 마치고 라커로 가서 옷을 갈아입고 샤워를 했다. 라커에서 몇몇 지인을 만나기도 했다. 서울에서 워낙 먼 거리를 달려왔기에 아는 사람을 만나기는 쉽지 않을 듯했는데 그게 아닌 모양이었다. 코스는 정규홀로 손색이 없었고 국제경기도 할 만큼 이름난 곳이라고도 했다. 경관도 무척 좋아보였다. 특별히 문제될 만한 시설도 인근에는 없는 듯 여겨졌다. 일행들은 모여서 다시 식사를 하러 갔다. 골프장 입구에 있는 음식점이었다. 운동을 하고 시장기가 돌던 터라 제법 식욕이 샘솟았다. 능심에 식사를 했고 반수도 한 잔씩 했다. 화기애애한 분위기 속에서 정담을 나눴다. 운전을 하는 이들을 제외하고 제법 술을 마신 듯했다.

국도를 타고 올라왔다. 그리고 일죽 IC에서 고속도로로 접어들었다. 차들이 엄청 많았다. 휴일 오후였기에 상당히 막히는 구간이었음에도 조금 지나자 순조로운 흐름을 보였다. 휴게소에서 잠시 쉬면서 차를 한 잔하기도 했다. 국도를 타고 고속도로를 탄 것이 주효했는지 생각보다는 막힘이 거의 없었다. 서울에 도착하니 4시 가량이 되었다. 본래의 계획은 거기서 각자 해산을 하는 것으로 되어 있었는데 갑자기 변동이 생겼다. 다시 한 잔을 더하자는 애기가 나와 그곳으로 가게 되었다. 두 명의 초청인사가 왔다. 그리고 다시 자리가 만들어졌다. 휴일 오후라 손님은 없는 편이었다. 횟집이었다. 세꼬지와 산낙지를 시켜서 먹었다. 본격적인 술자리가 이어졌다. 다섯 명이 앉아 애기를 하며 우의를 돈독히 하는 자리가 되었다.

휴일 새벽부터 움직여 무척이나 긴 하루가 되었다. 가을날의 막바지에 정겨운 이들과 한 차례 늦가을의 정취를 느껴볼 수 있는 시간이었다. 거리가 다소 멀었고 새벽부터 움직여야 했던 부담감은 있었지만 즐거운 하루를 보낸 것 같았다. 날씨도 안개가 계속 있었지만 나쁘지 않았던 터라 괜찮은 편이었다. 언젠가 나이가 더 들면 그렇게 즐기려 해도 즐기지 못할 때가 오리라 싶다.

5월이 간다

얼마전 오월이 다 지났다. 대학로의 소극장에서 '봄날이 간다'는 연극이 상연되고 있었다.

봄은 그렇게 속절없이 가는가 보다. 5월이 갔다. 쏜살같이 지나가는 세월에 안타까움이 있다. 월초에는 차를 샀다. 차가 월초에 나왔다. 임시번호를 달고 나왔다. 일주일 후쯤에 정식 번호판이 나올 것이라고 했다. 선팅이랑 기타 작업을 해야 하는데 날짜를 맞출 수가 없어 다음주로 연기 되기도 했다.

그간의 경위는 그랬다. 본래 차가 필요한 상황이 되었다. 4월 말쯤에 아들이 예비군 훈련을 하러 안양으로 집사람 차를 몰고 갔다. 아침 출근시간대였다. 그런데 녀석이 내비게이션이 없어 핸드폰으로 내비게이션의 대용으로 보고 갔다. 그런데 그것을 보느라 시야를 놓친 것이었다. 차는 인도로 올라갔고 하필이면 자전거 거치대로 올라가버려 빼도 박도 못하게 되었다. 하필 출근길에 그 광경을 목격한 지인이 연락을 해왔다. 결국 견인차가 오고 보험처리를 하고 차는 폐차처리를 했다. 수리비가 거의 차값에 육박할 정도였으니 달리 도리가 없었다.

퇴근을 하면서 광명 자동차 정비소에 가서 차량의 소지품을 다 챙겨서 오고 차는 폐차처리 절차를 밟았다. 그리고 차를 주문했다. 차종은 맥스크루즈였다. 4륜 구동이었고 옵션은 한 가지를 제외한 풀옵션이었다. 차량견적이 4천만 원을 넘었다. 그것에 각종 세금에 보험료까지 남았다. 아무튼 주문을 했고 차량은 나왔다. 색상 등 구체적인 것은 집사람이 다 선택했다. 차량에 소요된 비용은 사무실에 우선 출자로 해 두었던 것이 환급된 것으로 처리했기에 별도 소요될 것은 없었다. 보험료는 거의 백만원이었다. 아들을 운전자로 추가하는 것이 부담으로 작용이 되었다.

차가 이제 두 대가 되었다. 한 대는 거의 5년에 접어들어 하나씩 문제가 생기기 시작하고 있었다. 얼마 전에는 시동이 걸리지 않아 급하게 호출을 했더니 밧데리가 나갔다고 해서 교체를 했다. 그리고 또 얼마 전에는 DMB에 문제가 생겼다. 교체를 하려고 했더니 70만 원이 들 것이라고 했다. 이주일 정도를 타던 집사람이 이제는 자기가 승용차를 타겠다고 했다. 그래서 결국 새차를 타게 되었다.

차는 남자들의 희망이고 자부심이라고 한다. 오피스텔 한 채 값을 날리고 차를 선택한 것이 잘 한 것인지는 모를 일이다. 아무튼 생활의 편리함은 좋은 것이다.

첫 원거리 여행은 광주행이 되었다. 내외간에 타고 내려갔다. 장인어른이 새집을 장만하는 바람에 집들이를 겸해서 간 셈이었다. 모두들 새차를 보자 눈이 휘둥그레졌다. 집들이는 금요일 오후 7시쯤 시작이 되었다. 가족 중심이라기보다 선원禪院에서 온 사람들이 모였다. 하필이면 그날이 어버이날이었다. 정성껏 차려진 음식을 먹으며 새집에 들어가게 된 노부부를 마음껏 축하해 주었다. 건배주는 막걸리로 했다. 거의 20여 명이 되었다. 축하케이크의 절단도 있었다. 일차적인 회합이 있은 후 선원에서 오신 분들을 모시고 한 처제네 집으로 옮겨가고 본격적인 가족 간의 모임이 2차로 있었다.

다음날은 인근의 골프장에서 동서들과 처남을 포함하여 실력을 겨뤘다. 그리고 식사를 하려했는데 선원에 행사에 참석해야 했던 동서 때문에 결국은 세 사람만이 식사를 하게 되었다. 운동을 하면서 나온 얘기에 그런 것이 있었다.

세상에서 제일 재미없는 세 가지가 있단다. 첫째는 장모와 화투치기란다. 요즘은 사위의 장모집에서 일 도와주기가 백년손님이라는 TV 프로로 인기리에 방영이 되고 있었다. 천하장사 사위는 장모의 성화에 못이겨 개똥을 주워오라는 엄명에 개똥을 한바구니 주워가는 것도 척척해냈다. 둘째는 마누라와 부루스치기란다. 밋밋하기 그지없는 노릇이다. 마지막은 내기없이 골프치기란다. 승부를 조장시키지 않고 긴장감이 떨어져 재미가 없어진다는 것이다. 집사람은 선원으로 가버렸다. 이제 집사람을 태우고 가려면 밤 11시까지 기다려야 하는데 대략난감이었다. 결국 참을 길이 없어 전화를 했다. 집사람은 황당해 했지만 대안이 없었다. 차를 몰고 귀경해 버리고 말았다. 귀가하니 좀 심했다는 생각이 들었다. 어쩔 수 없이 엎어진 물이었고 저질러진 일이었다. 11시에 만나서 올라온다는 것도 보통 일이 아닐 듯했고 또다시 늦어지면 결국 다음날이 되어서야 겨우 올라올 수 있을 것이어서 그냥 내버려두고 올라온 것이었다. 다음날 집사람은 올라와 많이 투덜댔고 냉전상태로 돌입했다. 결국 사과하고 용서를 빌고서야 겨우 화가 풀렸다

예전 생각이 났다. 여수를 갔었던 적이 있었다. 어떻게 하다 보니 서울갈 차비가 모자랐다. 그럼에도 불구하고 집사람은 나를 홀로 팽

개쳐두고 귀가해 버렸다. 참으로 황망한 경험이었다. 겨우 부산으로 가서 다시 경비를 구해서 귀경했던 경험이 되살아났다.

5월 한 달은 정말 기념일도 많고 행사도 많고 지출도 많은 달이다. 1년을 통털어 가장 많은 꽃이 소요되는 달이라고도 한다. 어버이날, 어린이날, 스승의날, 부처님 오신날, 부부의 날 등 조용한 주가 없는 상황인 듯하다. 가장 아름답고 신록이 푸르름을 더해가고 백화가 난만한 계절이 아닌가 한다. 5월은 계절의 여왕이라고 일컬어진다.

중순쯤에는 출장을 갔다. 산청의 마근담마을이라는 곳이었다. 지리산 자락의 청정지역이었고 말 그대로 첩첩산중이라 할만 했다. 모두들 공동체를 구성해서 생활하고 있는 특이한 곳이었다. 마을 공동사업의 활성화를 위해 현장교육을 신청한 것이어서 사전에 그들의 요구와 필요한 사항을 파악하기 위한 목적이었다. 신록의 싱그러움이 더할 나위 없었고 주변에 가꿔놓은 꽃들도 보는 이의 마음을 푸근하게 해주었다. 식사는 그곳에서 난 채소 등 농작물로 정갈하고 소박한 느낌을 주었다. 깨끗하게 빗질이 되어 있는 마을이어서 방문객에게도 호감을 줄 것으로 보였다. 월말에는 부친이 종친회에 참석하기 위해 서울로 오신다고 했는데 갑자기 일이 생겨 결국은 귀경을 하지 못하고 말았다.

봄날이 가고 5월이 간다. 정말 아쉬움이 남았고 회한이 남았다. 이렇게 아름다운 계절이 또다시 올 수 있을까 하는 느낌이 들기도 한다. 개똥밭에 굴러도 이승이 저승보다 낫다는 얘기가 있다. 삶의 열기가 충분한 봄날을 보내며 5월을 보내는 것이 무척이나 슬프다. 그러나 어쩔 수 없는 일이고 시간은 가고 세월은 멈추질 않는 법이다. 끊임없이 흘러가고 지나가고 역사 속에 묻혀버리고 만다. 이제 거의 올 한 해도 절반이 지나가는 듯하다. 무더운 여름철이 코앞이다. 뜨거운 햇살이 대지를 달구고 오곡백과를 무르익게 할 것이다. 정말 순식간에 지나간 봄날이지만 많은 것을 추억하게 하고 많은 것을 남기고 가는 것이 아닐까?

hite

10월의 어느 멋진 날에

하늘도 맑고 청명한 가을날에 길을 나섰다. 본래의 출발은 고양에서였다. 그렇지만 중간에 집결지는 불광동이었다. 예전의 시외버스 터미널 자리였다. 본래 예정이 되어 있었던 수순이었고 동행이었다. 네 사람이 같이 갔다. 오전 9시에 출발이 되었다. 외곽순환도로를 타고 구리까지 가서 그곳에서 양평 쪽으로 국도를 타기로 했다. 운전을 하는 분도 이제는 거의 환갑에 이른 분이어서 무척이나 송구한 자리였다. 다른 분들은 다 그 정도의 연배였고 선배였기에 부담이 없었지만 내가 한참 아래였으니 송구하기 그지없는 형편이었다. 운전이라도 하겠다고 나서볼까도 생각했지만 그럴 수도 없을 듯해서 가만히 선탑자로서 역할에만 충실하고자 했다.

교외로 벗어나자 10월의 가을 정취를 마음껏 느낄 수 있었다. 들녘에는 벼농사가 황금빛으로 변모되는 중이었다. 풍요로움을 느낄 수 있었고 결실의 계절임을 실감할 수 있었다. 워낙 연배가 높고 퇴직한 지도 10여 년 이상 된 대선배님이셨기에 여러 가시로 예우를 갖출 수밖에 없는 입장이었다. 구수한 입담으로 말씀하시는 부분이 모두 다 후배들에게 귀담아 들을 만한 귀한 것들이었다. 나이가 들고 늙어갈 수록 아주 사소하고 하찮은 것에 잘 삐치기 쉽고 서운해 하기 일쑤라는 것이다. 그러자 옆에 앉았던 선배님이 말씀하기를 그랬다. 자신은 요즘도 "밥도 안 먹겠다."고 큰소리를 치고 집을 나와버린다는 것이다. 요즘 시대에 간 큰 남자이고 겁 없는 남자인 듯했다.

한참을 달리고 보니 차들의 정체가 만만치 않았다. 설악산 단풍이 절정기를 향해 가는 때이니만큼 도로는 차량행렬이 길게 줄지을 수밖에 없는 듯했다. 두 시간 여를 더 달려 겨우 도착한 곳은 골프텔에 부속된 교회의 예식행사장이었다. 정말 크지도 않고 소담스러울 만큼 성聖스러운 분위기를 연출하는 아담한 교회였다. 예식이 시작되려면 20여 분이 남았지만 미리 온 하객으로 인해 북적거리고 있었다. 한창 다들 바쁜 때여서 현직 직원의 여러 명이 소위 말하는 눈도장만 찍고 모두들 빠져나가는 형편이었다. 주변은 휴식을 취하러온 이들로 인산인해人山人海를 이루고 있었으니 주차장이 부족할 지경이었다.

혼주와 인사를 나누고 식장을 둘러본 후 곧바로 피로연 장소를 찾아 올라갔다. 배식은 예식이 시작되는 시간에 맞춰 준비가 된다고 고지告知가 되었다. 전체 피로연장은 400여 석의 규모로 일반 예식장의 피로연장과는 차원이 달랐다. 한결 여유로웠고 음식들도 훨씬 정갈하고 품위가 있어 보였다. 혼사에 같이 간 일행 등이 원탁 테이블에 앉아 식사를 하면서 환담했다. 다들 차를 직접 몰고 온 터라 술도 마음껏 마실 수 없었다. 불원천리不遠千里 만사를 제쳐두고 같이 동승해 온 원로선배 등 일부만이 술을 편하게 마실 수 있었다. 안주로는 활어회를 주 먹을거리로 했다. 일부는 영농자재 계약업체들의 관계자들도 모습을 보였다. 서울에서 거의 3시간을 달려 예식장을 온 것이었다. 거리상으로는 그리 먼 거리는 아니었지만 그렇게 작심을 하고 결혼식에 참석하기가 만만치 않았다. 나뭇잎들은 조금씩 단풍이 물들어 가고 있는 듯 보였다. 관광객들이 그런 모습을 사진에 담느라 여념이 없었다. 숲에 둘러싸인 듯한 모습을 갖고 있었다. 결혼식의 모습은 전면화면을 통해서 실시간으로 생중계가 되는 상황이었다. 오랜만에 시골에서 하는 결혼식이었고 야외 또는 특별한 형식을 갖추는 결혼식인 듯했다.

가을은 역시 결혼의 계절이다. 가을은 수확의 계절인 동시에 조락凋落의 계절이기도 하다. 화창한 날씨였고 말 그대로 10월의 어느 멋진 날에 결혼식이 거행되는 것이었다. 수확한 후의 텅 빈 들녘은 무척이나 을씨년스러운 느낌을 주는 동시에 새롭게 새해를 준비해야 하는 마음을 갖게 하기도 했다.

10명 정도의 하객이 앉아 식사를 하면서 세상 사는 얘기를 나누었다. 원로 선배 한 분은 내년에 치러질 조합장 선거에 출마할 예정이라고 했다. 대다수의 이사진이 추천을 하고 있어 부득이하게 출마하지 않을 수 없다는 것이었다. 다소 건강이 염려스럽기는 하지만 좋은 결과로 이어지기를 기원했다.

주요 주제는 자녀들의 결혼이 화두로 떠올랐다. 나이가 꽉 찬 상태였지만 제대로 짝을 찾지 못해 걱정을 끼치고 있는 이들이 의외로 많았다. 손자들의 재롱에 시간가는 줄 모르는 분들도 있는 듯했다. 대부분의 선배들이 그런대로 건강하고 활기차게 잘 지내고 있는 것 같아 보였다. 예식은 진행되는 상황이 실시간의 화면으로 감상이 다 되었다. 교회 식으로 하니 일반인들이 참석을 하는 부분도 어색할 수 있을 듯했다. 거의 자리가 파할 때쯤에 혼주가 와서 인사를 나누었다. 다들 자녀를 훌륭하게 성장시켜 내로라하는 재원으로 남부러울 것 없이 잘 키운 것 같았다. 미국에서 수학修學했으니 더할 나위 없는 셈이었다.

이제는 집으로 돌아갈 일만 남게 생겼다. 서울로 돌아가는 길은 예상대로 무척이나 혼잡스러웠고 막혔다. 서울에 도착하니 거의 오후 5시경이 되었다. 불광역 근처의 음식점은 찾을 수 있었으나 주차하기가 마땅치 않았다. 그냥 차를 몰고 가겠다고 해서 송구했지만 보내드릴 수밖에 달리 도리가 없었다. 그리고 난 후 다시 음식점을 찾아갔다. 여직원에 의하면 휴일이어서 충분한 주차공간을 확보할 수 있었다고 해서 아쉬움을 토로했다. 셋이 앉아서 마음 편하게 다시 술자리가 벌어졌다. 원로 선배님의 입담은 여전했다. 활기가 넘쳤고 유유자적悠悠自適했다. 일반 음식점이었는데 가격이 무척이나 싼 편이어서 손님들로 북적거렸다. 예식장에서 포식을 했음에도 불구하고 저녁을 겸해서 먹으니 또 다른 맛이었다.

휴일 하루를 완전히 소모해버린 날이었다. 이제는 수명이 한참 길어져서 제2의 인생도 심각하게 준비하고 대비해야 할 필요가 더욱 절실해지고 있는 것이 현실로 되어 가고 있다. 모름지기 철저하게 준비하고 치밀하게 대비하는 것만이 멋진 노후를 보낼 수 있는 길이 될 것이다. 10월의 어느 멋진 가을날을 제대로 하루를 보낸 것 같았다. 뜻 깊은 자리에 참석을 해서 여러 선배들을 만났고 근황을 알아볼 수 있는 기회였고 소중한 시간을 보낼 수 있었다.

어느 선배는 이런 얘기를 했다. 퇴직을 하고 보니 다람쥐 쳇바퀴 돌듯이 살았던 걸 알겠다고 했다. 일상생활이 집과 사무실을 왔다 갔다 했고 뭘 했는지도 모르겠다는 얘기였다. 미리 노후를 대비해야 했고 더 충실히 직장생활을 하지 못했던 부분에 대한 회한도 담겨있는 듯했다. 이제 얼마 남지 않은 정년을 지내다 보면 이렇게 결혼식이나 기타 경조사 때에나 선배들을 뵐 수밖에 없을 듯했다. 모두들 건강하고 행복하게 노년을 즐기시는 나날들이 이어지기를 바래본다.

테이블냅킨

가을 나들이

가을이 무르익어 가던 날이었다. 한창 단풍이 절정으로 치닫다가 이제는 낙엽으로 변해가던 때였다. 토요일 오후 3시 30분에 신림동 동부아파트 앞에서 모이기로 약속이 되어 있었다. 차를 가지고 가려던 회원의 권유가 있기는 했지만 굳이 걸어간다고 했다. 보라매공원 쪽을 우회해서 도림천변을 걸어서 목적지에 도착했다. 천변에는 억새가 가을날 바람에 휘날리고 있었고 천변의 물가에는 청둥오리랑 고니가 한가로이 노닐고 있었다. 휴일이어서 그런지 운동을 하러 나온 이들도 많았다. 숙박에 필요한 짐은 집사람이 차에 싣고 갔던 터라 따로 짐을 가져갈 필요는 없었다. 집사람은 목포에 갔다가 저녁 밤늦게 일행에 합류하는 것으로 되어 있었다.

많은 회원이 갈 수 있으리라 기대했지만 여의치 않았는지 별로 많은 인원은 아니었다. 10명 남짓했다. 여자들이 한 팀, 남자들이 한 팀이었다. 남자 5명, 여자 3명인 셈이었다. 1박 2일의 가을나들이였고 행사였다. 충남의 대천항으로 가는 것이었다. 오후 4시경이 되어서야 출발을 할 수 있었다. 간식을 사가지고 차에 올랐던 터여서 환담하며 캔맥주를 한 잔씩 하면서 길을 떠났다. 휴일 오후여서 길이 많이 막힐 것으로 예상이 되었으나 생각 외로 그렇게 막히지는 않았다.

충남 대천항으로 일단 갔다. 어림잡아 항구의 수산시장에 해당하는 듯했다. 주차가 만만치 않았지만 그럭저럭 장소를 확보해서 주차했다. 그리고 상가를 찾았다. 인터넷으로 검색해서 알아낸 곳이 소라식당이라는 곳이었다. 그리고 그곳에서 생선회를 흥정했다. 광어 자연산 3Kg 그리고 전복을 먹고 산다는 전복치 2Kg을 주문했다. 회가 준비된 후에 그것을 먹으려면 별도로 마련된 장소인 2층으로 올라가야 했다. 서비스로 제공되는 것은 매운탕용 삼식이, 대하, 전어 등도 맛볼 수 있을 정도의 양을 더 주었다. 2층의 식당도 미리 연락이 되어 있었던 터라 곧바로 좌석을 잡아 앉을 수 있었다. 회를 뜨는 부분은 부회장이 직접 가서 관찰 겸 감시를 했다. 회원 9명이 참석했다. 한 명이 추가된 부분은 부회장 사모님이 완도 부근의 해안 청정섬인 청산도를 갔다가 대천 IC에서 만나서 모셔왔다. 싱싱한 생선회였으니 맛은 별미였다. 나중에 올 사람을 위해 1인분 정도의 양은 별도로 포장이 되어 있었다. 여직원들이 직접 살아있는 대하를 껍질을 까고 먹을 수 있게 해 주었다. 매운탕에 식사까지 하고 즐겁게 포식을 하고 그곳을 나왔다.

다음은 숙소로 가서 짐을 풀어놓고 다시 근처에 있던 노래방에 들어갔다. 두 시간 여를 신나게 즐긴 후에 다시 숙소로 돌아와 뒤풀이에 들어갔다. 술을 먹는 이도 별로 없었다. 자정을 넘긴 지 벌써 오래전이었다. 자정을 넘었을 때쯤에 집사람이 합류했다. 최종적으로 마무리가 되고 모두가 각자 방으로 입실해서 잠자리에 들었다. 호실 당 방이 두 개씩 있었다. 3개 호실이 있었기에 불편함이 없을 정도였다.

다음날이 되었다. 아침에 보령이 고향인 회원부부가 잠깐 다녀갔으며 커피를 한 잔하고 갔다. 아침은 햇반에 매운탕이었다. 어제 먹은 술로 인해 숙취가 심했는데 속이 좀 풀리는 듯했다. 용호네는 일이 있다고 해서 새벽같이 올라가 버렸다. 마무리를 하고 정비를 해서 숙소를 나왔다.

다음으로 행선지를 정해야 했다. 천리포수목원이라는 곳을 잡았다. 그곳에 도착하고 보니 사람이 인산인해였다. 사람도 사람이었지만 주차가 문제였다. 기존 주차장으로는 감당이 되지 않았다. 도로 쪽 길가에 죽 늘어선 차량행렬이 만만치 않았다. 거의 끝자락에 차를 주차해 두는 수밖에 달리 도리가 없었다. 찻길을 걸어서 입구 쪽으로 오는 중에 중간 중간에 주차할 자리가 생겼다. 그래서 다시 또 주차를 입구 쪽에 주차해 두고 수목원에 입장했다. 입장료가 무척이나 비쌌다. 이곳저곳에 꽃들이 함초로이 피어 있었다. 그네도 곳곳에 비치되어 있었다. 온실도 있었고 기념관도 있었다. 미국인으로 1979년에 한국인으로 귀화한 민병갈(1921~2002)이 설립한 수목원이다. 민병갈은 미국 펜실베이니아주 출신으로 미국명은 칼 페리스 밀러Carl Ferris Miller이며, 1945년 미군 정보장교로 입국한 뒤 한국에 정착하였다. 1962년 사재를 털어 매입한 천리포 해변의 2ha 부지를 기반으로 1970년부터 본격적으로 수목을 식재하여 식물원을 조성하기 시작하였으며, 이후 연차적으로 부지를 확장해왔다. 총 62ha의 부지에 본원에 해당하는 밀러가든과 생태교육관, 목련원, 낭새섬, 침엽수원, 종합원, 큰골 등 7개 지역으로 나누어 각 지역의 국지적 기후氣候 환경에 따라 다양한 식물 종류들을 적절히 배치·관리한다. 보유 수종은 목련류 400여 종, 동백나무 380여 종, 호랑가시 나무류 370여 종, 무궁화 250여 종, 단풍나무 200여 종을 비롯하여 1만 3200여 종이다. 초기에는 국내

자생종을 중심으로 식재하다가 1973년 이후 외국에서 다양한 묘목과 종자를 수집하였다. 우리나라 사람이 하지 못한 일을 외국인이 해내 이렇게 좋은 관광명소로 널리 알려지게 된 것이다. 안타까운 노릇이었다. 세계수목학회로부터 12번째로 인증된 수목원이다. 민병갈은 수목장을 하여 수목원 내에 묻혀있었고 그의 동상도 있었다.

수목원을 돌아보고 나니 점심때가 되어 인근의 식당으로 가서 어제 먹지 못한 조개구이를 먹기로 했다. 한쪽은 대하가 맛있게 익어갔다. 붉게 익은 대하의 껍질을 까는 것은 엄마들의 몫이었다. 처음에는 식당 안에서 먹다가 밖으로 나와서 칼국수를 먹었다. 이제는 귀경길만 남았다. 여행을 오지 않은 회원들을 위해 대하를 나눠주기로 했는데 그것은 결국 다음날 회장단에서 해결하는 것으로 되었다. 1박 2일간의 가을 나들이가 흥겹고 즐겁게 마무리가 되었다. 막판에 아산 인주면의 장어단지내 장어를 먹으러 가자는 논의가 무산된 아쉬움이 남았지만 그런대로 흡족한 나들이가 된 듯했다.

요즘은 수목원 같은 곳이 인기인 듯했다. 예전 같으면 거들떠보지도 않았을 곳인데 이제는 각광을 받는 명소가 되고 있음에 많이 놀라웠다. 오랜만에 정겨운 사람들과 가을 나들이를 통해 우의를 돈독히 했고 화기애애한 분위기에 젖었던 듯했다. 이렇게 가끔씩은 단조로운 일상에서의 일탈을 통해서 새로운 삶의 동력을 회복하고 활기를 되찾는 기회를 갖는 것이 필요하지 않을까 싶다.

국사봉을 찾아서

휴일이면 언제나 집 뒤의 국사봉을 찾았다. 조그마하고 야트막한 뒷산이 국사봉이다. 어느 휴일날도 여느 때와 다름없이 그곳에 올랐다. 어느 화창한 봄날이었다. 그곳에서 기상천외한 장면을 목격했다. 정상 주변으로 여러 운동기구들이 놓여있었고 수목들도 즐비해 있었다. 그런데 어느 한쪽의 수목에서 탐스럽게 생긴 이름 모를 꽃을 발견했다. 손으로 닿기 힘든 위치에 있었지만 핸드폰으로 그 모습을 찍어 놓을 수는 있었다. 참 예쁜 꽃이었고 사람들의 이목을 끌기에도 충분해보였다. 그렇게 꽃을 보며 기뻐했고 흐뭇해하던 때가 있었다. 그런데 얼마간의 세월이 흐른 후 다시 국사봉을 찾았다. 그런데 그 꽃이 있어야 할 위치에 꽃은 사라져 버렸다. 꽃이 질 때가 된 것이리라 지레 짐작하고 체념하는 순간이었다. 흔적도 없이 사라진 꽃은 인근의 다른 수목에 한 송이씩 흩어져 꽂혀 있었다. 희한하게도 그때 보았던 꽃은 생화가 아니라 사람의 손으로 만든 조화였던 것이다. 참으로 인간의 장난스러움에 혀가 내둘려졌다. 어처구니없는 일이었고 황당한 일이었다. 왜 그렇게 허망한 느낌이 들도록 꽃을 가지고 장난을 칠까 사람의 마음을 가지고 희롱을 당한 듯해서 씁쓸한 기분을 떨쳐버릴 수가 없었다.

예전에 오랫동안 살았던 곳에는 장군봉이란 곳이 있었다. 그곳에는 정상부근에 드넓은 공터가 있어 아이들과 공놀이를 할 수 있을 정도였다. 그런데 이곳 국사봉은 오로지 봉우리 주변을 걸어서 돌아볼 수 있을 만한 공간 밖에 없었다. 주변에 의자도 몇 개 있어 등산객을 위한 쉼터로써의 역할도 톡톡히 하고 있었다. 주변에는 간단히 운동을 할 수 있는 기구들도 설치되어 있었다. 상쾌한 기분으로 가볍게 운동을 할 수도 있었다.

국사봉의 중간 능선 길로는 능선을 따라서 길을 걸을 수 있도록 쭉 이어져 있었다. 비닐로 가려진 곳의 공간에서는 어르신들이 바둑 등의 여가를 즐기는 모습도 간간이 볼 수 있었다. 간혹 애완견을 데리고 산책하는 이들도 만날 수 있기도 했다. 어떤 이들은 주말에 산책을 즐기기도 했다. 대부분 상도동 또는 신대방동 주민들이 즐겨 이용하는 봉우리이기도 하다. 역사적으로 유명한 얘기도 전해져온다.

국사봉의 국사는 두 가지로 해석이 된다. 하나는 국사國事로서 나라의 일을 의미한다. 이것이 양녕대군이 국사봉에 올라 나라 일을 걱정하며 노심초사했다는 것이다. 또 다른 의미는 국사國師로서 조선 초 국사였던 무학 대사께서 이곳 국사봉에 올라 한양을 바라다보며 수도 서울의 행태를 구상한데서 국사봉이 유래되었다는 것이다. 무학 대사는 태조와 인연이 깊었다. 태조가 어느 날 꿈 이야기를 했다. 그 꿈은 이런 내용이었다. 집이 무너지고 있었는데 그곳에서 서까래를 짊어지고 나오고 있더라는 것이다. 그리고 꽃들이 무수히 떨어지고 있었다. 그리고 거울이 깨지고 있었다. 이런 꿈을 꾸고 그 꿈 얘기를 무학 대사에게 하고 꿈풀이를 의뢰했다. 그러자 무학 대사가 그랬다. 새로운 왕조를 일으킬 꿈이니 그대로 될 터인즉 소중한 꿈을 잘 간직하라고 했다.

그리고 후에 왕이 된 태조와 무학 대사가 앉아서 얘기를 하던 중에 그렇게 물었다. "나는 대사가 돼지처럼 보이는구려. 대사께서는 짐이 어떻게 보이시오" 그러자 무학 대사가 답했다. "저의 눈에 왕은 부처처럼 보입니다. 본시 돼지의 눈에는 돼지만 보이고 부처의 눈에는 부처만 보이는 법이지요" 참으로 우문현답愚問賢答의 전형이 아닐 수 없다.

다음은 양녕대군에 대한 이야기이다. 그는 태종의 장자로 태어나 세자로 책봉이 되었다. 그러나 부친의 마음이 충녕을 보위에 앉히려 한다는 것을 알고 효령도 설득하고 자신도 세자 자리를 양보하게 된다. 그로 인해 그는 여러 가지로 불미스러운 일들도 일으키게 되고 유유자적하게 대군으로서의 삶을 살아가며 여생을 보내게 된다. 양녕대군의 세자를 폐하는 것에 대하여 황희 정승이 강력하게 반대를 하게 되고 그는 이 일로 인해 미움을 사 한동안 공직에서 물러나 있기도 했다. 시, 서화에도 능했다고 해서 남대문에 걸려있는 숭례문의 제자題字도 양녕의 글씨라는 설도 있다. 이후 그는 세조의 계유정난 등에 대해서도 세조를 두둔하는 모습을 보이기도 한다. 비운의 대군으로 그의 묘가 지덕사 부묘소에 있고 국사봉 아래 자락에 위치해 있다.

효령대군의 묘는 방배동에 위치해 있다. 세종의 묘는 여주에 있다. 국사봉을 오르는 데는 입구에서 본격적으로 오르막만을 오르면 30분이면 족히 오를 수 있을 만큼 높지 않은 산이다. 수변 곳곳에 암자들이 산재해 있고 역사의 발자취를 느껴볼 수도 있다. 수목이 우거져 있어 여름에는 시원한 바람을 선사해 주기도 한다. 어쨌든 국사봉은 주변의 서민들의 안식처로 자리매김하고 있다. 여러 곳에서 국사봉으로 올라갈 수 있는 길이 많이 마련돼 있다. 산자락 아래 쪽으로는 주변에 아파트들이 산재해 있고 곳곳에는 다세대주택들로 밀집되어 있는 편이다. 산 중턱 부근에는 운동을 할 수 있는 기구들도 있고 배드민턴장들도 마련되어져 있다.

동창회를 다녀오며

지난 금요일이었다. 오후부터 함박눈이 내리기 시작했다. 임진년도 이제 20여 일을 채 남기지 않은 때였다. 동창회 망년회가 일정으로 잡혀 있었다. 어제 총무로부터 확인 전화까지 있었다. "올끼제?" "그래, 별일 없으면 갈게" 다음날은 또 다른 일정이 있어 몸을 사려야 할 사정이 있었다.

일과를 마치고 퇴근을 하려는데 엄두가 나지 않았다. 본래의 계획은 집사람에게 차를 넘기고 약속 장소로 갈 계획이었는데 그 모든 것이 눈이 내리는 상황으로 인해 차질을 빚었다. 차는 꼼짝없이 강변북로에 옴짝달싹할 수 없는 처지에 빠져버렸다. 너무나 안일하게 상황을 파악한 것이 가장 큰 문제로 작용이 되었다. 차를 적당한 곳에 주차해 두고 갈까도 생각했지만 마땅히 주차할 만한 곳도 없었다. 결국 집까지 차를 가져다놓고 가는 것으로 결정했다. 그러다 보니 시간이 많이 늦어졌다. 약속 장소까지 전철로 갔다. 잠깐 집에 들러 책을 좀 챙겨서 가나 보니 너욱 늦어시는 상황이 되있다. 목적지에 도착하니 거의 파장 분위기인 듯했다. 한겨울에 눈 내리는 날에 그렇게 많은 인원이 참석한 것을 보면 이젠 사람이 그렇게 그리워질 때가 된 것이 아넌가 하는 느낌이 들었다. 대 여섯 평쯤 되는 방안에 빼곡히 앉았다. 시쳇말로 입추의 여지가 없는 상황이었다. 새롭게 내년도에 동창회를 이끌 회장도 이미 선출이 끝났고 술도 한 순배 돈 것이었다. 조금 전에 치과의사를 하는 친구가 막 도착한 듯했고 조금 후에는 굴지의 회사의 임원을 하고 있는 박상무가 도착했다. 몇몇 친구들은 아직 금연을 못했는지 담배를 피워야 한다며 밖으로 나갔다. 그 틈을 타서 안쪽으로 자리이동을 했다. 곧이어 매운탕이랑 식사가 나왔다. 새로운 회장은 감정평가법인의 대표로 있는 친구가 되었다. 근래에 이렇게 많은 인원이 동창회에 참석하기는 초유의 일인 듯했다.

1차를 파하고 다음은 근처의 호프로 이차를 갔다. 1차 술자리의 막판쯤에 차사장, 추대표 등 몇몇 동문이 합류했다. 면면을 보니 오랫동안 동창회를 이끌고 있던 주축멤버가 거의 30% 수준이었고 나머지 절반은 새로운 친구들로 채웠고 절반은 가끔씩 참석을 하는 중간 부류였다. 자영업을 하는 친구들이 네댓 명이었고 교수를 하고 있는 이들이 대여섯 명 그리고 직장생활을 하는 이 약간 명 등이었다. 이제는 초로의 중년 나이가 되었으니 자녀들의 결혼소식을 고지하는 이들도 몇몇 있었다. 내년 3월에 결혼 날짜를 알리는 친구는 대기업 임원으로 있다가 이제는 시간강사로 있다고 했다. 아들은 로스쿨을 마치고 군법무관으로 임관이 되어 부산 고검에 재직 중이라고 했다.

일차를 하고는 그냥 귀가하는 무리에 합류가 되었다. 전철을 탔다. MBC에 근무하는 친구는 상암동에 들러 차를 끌고 귀가할 계획이란다. 술도 별로 많이 마신 것 같지 않았다. 정대표도 그렇게 전철로 사무소까지 가서 차를 몰고 가거나 아니면 대리로 해서 귀가할 계획이라고 얘기했다. 이제는 곧 환갑을 바라보는 나이가 되었다. 중년 후반

부에 접어든 셈이었다. 요즘은 날씨가 추워서 호수공원 산책을 끝내고 예술의 전당에 가면 북카페가 있는데 그곳에서 차를 마시며 책을 읽는 재미에 빠져 산단다. 한 해에 한 번씩 있는 동창회의 망년회 자리였다. 예전에는 멀리 가서 하기도 했고 부부동반으로 모여서 하기도 했었는데 요즘은 그냥 단출하게 하게 되었다.

몇몇 친구들은 바쁜 모양인지 참석하지 못했다. 지난해에는 한창 바둑으로 주가를 날리고 있었던 자식 덕에 한턱을 낸 친구도 있었다. 이번에도 그 아들이 세계바둑대회에 타이틀을 거머쥐었다. 축하할 일이었다. 언론사에 있는 친구도 나오지 않고 대학병원에서 교수로 근무하고 있는 친구도 나오지 않았다. 동창회장이 일일이 전화하고 확인해서 이렇게 많은 인원이 참석을 하게 된 것이라고 했다. 고무적인 일이었다. 거의 35년 만에 만나게 된 한 친구는 변화된 것 중에서 나의 치아의 변모를 예리하게 지적해내기도 했다. 예전의 모습들이 다 각인되어 있는 터라 그 차이점을 발견해내기가 결코 쉽진 않을 텐데 잘도 찾아내기도 했다.

이제는 예전의 친구들이 그리워질 때가 된 것인지도 모를 일이다. 다들 머리도 희끗희끗해졌고 주름살도 늘은 듯했다. 황혼을 맞이한다고 하면 좀 그렇지만 그런대로 중년을 맞이하고 있는 것처럼 느껴졌다. 이제 곧이어 자녀들을 결혼시키고 나면 한시름 놓게 될 때가 올 것이다. 술을 마시는 것도 많이 자제를 하게 되었고 절제도 할 줄도 알게 된 듯했다. 예전처럼 코가 삐뚤어지도록 마시는 이는 없는 것 같았다. 대기업 임원으로 있는 친구는 같이 있는 친구들에게 오라고 얘기를 했는데 정작 자신은 참석을 못해 안타까웠다. 그는 최근까지 자녀들의 교육을 위해 대치동 쪽에 살다가 이제는 교육문제에서 해방되어 숭실대 입구 쪽으로 이사를 해서 살고 있단다. 근무지는 양재동이라고 했다. 그 건물에 대해서는 어떻게 된 것인가를 열심히 설명해 주었다. 정말 양심적으로 제대로 된 건물을 짓겠다고 해서 지은 건물이라는 것을 알려주었다. 그래서 기업에서는 설계도를 보고 꼭 같은 건물을 한 동 더 지어서 올리게 되었다.

한 친구는 뭘 그렇게 열심히 설명을 하냐고 궁금해 하기도 했다. 이렇게 동창회를 할 때쯤이면 한해가 가는구나 하고 느끼게 된다. 얼마나 오랫동안 계속 동창회에 나올 수 있을 지 기약이 없어 보이는 상황이긴 했다. 몇 년 뒤에는 40주년 홈카밍데이가 곧 닥칠 것으로 보인다. 그때는 다들 환갑 줄에 접어들어 있을 것이다. 손자, 손녀를 볼 때쯤이기도 했다. 종착역이 멀지 않아 보이기도 한다. 어쨌거나 동창회는 즐겁고 유쾌한 추억들을 더듬어볼 수 있는 좋은 기회이고 자신의 삶을 반추해 보고 다시 새로운 각오와 결심을 되새기는 계기가 되지 않을까?

추계 행사를 다녀오며

통상 계절의 여왕은 5월이라고 하는데 그에 못지않게 좋은 때가 10월이 아닐까 한다. 어느 멋진 날이라는 노래도 참 좋은 표현인 듯하고 좋은 때라는 느낌이 들게도 한다.

그렇게 좋은 날에 우리 사무실 직원들이 사회공헌활동 및 사업추진결의대회를 기치로 내걸고 10시 30분에 사무실에서 출발했다. 봉고차, 그리고 1, 2호차 등이 각자 출발했다. 가을바람이 싱그럽게 불어오는 가운데 코스모스가 하늘거리는 길을 달려 첫 목적지에 도착했다. 그곳은 국수로 유명한 집이었다. 메뉴는 잔치국수와 비빔국수였다. 염가로 소문이 자자한 듯 여기저기 유명인의 사인이 붙여져 있었다. 그것에 덧붙여 제육볶음이 한 접시씩 나왔다. 그것으로 점심을 해결한 일행은 일단 두 번째 집결지인 나룻배 마을에 도착이 되었다. 3시경까지 사회공헌활동을 하게 되었다. 한 팀은 고구마줄기를 수거하는 작업을 하는 것이었고 또 다른 팀은 배를 수확하는 작업이었다. 배 수확팀은 민통선 안쪽으로 들어가는 관계로 별도의 신분확인 절자를 거쳐야 했다. 민통선을 통과해 들어갈 때는 제법 기분이 묘하기도 했다. 배밭을 들어가는 입구에는 조롱박으로 거의 통로를 만들어 놓아 아주 무슨 터널을 들어가는 듯한 기분이 들기도 했다. 이제는 잎이 다 지고 박들만 여러 개 남아 있었다. 작업은 박스를 들고 들어가 배를 따서 담고 그것을 다시 트랙터에 싣고 이동하는 것이었다. 다음은 배의 봉지를 제거하고 또한 꼭지를 가위로 자르는 작업이었다. 그렇게 해서 박스에 온전한 배를 담는 것이었다. 배는 배즙용이어서 식용과는 그 처리절차가 좀 다른 듯했다.

작업을 마치고 나니 3시가 거의 다 되었다. 다시 나룻배마을로 이동해서 이제는 전 직원이 트랙터 마차를 타고 강가로 이동했다. 신발과 양말을 벗고 물에 발을 담갔다. 투망을 해야 하는데 경험 있는 직원이 별로 없었다. 한쪽 어깨에 투망을 올렸다가 물 위로 펼쳐야 하는데 그것이 초심자에게 상당히 어려운 일이었다. 이미 마을 지도자 한 분이 오전부터 투망을 해서 꽤 많은 민물고기를 잡아 놓았다. 일단 그것을 사용하기로 했다. 물가에 앉아 조리하기 좋은 상태로 손질하는 것이 필요했다. 작은 물고기의 배 밑쪽을 찢어 내장 등을 빼내야 했다. 그리고 안의 내부 장을 파내는 작업이었다. 여럿이 쪼그리고 앉아 고기 손질을 했다. 따사로운 뙤약볕이 내리쬐고 있었다.

한편에서는 미끼를 망에 넣고 한쪽 편 물가 가장자리에 통발의 설치를 해놓았다. 미끼는 된장이었다. 천렵이라는 부분이었는데 다들 경험이 부족해서 제대로 고기를 잡는 이는 투망을 던져 잡는 것이 가장 효율적이었다. 나중에는 투망을 던지는 것이 어려워 넷이 투망을 들고 물살이 흐르는 쪽으로 가서 투망을 던지는 것이 아니라 그냥 그대로 내려놓는 형식으로 투명을 펼쳤다. 고기는 거의 잡히지 않았다. 손질된 고기는 트랙터 마차 위에 준비된 튀김가루를 입혀 본격적인 튀김요리를 통해 요리가 되었다. 소주, 맥주, 막걸리가 준비되어 있었다. 튀겨진 민물고기를 한 점씩 맛보며 그 맛을 음미했다. 싱싱한 고기여서 그런지 그 고소함과 어우러져 별미가 되었다. 두어 시간의 천렵을 끝내고 일행은 다음 장소인 집결지로 이동했다.

이제는 저녁식사를 할 차례였다. 3층의 야외 옥상에는 고기를 구워먹을 수 있도록 준비가 되어 있었다. 돼지고기 목살을 불판에 구워 준비를 했다. 기타 음식들은 별도로 뷔페식으로 마련되어 있었다. 일행이 모두 모여 식사를 하면서 하루의 피로를 풀었다.

식사가 끝나고 트랙터 마차를 타고 다른 집결지로 이동했다. 그리고 강의실 안으로 들어갔다. 참석자를 세 팀으로 나누어 게임을 했다. 여러 가지가 준비되어 있었다. 노래를 하는 것도 있었고 제기차기를 하는 것도 있었다. 눈치 보기 게임도 있었다. 7~8가지 게임을 하면서 유흥을 즐겼다.

최종 마무리는 소원등을 만드는 것이었다. 간단히 소원등의 내용을 소개하는 시간도 마련이 되었다. 다음 순서는 바깥으로 나가 캠프파이어를 하는 것이었다. 불이 활활 타오르고 있었기에 모두가 상당히 감상적이 되는 듯했다. 하필 날이 월식이 있는 날이었다. 모두들 그 모습을 촬영하느라 여념이 없었다. 먼저 축포를 쏘아 올리는 것이 있었다. 하늘 높이 올라가 불꽃을 팍팍팍 터트렸다. 다음은 어깨동무를 하고 불 주위를 돌면서 노래도 불렀고 소원등을 하나씩 올렸다. 촛불이 중앙에서 타고 있었고 그것이 하늘 높이 올라갔다. 그리고 한 점이 되어 사라져갔다. 그 소원이 다 이루어질지 어떨지는 모르겠지만 그렇게 기원을 한 것만으로도 충분히 의미가 있었다. 이렇게 해서 1일차의 모든 공식적인 행사는 끝났다. 모두들 잠자리에 드는 시간이 되었다.

다음날이 되었다. 식사는 8시부터였다. 아침 식사를 마치고 다음 일정에 들어갔다. 부근에 있는 허브 빌리지 앞으로 가서 둘레길을 걷는 것이었다. 평화누리길로 명명되어 있었다. 다소 무리가 뒤따를 수 있을 듯했으나 모두 다 잘 걸었다. 산길에는 도토리, 밤 등이 즐비해 있었다. 서로 서로 삼삼오오三三五五 모여서 얘기를 나누며 가을 길을 걷는 호사였다. 산이라서 높은 것도 아니고 경사가 급한 것도 없었다. 누리길이라는 것이 그냥 평지를 걷는 것은 아니었지만 아기자기한 맛이 있었다. 호젓한 길이어서 더욱 신기했다. 여타 다른 일행도 만날 것 같았는데 전혀 다른 무리의 사람들은 찾아볼 수 없었다. 한 시간 여를 걸어서 반환점에 도착했다. 기념촬영을 한번 하고 다시 왔던 길로 되돌아갔다. 일부는 먼저 도착해서 허브 빌리지를 관람했다. 제법 넓게 조성된 화단 같은 곳에 화사하게 그 모습을 뽐내는 각양각색의 국화에서 가을 냄새를 물씬 풍기고 있었다. 전직 대통령의 아들이 야심차게 심혈을 기울여 만든 것이라고 했다. 이제는 국가로 귀속될 처지에 놓여 있었다. 그곳의 관광객 대다수는 서울 등지에서 온 연인들이 많아 보였고 단체관람객도 꽤 있었다. 펜션도 있었고 식당, 찜질방, 식물원 등 여러 가지 다양한 편의시설이 마련되어 있었다. 일반인들도 좋아할 만한 항목을 많이 갖추고 있었다. 사진을 몇 장 찍었다.

다음 일정은 최종 마무리 단계에 돌입했다. 숭의전 앞에 있는 식당으로 이동해서 중식을 먹는 순서였다. 교수 중에 한 분이 휴가를 냈었는데 용케도 시간을 내 마지막 자리를 빛내 주었다. 숭의전 앞에는 여러 가지 농산물을 가져다놓고 관광객을 상대로 좌판을 벌려 판매하고 있었다. 식사를 마치고 춘계체육행사가 마무리 되었다.

이제는 행사를 끝내고 각자 집으로 돌아가는 일만 남았다. 대부분의 직원들은 사무실까지 가야 하는 상황이었다. 가을날 화창한 날씨 속에서 알차고 재미있고 유쾌한 행사를 치렀다. 직원들 모두 그동안의 쌓였던 업무 스트레스와 피로를 몽땅 풀고 가는 듯 보였다. 매년 봄, 가을에 펼쳐지는 행사였지만 올 가을의 행사는 유독 풍성했고 의미도 있었고 많은 추억을 남겨준 행사로 기억될 것만 같다.

출근길

직장인의 시작은 출근에서부터다. 집에서 직장까지 오는 것이 어떤 경우에는 간명할 수 있고 편안 길이 있는 반면에 상당한 고충을 겪는 경우도 허다하다.

4년 정도 있었던 전 근무지에서의 출근은 말이 출근이지 정말 편안하고 쉬운 길이었다. 물론 월요일이라든가 특별한 경우를 제외하고 평상시의 출근길에 관해서는 남부럽지 않을 만큼 편안한 길이었다. 사택에서 출근을 하는 것이니까 거의 5분 정도 소요되는 거리이고 엎어지면 코 닿을 거리였고 손쉬운 출근이었다. 그런데 얼마 전까지만 해도 상당히 어려워지고 난감해진 출근 상황이었다. 일단 거리로 봐도 거의 30킬로미터에 육박하는 길이다. 물론 서울에서 경기도 외곽 쪽으로 가는 길이니 만큼 일반적인 행태와는 거리가 있는 출근길이다. 일단 차를 끌고 출근을 한다는 것이 어찌 보면 편안한 길이기도 하고 또 한편으로는 매우 번거로운 일상일 수 있다. 오랫동안 제대로 출근을 해보고 싶다는 희망을 갖기도 했었고 그렇게 고생스럽게 출근을 하는 사람이 되어 보고 싶은 마음도 있긴 했었다. 하지만 이젠 거의 익숙할 정도가 되었다.

일단 시작은 매일 아침 6시 40분부터 거의 7시 사이에 출발이 이루어진다. 차를 끌고 집을 출발한다. 깜깜한 밤하늘을 보며 출발하면서 드는 생각은 너무 이른 것 아닌가 또는 오늘은 길이 잘 뚫려 제대로 적정한 시간에 도착할 수 있을까 하는 생각 등이다. 그래도 출근을 위해 도로에 나서고 보면 그 많은 직장인들의 출근 행렬에 합류하면서 출근전쟁이 시작된다. 시끄러운 경적소리와 불빛이 휘황찬란한 거리를 달리며 도시에서의 출근을 시도한다. 집에서 나와 신대방역 삼거리를 지나면 좁은 도로를 타고 공군회관 앞쪽까지 일방통행인 도로를 달린다.

다음은 대방 지하차도다. 오전 7시를 넘기면 거의 거북이 걸음이 시작된다. 좌회전을 하려는 차들과 직진을 하려는 차들이 서로 뒤엉키면서 북새통을 이루는 가운데 요리조리 피해서 신호대기를 한다. 신호등에서 좌회전 신호를 받아 여의도 중심부로 진입한다. 이제 좀 여명의 기운이 느껴지고 새벽이 밝아 오는 듯한 느낌을 갖는다. 길을 따라 직진하다가 우회전해서 마포대교를 건넌다. 그때쯤이면 태양이 떠오를 채비를 하고 사람들도 기지개를 켜고 바쁜 일상을 준비하는 모습들이 이채롭게 느껴진다. 우측 차선을 따라가다 보면 강북 강변도로로 빠지는 길이 나온다. 이제는 신나게 질주하는 일만 남았다. 강북 강변도로는 항상 훤하게 뚫려있는 편이다. 반면 반대 차선은 거의 주차장 수준으로 꽉 막혀 있는 것이 비일비재하다. 양화대교, 성산대교, 가양대교 등을 지나쳐 가다보면 제2의 자유로 방향이 나온다. 우측 깜빡이를 켜고 서서히 진입해서 강매 지하차도를 건너면 거의 다 온 셈이다. 삼송 신도시가 지척이다. 이제 갓 지은 아파트들이 즐비해 있는 도래울마을을 지나서 길을 따라 올라가 보면 신세계가 펼쳐진다.

잔뜩 움츠린 채로 버스를 기다리는 출근길의 사람들을 만나게 된다. 아직 아파트 입주자들을 위한 기반 시설들이 채 들어서지 않은 황량한 모습의 원흥마을을 지나게 된다. 원흥역에 접근해서 보면 제대로 신시가지의 모습을 갖추어 가는 모습을 보게 된다. 원흥역을 지나 조금 더 가면 마지막 신호를 대기하게 된다. 그리고 사무실에 도착하는 순간을 맞는다. 거의 7시 40분에 사무실에 안착하면서 안도의 숨을 내쉬게 된다. 그러면서 이제 새로운 하루를 시작하는 기분과 각오를 새롭게 다지게 된다.

4년 동안 출근이라는 것을 잊고 지냈는데 이제는 출근이 새로운 의미로 다가오게 되었다. 어떤 경우에는 늦잠을 자 허둥지둥 아침도 뜨는 둥 마는 둥하고 불이 나게 집을 뛰쳐 나오는 경우도 있다. 그리고 술이 과하게 되면 아침까지도 술 냄새를 풍기며 숙취에서 깨어나지 못한 상태로 사무실에 나오는 경우도 있다. 요즘 한창 직장인의 애환을 담은 드라마 미생이 히트를 친다고 했다. 언제나 긴장 속에서 하루하루 출근전쟁을 치르는 사람들이 대세이다. 백수나 직장에서 은퇴한 이들도 많은 세상이다 보니 출근하는 사람이 그렇게 부러움을 받는 것이 요즘 세상의 한 단면일지 모른다.

한때는 15년 정도 한 곳을 향해 출근을 하기도 했었다. 어떤 때에는 집사람의 차에 편승해서 편안한 출근길을 경험하기도 했었다. 그러나 대부분의 출근길은 지하철을 이용하는 편이었다. 그것이 가장 편안하고 정확하고 오류가 없는 방법이었다. 직장인의 즐거움 중에 하나로 지부될지 아니면 고역인 것으로 될지는 알 수 없으나 필수적인 부분이 출근이다.

예전에는 불시에 복무점검이라 해서 출근상황을 체크하기도 하고 그것에 적발이 되면 시말서를 쓰기도 했었다. 요즘은 사무실 출입카드를 갖고 있어야 사무실의 출입이 가능하도록 전자화가 되어 있다.

어떤 영화에서는 출근에서 일어나는 해프닝을 갖고 한편의 영화가 만들어지기도 했다. 대중교통을 이용해 출퇴근을 하면 대부분의 사람들이 앉아서 졸고 있는 모습들이 주류를 이루고 있다. 아니면 요즘은 거의 스마트 폰을 갖고 문자를 주고받거나 SNS에 올라와 있는 사람들의 동향을 파악하는 등으로 소일을 하는 이들이 대부분인 시대가 되었다. 한때는 책을 갖고 타서 그것을 읽는 이들이 다수를 차지했었는데 지금은 옛이야기가 되고 말았다. 지하철의 푸쉬맨이 항상 승객들의 등을 밀어주기도 했었는데 지금은 일부 역에서만 이뤄지는 듯하다. 한 번씩은 대중교통을 이용해서 출근을 해보기도 하지만 그 고역은 이루 말할 수 없을 정도였다. 일단 소요시간이 보통이 아니다. 거의 두 시간이 소요되니 진이 빠질 정도이다. 지하철로만 오게 되면 세 번을 갈아타야 하는 것도 만만치 않은 일이다. 중간에 택시라도 타게 되면 시간이 단축되기는 하지만 그것도 번거로움을 피할 길이 없다. 대중교통을 이용하면서 자투리 시간을 잘 활용하는 것도 직장인의 현명한 자세일 수 있을 것이다. 요즘 같은 시대에 출근에 대해서 여러 가지 애환이 묻어나 있기도 하다. 외곽에서 서울로 출근을 하는 이들이 대세인 것이 현 세태의 풍속인 듯하다. 도심의 전세가가 천정부지이다 보니 모두들 서울의 인근 신도시로의 이주가 다반사로 일어나고 있다.

아무튼 출근은 직장인의 필수불가결한 요소이고 기본적인 부분이다. 한 시간이나 한 시간 반 전에 출근하니 그렇게 막히는 도로를 가는 불편함이 있는 것도 아니지만 상당한 애로를 갖고 있는 것만은 분명해 보인다. 그러나 앞으로는 이런 출근을 할 수 있는 날도 그리 많이 남아 있는 것은 아니다. 아무튼 출근은 직장인으로서의 권리이자 의무인 것이며 필수불가결한 요소이지 않은가.

출근은 하루를 시작하기 위한 준비 단계이고 첫 단추와도 같은 것이다. 어떤 이는 지각을 밥 먹듯이 하기도 한다. 그러나 항상 출근이 즐겁고 활기차고 흥미로울 수 있기 위해서는 직장인으로서 자기 업무에 최선을 다해 진력을 쏟고자 할 때일 것이다. 아무튼 건강하고 긍정적인 마인드로 활기차게 출근을 시작하는 것이 즐겁고 행복한 직장생활을 지속적으로 유지하는 첩경捷徑지름길이지 않을까.

퇴근길

직장인의 일상적인 기쁨 중에 하나는 퇴근이다. 통상은 일과가 끝나면 퇴근이 되고 그것은 직장인들의 낙樂중의 하나이다. 또 다른 낙으로는 승진이라든가 휴가 등이 큰 기쁨과 즐거움을 주기도 한다. 어떤 경우에는 야근이 되기도 하고 어떤 경우에는 밤을 넘기기도 하는 때도 왕왕 발생하기도 한다.

전 근무지였던 교육원에서 근무할 때에는 퇴근이라는 것이 별 의미가 없었다. 왜냐하면, 사무실과 지척거리에 사택이 있었고 퇴근이라 말하는 것과는 좀 다른 의미였기 때문이다. 퇴근을 한 후에도 일이 있으면 사무실로 가기도 하고 또한 수시로 사택을 왔다 갔다 하는 일도 많았기 때문에 일반적으로 생각되는 퇴근과는 의미가 좀 달랐다. 교육이 진행되면 밤늦은 시간까지도 사무실에 있거나 생활지도를 점검하는 등 일반 직장과는 다른 부분이 많았다. 일과 후에도 행사가 계속되는 경우도 있고 모든 교육생들이 생활관에 들어가고 어느 정도 안정을 찾은 후에야 겨우 사택으로 퇴근하는 게 다반사茶飯事였나.

일상적인 퇴근과 유사한 부분일 수 있는 것은 금요일에 집으로 돌아가는 것이 일반 직장인들과 유사한 퇴근이라고 보면 적정할 것이다.

그런데 그 퇴근은 매일 이루어지는 것이 아니라 일주일에 한 번씩 이루어지는 것이니 특별했다. 두 시간 정도가 소요되는 것이니 무척이나 힘든 퇴근에 속하는 것이기도 했다.

올해 초 이곳 연수원으로 와서는 일상적인 퇴근이 이루어졌다. 일과를 마치면 사무실을 정리하고 퇴근에 들어간다. 통상 차를 운전해서 집으로 퇴근한다. 시내 교통상황이 항상 그렇게 정체되어 있는 경우가 많기 때문에 통상 거의 한 시간에서 한 시간 30분 가량이 소요된다. 차를 몰고 연수원을 빠져나가 원당골에서 벗어나게 되면 좀 한가로운 길을 달리게 된다. 강매지하차도를 거쳐 자유로로 접어들어 강북강변도로 진입한다. 곧이어 가양대교를 진입하게 된다. 보통은 일반적으로 거의 진입에 애를 먹을 정도로 꽉 막혀있는 경우가 대부분이다. 그래서 통상 강북강변도로를 따라서 질주하게 된다. 계속 양화대교, 성산대교의 진입을 위해 대기하고 있는 차들이 길게 줄지어 있게 마련이다. 상습적인 지체遲滯와 가다서다를 반복하는 와중에 그래도 차선변경을 잘해서 10여 분 이상을 잘 달리다 보면 서강대교 진입을 할 수 있는 곳까지 그럭저럭 도착할 수 있다. 그러면 서강대교를 건넌다. 서강대교의 초입에서 갈등을 하게 된다. 직진을 할 것인가. 아니면 좌회전을 할 것인가. 직진해서도 두 개의 방향이 있다. 국회의사당 앞에서 좌회전을 하게 되면 대방 지하차도로 해서 공군회관 입구에 당도하게 된다. 그러면 거의 집 가까이 도착한 셈이 되는 것이다. 신호등 서너 개를 지나면 보라매역 주변의 사거리에 당도한다. 사거리를 지나 다음 신호에서 좌회전을 위해 신호를 대기한다. 좌회전을 해서 골목길을 죽 가다보면 대로가 나온다. 우회전을 해서 모자원 고개에 이른다. 모자원 고개 신호에서 유턴을 받아 바로 우회전하면 아파트 앞의 주차장 입구와 접하게 된다. 그러면 퇴근이 끝나는 순간을 맞는다.

당초 가양대교를 지나게 되면 이제는 강북강변도로가 아니라 88도로를 달리게 된다. 본 도로로 진입하자마자 목동 쪽으로 빠지는 차들 때문에 최대한 차선을 변경해서 1차선 쪽으로 이동을 해야 진행이 수월해진다. 그 목동 진입구간을 지나면 그나마 차량의 흐름이 수월하고 순조로운 흐름을 보이게 된다. 그런 연후에 다시 노들길로 접어든다. 다시 굴다리 쪽으로 차선을 변경해서 내려갔다가 올라와 우측으로 접어들면 영등포 쪽으로 나가는 길에 다다른다. 항상 대기해서 기다리고 있는 차들이 길게 줄을 서 있는 광경에 접하게 된다. 그러면서 서서히 이동을 해서 마포대교를 건너오는 차량들과 부딪히게 되는 와중에 차선을 위험천만하게 변경해야 한다. 직진 차선과 좌회전 차선이 서로 엉키면서 경적음이 울리고 서로 먼저 가겠다고 하는 통에 무질서한 혼잡이 일어난다. 그 혼란한 속을 뚫고 좌회전 차선에 일단 서게 되면 안도의 한숨을 내쉬게 된다. 한편으로 드는 생각은 참으로 한국인은 인내심이 대단하다는 느낌을 갖게 되는 것이다. 그렇게 길이 막히고 정체가 되고 지체가 되는 것에도 익숙해진 탓인지 요즘은 다 참고 기다리고 감내하는 것에 이르고 보면 한국의 문화적 성숙도에 놀라게 된다.

예전 같으면 조금이라도 자신의 이익이 침해되거나 불편함에 직면하게 되면 육두문자를 날리고 화부터 내는 것이 통상적인 일이었는데 요즘은 충분히 사려 깊고 숙고한 뒤에 항의하고 항변하는 것을 보면서 변화된 세상의 인심과 성숙成熟된 세태世態를 느낀다. 그리고 신길로로 해서 조금 가다보면 공군회관으로 지나게 된다.

퇴근길은 그래도 편안한 운전이 된다. 어떻게 하든 시간이 지체되던 어떻든 문제는 목적지에 도착만 하면 되는 것이다. 출근길은 시간의 압박이라는 것이 있어 초조함도 있고 긴장감 속에서 운행을 하게 되는 것과는 달리 퇴근길은 특별한 부담감은 없는 편안함이 있는 것이다. 물론 업무가 남아 있다거나 기타 여러 가지 사정이 있는 경우는 예외이긴 하다. 그러나 대체적으로 퇴근길은 휘파람을 불며 신나게 가는 길인 것만은 분명한 듯하다.

퇴근길의 매력은 집으로 가는 것도 있지만 동료들과의 술자리를 갖게 되는 것이 또 다른 즐거움의 하나일 것이다. 차를 운행해야 하는 것에서 술자리를 자주 갖지는 못하지만 그런대로 일주일에 한두 번씩은 하게 되는 것이 일상적이다. 변변한 안주에 술자리를 갖는 경우도 간혹 있지만 통상 일반 서민들처럼 그렇게 삼겹살에 소주 한 잔이 통속적인 그림일 것이다. 그런 술자리에서는 항상 직장생활의 애환이 해소되고 스트레스를 날릴 수 있는 기회가 된다. 그러면서 상사로부터의 질책 기타 하급자들로 인한 속상함 등을 다 솎아내는 계기로 삼아야 하는 것이 지혜로운 방법일 것이다.

아무튼 퇴근길은 즐거운 길이고 기쁜 길인 것만은 분명하다. 어떤 날은 기분 나쁜 마음이 들어 울적해지고 또 어떤 날은 기쁨과 즐거움이 가득한 날도 있다. 평범한 일상의 퇴근길에 즐거움을 계속 지켜갈 수 있다는 것도 직장생활의 소중한 한 단면일 수 있으리라.

제5부

아들의 전역을 맞아

어저께 마지막으로 아들을 부대에 들여보냈다. 그러면서 물었다. 도대체 몇 끼가 남았냐? 라고 말이다. 세 끼 남았단다. 하루를 지내면 제대인 아들을 들여보냈다. 얼마전 임병장의 사고가 있었다. 그래도 너네는 좀 다르니 관심병사가 없지 않느냐고 했다. 그러니 아들과 그 동기가 하는 말이 그랬다. 물론 그런 곳에는 갈 수 없겠죠 그런데 관심병사는 여전히 있다고 했다. 그러면 어떤 곳에 있냐? 아들은 그냥 묵묵부답이었다.

아들이 군에 입대하던 때가 엊그제 같은데 이제 내일에 제대하는 날을 맞았다. 2012년 10월 15일에 입대를 했다. 두 번째의 경험이었지만 그래도 입대라는 것이 마음 아팠다. 특히 큰 녀석은 경기도 쪽이었는데 이놈은 강원도라 걱정이 앞섰다. 특히 그냥 제대로 군생활에 관한 준비를 한 상황이 아니라 얼떨결에 갑자기 황망하게 기분에 의해 군대라도 가보고 기분이라고 전환해보자 하는 심정으로 가는 상황이라 안쓰럽기 그지 없었다. ㄱ에 ㄷ 갑갑한 상황은 얼마진 동기 녀석의 아들이 불의의 상황을 당한 이후라 행여 하는 노파심이 생겼었다.

아무튼 녀석을 데리고 군부대 부근까지 갔다. 그래도 좀 익숙한 지형이라 동기 녀석에게 연락을 취했다. 녀석은 순순히 나왔다. 아들은 머리를 깎고 있었고 집사람이 같이 있었다. 동기와 얘기를 하다 보니 그래도 상당히 안심이 되었다. 식사를 마치고 아들을 데리고 102 보충대에 데리고 들어갔다. 첫째 때와는 전혀 딴판이었다. 한참을 걸어 들어가면서 뭔가 아픔을 다 상쇄하라는 기회를 줬다. 중대장이 마이크를 잡았다. 입영대상 장병을 대상으로 훈시를 했다. 그리고 다음은 부모와 애인의 차례였다. 부모는 그랬다. 자신이 군생활하던 시절의 암울했던 상황을 호소했다. 그것이 결국은 자기의 하소연에 불과했지만 오래전에 자신이 경험했던 군생활을 반추하는 기회를 제공하기도 했다. 다음은 애인들의 차례였다. 애절함이 묻어났다. 그리고 공식적인 기념행사는 끝났고 다음은 공식적인 입영행사가 연병장에서 진행이 되었다. 우리는 다른 일정으로 인해 공식적인 행사를 다 볼 수 있는 입장이 아니었다. 그래서 곧바로 그곳을 빠져 나왔다.

아들은 참으로 답답한 상황이었고 암울한 상황에서의 입대였다. 그리워하던 이와의 결별을 고하고 바로 입대를 한 상황이었기에 군생활에 제대로 적응이 이루어질지 걱정이었다. 다음은 얼마 후의 자대 배치였다. 그렇게 뭔가 좀 의미있는 일을 해보라고 권고했지만 그냥 허송세월로 보냈다. 그렇게 입대를 하는 날에는 첫째와는 달리 부부가 동행을 했었다. 그리고 춘천에 와서 같이 입대하는 시간을 공유했다. 점심은 춘천 시청 앞에서 등심으로 식사했다. 그리고 두 번째로 입대하는 아들을 군軍에 들여 보냈다. 큰아들 때에는 그냥 종로 3가에서 홀로 가라고 작별을 인사했음에 비하면 엄청나게 달라진 부분이었다.

큰 애는 동반입대를 했었다. 그러는 와중에 부모님까지 끼여 드는 부분에 엄청 어색해 해서 그냥 보냈었는데 이번에는 이렇게 부모가 같이 입대를 하게 된 셈이었다. 부모 대표 그리고 애인 대표가 나와 소회를 밝히는 시간도 잠깐 있었다. 눈물바다를 이루는 순간이기도 했었다. 군대가 뭐라고 말이다. 공식적인 행사가 끝나고 곧바로 연병장으로 집합했다. 그전 식전행사는 연병장과 건물 뒤편의 깍아지른 절벽 같이 경사진 곳에서 있었다. 연병장의 행사는 공식행사였고 어떻게 끼여들 자리가 없어 보였다. 공식적인 행사가 시작되는 것을 보고 곧바로 귀갓길을 서둘기 위해 나왔다. 춘천의 102 보충대 부대 앞 길가에 죽 길게 주차된 차량 행렬은 뭔가를 느끼게 해주었다.

그렇게 떠나간 것이 이년 전이었다. 그런데 이제는 전투복을 입고 전역을 하게 된 것이다. 다른 사람이 느끼기에는 일각이 바람처럼 지나갔지만 옆에서 지켜본 부모 입장에서는 일각이 여삼추였었다.

처음 훈련병을 마치고 계급장을 다는 날은 감회가 남달랐었다. 5주간의 기초 군사훈련을 마치고 민간인이 군인이 되는 순간을 맞이한 것이었다. 나방이 껍질을 벗고 나비가 되는 순간처럼 그렇게 감개무량한 순간이었다. 도대체 믿어지지 않을 정도로 변모된 아들의 모습이 경이로울 뿐이었다. 그리고 자대 배치를 받은 곳은 청천벽력 같이 여겨졌던 수색대였다. 그렇게 만류를 했건만 어찌 그렇게 고생스러운 곳을 택했단 말인가. 안타깝기 그지없었다. '남자라면 한번 해볼만 하지 않는가?' 라는 반문에 할 말을 잃었다. 처음 면회를 가서 보게된 민정경찰 마크를 단 병장은 한없이 부럽기만 했었다. 그런데 얼마 동안의 세월이 지나고 나니 작은 아들이 똑같이 그런 입장에 처하게 되었다. 어렵고도 힘든 여정을 무사히 마치고 이제는 집으로 돌아오는 아들에게 축하에 인사를 보낸다.

엊그제 말년 휴가를 나와서 부대로 다시 들여보내며 함께 시간을 두 시간 보냈다. 무덤덤하게 그렇게 먼 산을 바라보는 눈가에는 어느덧 이슬이 맺힌 듯 보였다. 그옆의 전역동기에게도 회한이 서리는 듯했다. 보다 힘들게 생을 보낸 이에게는 분명 그에 합당한 뭔가가 있으리라 기대가 된다. 조선일보 15,000㎞의 종주를 신청하기도 할만큼 호기로웠던 아들이 이제는 그 어떤 어려움도 능히 헤쳐갈 수 있는 기린아로 다시 태어났어리라 믿어 의심치 않는다.

이제 내일이면 민간인 신분이 된다. 이제 하나의 마무리가 아니라 새롭게 시작하는 출발점에 섰다는 부분을 충분히 각인시켜 주고싶다. 무슨 일이든 어떤 어려움이든 헤쳐나갈 수 있을 만큼의 자신감을 갖고 세상 앞에 섰겠지만 세상은 군대만큼 그렇게 호락호락 하지 않음을 깊이 인식해야 하리라. 이제부터가 제대로된 삶이고 인생일 수 있으리라. 전역을 하는 순간에는 세상을 다가진 듯하고 모든 만사가 잘 풀려갈 것으로 기대하겠지만 생은 그렇게 만만하게 술술 풀려지지만 않으리라. 이제 의당 남자라면 다 가야 하는 국방의 의무를 충실히 마치고 한 성인 남자로 자리매김하는 것이다. 최소한 남자는 군복무를 해야 하는 것이다.

예전 우스개에 그런 것이 있었다. 여자들이 가장 싫어하는 얘기가 뭐냐 그러면 그것은 군대 이야기이고 또하나는 축구 이야기라고 한다. 그러면서 최고로 싫어하는 것 중에 하나로 꼽는 것이 군에서 축구한 이야기라고 했었다. 지금이야 모두가 월드컵에 열광하고 응원에 한 목소리를 내기도 하지만 말이다.

요즘 경제도 어렵고 취업도 낙타가 바늘 구멍 들어가기보다 더 힘든 것이 요즘의 세태다. 모쪼록 정신차리고 학업도 열심히 마무리하고 정상적으로 순리를 쫓아 인생의 출발점에 설 수 있도록 잘 대비하고 준비하기를 기대해 본다.

COFFEE

여행을 떠나는 아들에게

안녕! 아들아 이제는 그곳 생활에 얼마만큼 충분히 적응이 되었겠구나. 네가 그곳에 간지도 벌써 3개월이 지났다. 처음에는 다소 어려움도 있었겠지만 이제는 얼마만큼 충분히 적응이 되었으리라 믿는다. 자주 카톡을 통해서 근황을 주고받다 보니 이역만리 떨어져 있지만 그렇게 소원한 느낌이 들지는 않구나.

이제 이곳은 완연한 가을이다. 내일이나 모레쯤은 태풍이 올라온다는 일기예보도 있었지만 그렇게 심각한 타격을 입힐 것 같지는 않구나.

얼마 전에 시작된 아시안게임은 잘 진행되고 있다. 우리의 희망 박태환은 두 종목에서 동메달만 두 개를 땄다. 고교생 한 명은 사격에서 진종오를 제치고 2관왕에 올랐다. 일본과 2위를 놓고 쟁탈전을 벌이고 있는 상황이다. 우리 선수들의 선전이 기대된다.

우리 가족은 항상 그렇듯이 잘 지내고 있고 평온한 상태의 나날들이 이어지고 있다. 아빠는 여전히 사무실에 잘 출근하고 있고 편하게 지내고 있다. 다음 주쯤이면 한 달 정도 치료를 했던 앞 치아를 새롭게 맞춰 끼워 넣게 될 것이다. 엊그제는 동기들끼리 태안비치CC에서 골프를 쳤다. 스코어는 별로였지만 오랜만에 만난 동기생들과 회포를 풀었다. 그리고 주말에는 농협 전체의 B대학 동문 체육대회 행사를 치렀다. 아빠가 찬조를 좀 거하게 했다. 책 푸른 노을 125권을 내놨다. 참석한 동문들에게 한권씩 나눠주라고 말이다.

네 엄마는 완전히 마음공부에 빠져 산다. 아침 5시에 일어나 한 시간 동안 수행을 한다. 그러는 것도 모자라 저녁에 와서도 한 시간씩 수행을 한다. 마음의 정화를 확실히 느끼는 모양이다. 수계受戒(불교에 귀의한 사람이 계율을 받음)를 받고 삼천 배를 한 것이 무척이나 자랑스러운 듯하다.

얼마 전에는 네 외숙모의 부친상이 있어 잠깐 광주에 문상을 다녀왔다. 네 외할아버지와 동갑이라고 했는데 이번에 돌아가셨다. 여든을 넘기셨으니 오래 장수하신 것이기는 한데 그래도 아쉬움이 있는 듯해 보였다. 특이하게도 화장을 해서 반은 부인과 같이 합장을 해달라고 했고 나머지 반은 선산에 묻어달라고 유언을 하셨다고 했다. 참 기이한 일이었다. 공직생활을 오래하셨던 모양이다.

상학이는 9월부터 복학해서 열심히 학업에 매진하고 있다. 엊그제는 군에 있는 친구랑 수원 부근의 용인 저수지에 두 번째로 낚시를 하러 갔는데 지난번에 이어 이번에도 허탕을 쳤다는구나. 틈틈이 시간을 내어 알바를 하고 있다. 주 내용은 중고차 매물로 나온 것을 인터넷에 올리는 것이다. 시간당 얼마로 해서 임금이 책정된다. 기타는 가끔씩 치고 있고 이제는 글 쓰는 것에 매료되어 있다. 자기 알바로 번 것을 과외비를 내고 과외를 주기적으로 받고 있는 형편이다. 얼마 전에 올린 것은 박민규란 소설가의 책들과 최윤식이라는 미래학자의 책을 사온 것을 사진 찍어 올린 것이다.

지난 주 목요일에 농협중앙회에서 최박사를 초청해서 강좌를 열었는데 아빠가 다녀왔다. 한 시간 30분 동안 2030년의 미래한국에 대해 열변을 토했다. 그가 계속 내놓은 책이 '2030 대담한 미래'라는 것인데 이제 2권이 나왔다. 앞으로도 3, 4, 5권이 나올 예정이다. 향후 2030년에는 세상이 완전히 바뀔 것이라는 것이 그의 예측이었다. 인구가 감소하는 상태에 접어들 것이라고 예상하고 있고 노령인구가 이천오백만 명에 이를 것이라고 했다. 미국이 금리인상을 감행해서 세계경제가 요동칠 것이라고 예측했다. 금리인상 이유는 국가부채가 눈두덩이처럼 불어나서 도저히 감당할 수 없게 되는 상황에 이르게 되기 때문이다. 2008년도 서브프라임 금융위기가 왔을 때에는 세일가스를 수출하는 것으로 해서 위기에서 벗어날 수 있었다. 앞으로 건강하게 오래 살기라는 것이 화두가 될 것이라고 했다. 사람들이 빚을 내서라도 사기를 원하고 희망하고 갈구하는 것이 건강에 관련된 상품 등이 될 것이라는 예측이다. 향후 웰빙식품, 건강식품, 물 등에 관심이 집중될 것이라는 예측을 내놓고 있다. 삼성도 향후에는 위태로울 수 있다는 것이다. 제대로 된 사업프레임을 바꾸지 않으면 생존해 나갈 수 없다는 것이다. 지속가능한 기업이 30대 기업에서 절반밖에 되지 않을 것으로 전망하고 있다. 참으로 불안한 예측이고 우려되는 상황이 아닐 수 없다. 너도 기회가 되면 한번 연구해 보아라.

추석 명절은 잘 지냈니. 추수감사절 여행도 잘해라. 스페인과 포르투갈은 오래전에 세계를 주름잡던 거대제국이었다는 것을 잘 알고 있을 것이다. 그들의 면면을 잘 살펴보고 익혀오기 바란다. 세계역사의 중심에 있었던 적이 있었고 그들의 무적함대는 세계를 호령하기도 했었다. 정열의 나라이기도 하고 집시의 나라이기도 하다. 지금은 쇠락

해 있지만 그래도 우리가 본받고 배워야 할 점도 많을 것이다.

엊그제는 런던 김 사장과 만나 네 가방을 전해주었다. 신발과 편지를 한 통 넣었다. 코트도 넣었어야 했는데 부피가 너무 컸을 것으로 여겨져 보내질 못했다. 다음에 또 기회가 되면 물건 배달의 시도를 한 번 해보마.

요즘은 명량이라는 영화가 대박을 쳤다. 영화 사상 최대의 관객을 동원한 것으로 15백만 명을 돌파했단다. 이순신 장군의 명량해전을 극화한 것이었는데 시대가 시대이니만큼 그의 불굴의 리더십이 그리운 때가 아닌가 싶다. 13척의 배로 거의 10배에 해당하는 왜적을 맞아 고군분투孤軍奮鬪해서 대승을 거둔 것이 주 내용인 듯하다. 세계 해전사에 전무후무한 승리이고 쾌거가 아닐 수 없었다. 어떤 이가 이런 이야기를 한 적이 있었다. 각종 기록 등을 통해 나타난 이순신 장군의 면면을 통해 그가 어떤 약점을 갖고 있는지를 파악해 보고자 했다. 그럼에도 불구하고 그 약점을 하나도 발견할 수 없었다고 한다. 얼마나 치열하게 자신을 다독여가며 멸사봉공의 정신으로 구국을 해냈으면 그랬을까 싶다. 영화 속에서 그랬다. 임금이 장군을 버리지 않았냐. 그러니 이제는 무엇을 위해 싸움을 해야 하느냐고 묻는다. 그러자 장군이 그런다. 백성이 있지 않느냐 나는 백성을 위해 전투를 한다. 임금을 위함이 아니라고 위안하면서 마음을 다잡는다. 무결점의 지도자고 리더였던 그의 완벽했던 모습이 그리워질 것이다.

러일전쟁의 영웅이었던 도고 헤이하찌로라는 장군이 러일전쟁 직후에 기자들의 질문을 받은 적이 있었다. 그때 그는 이런 얘기를 했다고 한다. '나는 넬슨과는 비교할 수 있을지 모른다. 하지만 이순신 장군과는 비교할 바가 못 된다. 그는 국가의 도움도 받지 못하고 오로지 열악하고 힘들고 어려운 상황에서도 대군과의 싸움에서 한 번도 지지 않고 승리를 이뤄냈다. 내가 그의 조직에 견준다면 그의 부하 중 하사관 정도에 불과할 것이다. 나는 국가로부터 국민으로부터 전폭적인 지원을 받았고 충분히 승산 있는 싸움을 한 것이었다.'

항상 건강하고 자존감을 높여서 고귀한 사람이 되어야 한다. 항상 너는 든든하고 자랑스러운 우리 가족의 희망이고 지주支柱라는 것을 잊지 말기 바란다. 그럼 잘 지내라. 안녕.

다 원
Coffee
음료
웅어회 매운탕
곤드레정식

웅어회와 장어

얼마 전 금요일이었다. 오래 전부터 웅어회를 먹자고 했던 선배에게서 연락이 왔다. 일과를 마치고 오라는 곳으로 갔다. 행주산성이라는 지역이었고 음식점은 D라는 곳이었다. 약속시간에 늦어 헐레벌떡 갔더니 세 분이 앉아 있었다. 차량에 부착된 내비게이션이 아니면 찾을 수도 없을 만큼의 오지로 여겨졌다. 신록이 우거진 산속에 한 자락을 차지하고 있었다. 식당 내에는 드문드문 손님들이 앉아 요기를 하고 있는 중이었다. 웅어회를 시켰다.

약주를 한 잔하면서 세상살이에 대한 얘기꽃을 피웠다. 시골에 사는 내외분이 오랜만에 서울 나들이를 한 형국이었다. 현역 시절에 고양 쪽에도 근무를 한 경험이 있어 이쪽 지리와 향토음식 등에는 일가견이 있었다.

웅어는 회귀성으로 산란을 위해 5월에서 8월 사이에 강 하구 갈대숲이 무성한 곳에 산란을 한다. 그래서 위葦 갈대어라고도 한다. 속설로 전해지는 말에 전어는 상놈이고 웅어는 양반이라는 말도 있다. 임금의 수라상에 올라갈 정도의 고급 어종이었다. 살점이 많아서인지 씹히는 맛이 일품이었다. 야채랑 버무려진 웅어회를 된장에 찍어 먹는 방식이었다. 초장도 준비되어 있었지만 그냥 된장에 찍어 먹었다.

얼마 후 자리가 파하고 일행들은 차를 운전해서 인근의 원조 국수집으로 갔다. 식사시간으로는 좀 늦은 9시 가량이 되었음에도 불구하고 식당 안은 무척이나 붐볐다. 메뉴는 단 두 가지였다. 비빔국수, 잔치국수. 가격은 4천 원으로 정해져 있었다. 순식간에 주문한 음식이 나왔고 허겁지겁 허기진 배를 채웠다. 원조라고 되어 있었고 국수집일 뿐인데 거의 기업 수준이었다. 식사를 마치고 그곳을 나왔다. 대리기사를 불러서 귀가했다. 그곳에서 같이 자리를 했던 선배의 얘기로는 고양의 능곡 쪽에도 웅어횟집이 있다고 했다. 그런데 그곳은 엄청 혼잡하다는 것이 약점이라고 했다. 세상이 변하고 환경이 변해 요즘은 행주나루에서도 웅어잡기가 쉽지 않다고 한다.

유명인이 진행하는 한국인의 밥상이라는 프로그램이 있는데 그곳에서 제목으로 삼은 것은 "그 많던 웅어는 어디로 갔을까?"였다. 그리고 또 어떤 이는 웅어박물관을 행주나루 쪽에 건립하는 것을 제안하기도 했다. 한강의 웅어도 있고 낙동강의 웅어도 있는 모양이다.

얼마의 시간이 지나간 후 혹시나 하고 한 번 식당에 문의해 보았다. "이제 철이 지났는데 웅어회를 먹을 수 있나요?"라고 말이다. 그랬더니 돌아온 대답은 의외로 항상 얼마만큼의 횟감을 보관해 두고 저장을 해놓기 때문에 언제나 웅어회를 먹을 수 있다는 답이 되돌아왔다. 참 다행이란 생각이 들었다.

장어는 본래 민물이 있고 바다장어가 있다. 얼마 전에 사무실에서 회의를 했는데 그곳은 강화 쪽이었다. 그래서 저녁을 먹은 곳이 장어집이었다. 오두돈대라는 이름을 가진 곳이었는데 제대로 된 장어가 나온 듯했다. 물론 그건 바다장어였다.

장어촌으로 유명한 곳으로는 강화의 더리미마을이라는 곳이 있었다. 강화대교와 초지대교의 사이에 집단촌을 이루어 유명한 곳으로 장어의 진미를 맛볼 수 있는 곳이다. 요리해 나올 때에도 양념을 한 것과 양념을 하지 않은 것 두 가지로 맛볼 수 있었다. 양념한 것은 금방 맛에 질리기 때문에 되도록 양념하지 않은 것을 먹다가 최종적으로 맛보는 것이 양념구이로 하는 것이 편하다고 했다.

행주산성 쪽에도 장어로 유명한 집들이 곳곳에 산재해 있다. 한 지인의 얘기를 들으면서 장어에 관한 생각을 새롭게 가질 수 있었다. 회합이 공식적으로 이루어졌고 아는 지인을 통해 충분히 제대로 된 장어를 내놓는 자리에 갔을 때의 장어는 정말 일품의 맛을 느껴볼 수 있었단다. 그런데 개인적으로 따로 갔더니 그런 맛을 전혀 느껴보지 못했다고 하는 회한悔恨을 얘기해 주었다.

아산 쪽에도 인주면에 가면 장어 집성촌이 형성되어 있다. 워낙 고가이고 보양식으로 이름이 높은 것이어서 좀체 맛보기가 쉽지 않은 것이 장어인 듯하다. 파주 쪽에는 그것을 염가로 맛보게 하기 위해 셀프서비스로 제공하는 집이 있는데 그곳은 손님들로 인산인해를 이루며 발 디딜 틈이 없을 만큼 미어터지는 곳으로 정평이 나 있기도 했다. 반대편에는 편안하게 서빙을 받으면서 즐길 수 있는 곳이 있는데 보통사람으로는 꿈도 꿀 수 없을 만큼 단가가 만만치 않다고 했다. 간혹 노량진이라도 가면 그곳에서 뼈를 발라내고 조리해 먹을 수 있도록 해주는 장어집에서 장어를 손질해오기도 한다. 그러면 그것을 후라이팬에 구워 먹기만 하면 되는 것이다. 그런데 요즘은 장어도 양식장어로 하다 보니 자연산을 찾기가 힘들어지고 있다. 그리고 또 양식을 할 때에는 꼭 항생제 등의 처방으로 인해 장어 애호가로부터 상당히 기피 당하기도 한다. 장어는 뭐니 뭐니 해도 최고 보양식으로 인정받는 부위가 아무래도 꼬리 부분이라고 하는데 신빙성이 있는지는 알 수 없는 노릇이다.

바다 속 식품 중 '스테미너' 하면 떠오르는 어종이 있다. 그렇다. 바로 장어다. 가을이면 아무것도 먹지 않고 몇 달 동안 수만 리 바다를 헤엄친다는 것만으로도 장어는 이미 훌륭한 강장식품이라 할 수 있다. 정력에 좋다는 건 두 말하면 잔소리이다.

지난 15일 고향으로 1박 2일 장어잡이를 떠났다. 살아가면서 누군가를 얻으려면 망설임 없이 내 시간을 그에게 내줄 수 있어야 한다. 그것이 바로 신뢰다. 관계의 기본은 믿음에서 시작되기 때문이다.

장어는 붕장어, 꼼장어, 먹장어 등 여러 가지가 있다. 여수 쪽에서는 하모라 해서 회로도 먹고 샤브샤브를 해서 먹기도 한다. 부산의 자갈치에서는 꼼장어가 유명하다.

모처럼 만난 반가운 지인들과 함께 바다 속으로 흠뻑 빠져들었다. 오늘은 장어잡이 어부체험이다. 바다에서는 '주낙'이나 '통발' 등을 이용해 장어를 잡는다. 장어통발은 장어를 미끼로 유인해 함정에 빠트려 잡는 어구다. 직경 13cm, 길이 40cm 정도의 약간 홀쭉하고 긴 원통형으로 생겼다. 한 쪽은 막혀 있고 다른 한 쪽은 장어가 들어갈 수 있도록 깔때기처럼 생긴 마개를 끼운다. 멸치를 넣고 깔때기를 끼우면 끝이다. 플라스틱이 귀했던 옛날에는 주로 대나무를 엮어 통발을 만들었다. 지금은 대나무가 사라지고 플라스틱으로 대체되었다. 미끼로는 주로 멸치를 사용하는데, 장어가 좋아하기 때문이다. 통발 한 개당 가운데 손가락만큼 굵은 멸치 3~4마리를 넣으면 끝이다. 어부들은 통발 50개 정도 매단 줄을 '한틀'이라 부른다. 우리가 가진 통발은 두틀이다.

장어는 야행성이라 주로 밤에 활동한다. 붕장어와 먹장어는 낮에 잠을 자다가 밤이 되면 먹이사냥에 나선다. 이때 통발을 만난 장어는 통발 속에서 비린내를 풍기는 멸치를 먹기 위해 환장을 한다. 이윽고 입구인 깔때기를 발견하고 통발 속으로 유유히 들어간다. 그렇게 통발 속으로 들어간 장어는 나오는 구멍을 찾지 못해 갇히고 만다. 어부들은 밤에 통발어장을 바다에 던진 뒤 4시간 마다 걷는다. 4시간 후면 갇혀있던 장어가 빠져나오는 경우가 많기 때문이다. 장어는 통발에 들어갈 때 머리를 먼저 들이민다. 그렇다면 나올 때는 머리로 나올까, 꼬리로 나올까? 정답은 꼬리이다. 꼬리가 일종의 더듬이 역할을 하는데 실컷 배를 채운 장어는 뚫린 구멍만 보이면 꼬리를 넣어 헤집고 나오려 발버둥친다. 힘 좋은 장어꼬리가 정력에 좋다는 낭설은 이 때문이다.

바다의 기상은 예측불허이다. 오늘은 날씨가 화창해 바다가 장판처럼 평평하다. 날씨가 급변하면 파도가 거칠 게 인다. 그래서일까. 바다 위에서 삶을 건져 올리는 어부들은 항상 고단하기 마련이다. 장어잡이 체험에 나선 지인의 한 마디가 이를 대변한다. "오늘 장어잡이에서 내린 결론은 차라리 사먹고 말지. 이거 보통 힘든 것이 아니구먼…." 전날 놓은 통발을 걷기 위해 아침 일찍 나섰다. 어제 마신 술이 덜 깨었지만 얼마나 잡혔을까 기대들이 크다. 첫 어장이 올라왔다. "터덕~터덕~" 통발 속에서 장어들이 요란하게 소리를 내며 움직이고 있다. 첫 통발부터 장어가 들어 있는 것이 아닌가. 이를 본 일행들이 소리친다. "와 이건 뭐야? 진짜 장어네!" "고놈들이 바로 꼼장어와 붕장어란 말입니다."

어장을 걷는 내내 신기해하는 일행들의 즐거운 비명이 터졌다. 통발에는 붕장어만 있는 게 아니었다. 먹장어로 불리는 꼼장어도 올라왔다. 꼼장어를 잡은 건 처음이다. 지인은 뭐 저런 게 있냐고 징그럽다는 표정이다. 통발 안으로 들어가지 못한 고동과 불가사리는 통발에 달라붙어 배 위로 올라왔다. 통발을 걷는 내내 외쳐대던 지인의 한 마디가 생생하다. “어이 우리 어부로 전업해 버려 이거….” 이윽고 아침식사 시간이다. 살아있는 장어를 숯불에 구우니 별미다. 반주로 곁들인 소주와 장어구이. 세상 그 무엇과도 바꿀 수 없는 부러울 게 없는 성찬인 것이다. 아쉽지만 우리의 짧았던 1박 2일 어부체험은 이것으로 끝이 났다.

채석강에서

얼마전 지난달부터 계획하고 기다려 왔던 모임이 드디어 개최되어 여러 사람들이 모여 징겨운 시간을 보냈다. 한 사람은 브라질 상파울루에서 또 한 사람은 런던에서 정말 말 그대로 지구 반대편에서 두 사람은 10시간 이상의 비행을 거쳐서 온 것이었다.

전체 모인 사람은 11명이었다. 당초 예약을 8명으로 했었는데 3명이나 넘친 것이다. 지하철 3호선 남부터미널역 3번 출구 500미터 지점 채석강이란 횟집이었다. 세꼬시로 유명한 집으로 정평이 나 있었다. 여러 면에서 생소生疎한 장소여서 다들 그곳을 찾는 데 애로를 겪었다. 브라질에서 오는 친구는 거의 1년만에 나온 것이었다. 그곳으로 들어간 지 거의 20년이 다 되어 가고 있었다. 이제는 브라질에서 나올 때도 되었음에도 아직도 그곳에 더 있어야 한단다. 이제는 장년의 모습이었고 관록이 붙은 모습이었다. 여전히 런닝을 즐기고 운동을 꾸준히 하고 있음에도 세월의 덫은 피할 수 없는 모양이었다. 제법 몸이 불어난 모습이었다. 본래 모임 장소에 관한 의사타진을 했을 때에는 숙소에 가까운 지역을 원했는데 찾다 보니 그렇게 전철역 부근의 낯선 곳을 약속 장소로 정하게 되었다.

인원이 예정 인원을 초과하게 되어 걱정이 된 부분이 있었는데 8인을 넘길 경우에는 홀로 장소를 변경할 수밖에 없는 상황이어서 달리 선택의 여지가 없었다. 그래도 인터넷을 검색하고 방문 후기 댓글 등을 통해 그래도 좋은 식당이라는 평이 있는 곳이라고 해서 선정한 곳이 채석강이었다. 검색을 하면 부안쪽의 채석강이 나온다고 했다. 인터넷 검색은 서초 채석강으로 해야 제대로 검색이 되는 상황이었다. 런던의 김사장은 3~4개월마다 한 번씩 귀국을 하기 때문에 브라질 박사장의 일정에 런던 김사장이 그 기간을 조정한 결과로 이렇게 회합을 가질 수 있게 된 것이었다.

제일 먼저 온 사람은 권사장이었다. 얼마전 조그만 회사에 들어갔는데 대표를 맡고 있었고 사무실은 분당쪽에 있었다. 현대에 있기도 했고 SK의 임원으로 얼마 전까지 재직했었다. 집은 용인 수지쪽에 있었다. 월급쟁이 사장으로 근무중인 셈이었다. 다음은 최선배였다. 이번 모임에서 최고 연장자였고 3년전에 LG에서 퇴직해서 이제는 제2의 인생을 살고 있었다. 형수께서 교직에 종사하고 있는 덕에 생활에는 전혀 문제가 없었다. 그럼에도 새롭게 일을 시작해서 고군분투孤軍奮鬪하고 있었다. 다음은 남사장이었다. 모두들 낯설어 하는 이였는데 알고 보니 김사장과 절친이었고 막역지우莫逆之友였던 이였다. 고교 동창은 아니었지만 서로 뜻이 통하는 사이였고 예전에도 몇 번씩은 다 만난 적이 있었다. 조그만 중소업체를 경영하고 있었다. 학창시절 영문학을 했었는데 무역학쪽에 관심을 가졌고 김사장은 영문학쪽에 기웃거리다가 의기투합意氣投合해서 절친이 되었던 모양이었다. 다음은 정이사였다. 4년전에 롯데제과의 임원이었다가 이제는 퇴직해서 조용히 생활하고 있었다. 아들도 결혼을 시킨 일도 있었다. 주로 일본

쪽에 오랫동안 근무한 분으로 일본에 정통해 있었고 마케팅쪽에 강점이 있었다. 다음은 마사장이었다. 물류회사를 경영하고 있다. 본래 다른 일정이 있어 본래는 좀 늦게 오는 것으로 되어 있었으나 그쪽 대해서는 양해를 구하고 이쪽으로 온 것이었다. 감기가 걸려 몸상태가 정상이 아님에도 기꺼이 참석을 해 주었다. 이제는 손녀가 두 살이 되어 온갖 재롱을 다 떤다고 너스레를 풀었다. 다음은 박박사였다. 본래 대전에서 근무를 하고 있는 상태였기에 모임참석이 어렵다고 했는데 어려운 걸음을 해 주었다. 건강검진이 있어 그것을 받고 곧바로 이곳으로 달려온 셈이었다. 이번에 자녀들이 큰 일을 해내 한숨돌린 상황이었다. 아들이 경희대 치과대학에 입학을 한 것이었다. 예전에는 공기업에서 자녀 학자금을 다 지원해 주었는데 이제는 그 지원이 종료되었다고 가슴을 쓸어 내리고 있었다. 두자녀의 학비로 반기마다 거의 천만 원에 육박하는 학자금을 마련하느라 애를 먹고 있었다.

다음은 김사장이었다. 오랫동안 금융쪽에 근무를 하다 은퇴를 하고 이제는 제2의 인생을 살고 있었다. 전혀 생소한 마케팅이나 유통쪽으로 해서 제대로 업을 가져 보려 하고 있었다. 아들이 의과대학의 졸업반에 다니고 있었다. 증권쪽에 전관예우 차원에서 시도를 해보려 했는데 그것은 겨우 2년 정도밖에 보장이 되지 않는다는 것이었다. 그래서 아예 좀 더 오래할 수 있고 제대로 할 수 있는 길을 모색하게 되었다고 했다. 11명이 되다 보니 자리가 비좁은 상태에서 대화할 수밖에 없었다. 시간이 정해져 있었다. 10시에 영업을 종료한다고 하니 계속 있을 수도 없었다. 안주인 세꼬시에 술잔을 기울이며 세상사는 애기들을 했다. 브라질의 박사장을 딸이 한 명 있었는데 올해가 졸업반이라고 했다. 부녀간에 같이 운동도 하고 골프도 할 수 있으니 매우 좋은 관계를 형성하고 있는 것으로 보였다. 미국 동부에서 학업을 하고 있는 중이라고 했다. 런던에서 온 김사장의 딸은 아직도 취업을 모색하고 있는 중이라고 했다. 옥스퍼드 대학을 나온 상태인데 그 능력을 사장시키는 것은 큰 손실로 보였다. 본래 모임에 올려고 했던 박상무님이 갑자기 상가를 갈 일이 생겨 결국은 참석을 못하고 결국 전화로 통화하면서 그 아쉬움을 달랬다. 다음은 K그룹의 김전무였다. 갑작스럽게 지방 출장이 잡히는 바람에 결국 자리에 참석할 수가 없었다. 채석강의 분위기는 무척이나 떠들썩했고 시끌벅적했다. 수시로 여종업원들이 왔다갔다를 했는데 안주는 항상 부족한 듯했다. 결국 나중에는 여종업원에게 부탁해서 기념사진 촬영을 부탁하기도 했다. 시간이 초과되어 결국 맥주를 한 잔씩 더하고 모임을 파할 수밖에 달리 도리가 없었다.

일부는 귀가 하는 등 돌아갈 뜻을 비치기도 했으나 결국 나중에는 다 2차를 가는 결과가 되었다. 세계의 맥주가 있는 집이었다. 그곳에서의 계산은 남사장이 하기로 했다. 안주는 기본으로 하고 피쳐를 시켜서 먹었다. 피쳐도 거의 10번을 시킨 듯했다. 본래 최선배가 하려 했는데 결국은 남사장이 총대를 맸다. 최선배는 은퇴후 브라질을 한번 다녀온 경험이 있기도 해서 브라질 박사장과 돈독한 사이이기도 했다. 모든 자리가 파하고 나니 자정이 지나 있었다. 다음날이 휴일도 아니고 평일이었기에 더 이상 자리를 계속하는 것은 무리였다. 런던의 김사장도 아침 일찍 공항으로 나가야 하는 일정이었다. 모두들 택시로 귀갓길을 서둘렀다. 오랜만에 건강한 모습의 얼굴들을 볼 수 있어서 좋았다.

이제는 얼마 지나지 않아 환갑을 넘긴 상태로 백발이 성성한 모습으로 술잔을 기울이게 되지 않을까 여겨졌다. 10억 정도는 벌어와야 강남의 아파트 한 채를 구입해서 여유를 가지지 않겠냐고 했던 게 엊그제 같은데 이제는 그 돈으로도 변변한 아파트를 구하기가 쉽지 않은 상황이 되었다. 참으로 세월이 유수처럼 흘러버렸다. 이제는 옛추억에 잠겨 과거를 회상하고 그 시절을 그리워해야 할 때가 된 듯하고 생의 어두운 그늘인 겨울을 준비해야 하고 맞이해야 할 채비를 해야 할 것으로 보였다. 제1기의 생은 거의 마무리가 되어야 할 듯하고 제2의 생을 차근차근 대비하고 준비해야 할 것이다. 자기 사업을 갖고 있는 이들이야 자기 스스로 그 진퇴를 결정하면 되지만 그렇지 않은 사람들은 결국 새롭게 제2의 일거리를 찾거나 만들지 않으면 고령화시대에 적응하기가 점점더 어려워 질 것임을 실감하고 있었다. 낯선 부분에의 접근이나 진입이 결코 쉽지 않을 것인데 모두들 다 나름대로 그것에 적응해 나가고 부응해 가는 모습들이었다. 다음에는 더 나이든 모습일 테고 언제일지는 모르지만 다음을 기약하며 각자의 길로 되돌아갔다. 채석강에서 뜻깊고 의미있는 시간들을 보냈는지 모를 일이다.

범칙금 인상 괴담 '거짓'
MBN
택시기사
범칙금이 오른다면 운전자로서는 안 좋습니다. 마음이
부담이 생기겠죠.

교통범칙금

얼마전의 일이었다. 퇴근길에 우편함을 들여다보니 범칙금의 과징금이 나왔다. 상당히 곤혹스러웠고 당황스러웠다. 아직도 이렇게 고지서에 의해 발급되는 것이 마음을 무겁게 했고 안타까운 일이었다. 일단은 납부 여부를 확인하는 것이 급선무였다. 일단은 컴퓨터에 의해 거래내역을 확인하고 납부를 했는지를 살펴보는 것이 우선이었다.

지난해 가을의 일이었다. 급하게 볼 일이 있어 예전 살았던 동네의 치과에 갈 일이 있었다. 치과에 딸린 주차장도 넉넉지 못해 보도블럭 위에 주차를 잠깐 하고 들어가 볼 일을 보고 나왔는데 그 사이에 주차단속원이 카메라에 담아간 것이었다. 거의 순식간에 일어난 일이었다. 그런 일이 있은 후 며칠이 지나지 않아 통보가 왔다. 요즘은 다들 인터넷 뱅킹으로 세금이고 관리비고 다 납부를 하는 세상이 되었다. 그런데 어찌된 셈인지 이 교통범칙금은 조회 후의 납부가 되지 않는 상황이었다. 전산상의 조작에 문제가 있었는지 혹은 다른 문제가 있어 그렇게 올려지지 않은 것인지 납부를 하는 것을 차일피일하디 보니 납부가 되지 않았다. 어쨌든 고지된 대로 납부를 하지 않았으니 당연히 과태료를 더해 납부를 해야 하는 것이 정상이다.

유럽의 선진국에서는 그렇게 한다고 했다. 일률적으로 범칙금을 부과시키는 것이 아니라 위반자의 여러 가지 정황을 충분히 고려한 후 그 상황과 조건에 따라 차별화된 벌금을 부과한다는 것이다. 예를 들면 일반 시민이 주차위반을 한 경우가 10이라면 고위직이 했을 경우에는 같은 주차위반이라 하더라도 1,000배쯤 가중된 것으로 부과를 한다는 것이다.

한 번의 실수는 또는 패전敗戰은 병가의 상사라는 얘기가 있다. 사람이 살아가면서 할 수 있는 것이 실수이고 과오일 것이다. 그런데 그런 과오와 실수도 계속 반복적으로 이루어지고 습관적으로 이루어지다 보면 그것이 타성화되고 습관화 될 수 있다는 것이다. 사람이 좋은 습관과 태도를 익혀나가기 위해서 통상 90일 정도가 소요가 된다는 것이 일반적인 견해이다. 가령 좋은 습관을 하나 만들고자 해서 결심을 하고 각오를 하게 되면 그것을 지속적 반복적으로 몸에 익혀 몸이 자동적으로 그것에 길들여지게 해야 한다는 것이다. 그것이 좋은 습관이든 나쁜 습관이든 간에 그것이 몸에 익숙해지고 배게 되기 위해서 그런 시간이 필요하다는 것이다.

그런데 이 범칙금의 경우에도 한 번에 끝나는 경우가 거의 없다 타성적으로 습관적으로 위반을 하게 되고 그것이 고질화되는 경향을 띠기 일쑤이다. 요즘의 경우에는 내비게이션에서의 경고가 계속 나오는 형편이니 웬만해서는 적발될 일이 없는 것이 일상적일 것이다. 그런데 상습적으로 신호를 위반하거나 속도위반을 해서 범칙금 고지서를 받는 일이 왕왕 벌어지게 된다. 경찰청 통계기준으로 2011년을 기준으로 가장 위반이 많은 것은 금액상으로 기타 부분이고 두 번째는 신호위반 36%, 안전때 미착용 12%, 속도위반 5% 안전의무위반, 중앙선 침

범 순이라고 한다. 올해부터는 범칙금도 1.5배 수준으로 상향조정 된단다. 20㎞ 속도위반의 경우 4만 원에서 7만 원으로 조정되고 60㎞이상도 13만 원에서 16만 원까지 더 올라간다. 항상 세상을 살다보면 모조리 법을 준수하고 그것에 따라야 한다는 것을 인식하고 있지만 그것을 그대로 지켜내지 못하는 것이 사람들의 속성인 듯하다. 언제 어디에서든지 누가 보든 보지 않든 항상 제반 법규를 준수하는 것이 필요할 것이다. 워낙 세상이 투명해지고 맑아져가고 있는 것을 피부로 느끼게 되는 것이 요즘의 세태이다.

얼마전 김영란 법이라는 것이 통과되었다. 아직 시행도 되기 이전에 변호사에서 헌법재판소에 위헌심사를 요청한 상태라고 하니 시행에 여러 가지 난관에 봉착할 것으로 보여진다. 우리 공직사회의 청렴도를 높이기 위해 제정된 것이고 그것이 선진국가로 가는 한 기초가 될 것으로 여겨지기도 한다.

속담에 얘기되는 것은 '언제나 법보다는 주먹이 먼저다' 라는 것이 있었다. 그것은 정말 고리적의 구태의연舊態依然한 얘기에 불과하다. 서구의 선진사회에서 정착화 된 것은 적법한 법절차에 의한 것이라는 것이 제도화되어 있고 생활화되어 있다는 것이다. 어떤 일이든 문제가 생기면 그것의 해결책은 법이 기준이 된다는 것이다. 그것이 민사가 되었든 형사가 되었든 말이다. 그러나 우리의 관행적인 부분은 전혀 그렇지 못했던 것이 현실이다. 모두 서로의 감정을 높이고 자신들의 이익만을 앞세운 논쟁이 분쟁 해결의 중요 요소였다. 힘있고 목소리 큰 사람이 약자를 눌르고 윽박질러서 자신들의 이익을 챙기는 풍도가 만연되어져 있었다. 이제는 그런 얼토당토 않는 분쟁이나 갈등 문제의 해결방법은 전혀 무용지물이게 해야 한다.

어떤 일이 벌어지든 간에 분쟁 해결의 기준은 법령에 의해서 해결책을 찾아야 하는 것이다. 귀에 못이 박히도록 주입되었던 것 중에 하나는 약한 자를 괴롭혀서는 안 된다 라는 것이었다. 그러나 일상사의 대부분은 언제나 약육강식弱肉强食의 세상이었고 공정한 기준에 의한 법칙이 언제나 후순위로 밀린다는 느낌을 가졌던 것이었다. 그리고 어떤 것이든 법에서 정한 절차에 의해서 처리되고 추진되어야 하는 것이다. 목적도 문제이지만 절차도 제대로 된 정상적인 법령에서 정해준 그런 절차와 과정에 의해서 일이 이루어지고 처리되는 것이 마땅한 것이다. 모두의 이익집단들이 자신들의 이익에만 혈안이 되어서 자기 주장만 일삼을 뿐이고 그렇게 내세우다 보면 우리 사회의 갈등의 골은 깊어만 갈 수밖에 없을 것이다. 폭력과 무질서에 의한 무모한 주장이 판을 치는 사회는 선진화된 건강한 사회라고는 볼 수 없을 것이다.

선진사회에서는 일이 발생하면 가장 먼저 찾는 것이 변호사라고 한다. 우리의 경우는 큰소리부터 치는 것이 장땡인 줄 알고 살아온 것이 지난 세월인 듯하다.

범칙금을 내면서 언제 어디에서든 법을 어기면 그것에 합당한 벌을 받게 된다는 것을 새삼스럽게 느끼게 된다. 온 세상에 감시의 눈초리가 사방에 뻗어져 있는 듯하다. 설마하고 안일하게 생각하다간 큰코 다치게 된다는 것을 절실하게 느끼게 해 준 일이었다.

언제든 투명하고 깨끗한 세상에서는 불법이나 탈법이 판을 치는 세상이 아니라 정당한 법적 절차에 의해 자기의 주장을 내세우고 법정의 판결에 따라 만사가 분명하게 결론지워지는 그런 정의사회가 구현되길 기대하는 것은 너무나 당연한 일임에도 아직은 시기상조時機尙早인가.

다이어트

두 달 전이었다. 토요일 오후에 큰 마음을 먹고 한의원을 찾았다. 집에서 버스로 세 정거장쯤 되었다. 전문상담사가 있었다. 기초적인 체크를 하고 상담에 들어갔다. 시술을 받아야 하고 약을 먹어야 했다. 12회 정도의 시술을 하는 것이었고 약도 한 달 정도를 복용하는 것이었다.

몇 년 전에 집사람이 했었던 터라 겁도 없이 덤볐다. 제대로 마음을 정한 것도 아니고 그 실상의 내막도 모른 채 충실히 프로그램을 따라하면 자동으로 체중조절이 될 것으로 상상하면서 시작했다. 그런데 쉬운 일이 아니었다. 단가가 다 달랐다. 중간 정도 수준으로 결정을 했다. 꽤 부담이 될 만한 수준이었다. 백만 원에 버금가는 것도 있었는데 재정적으로 무리였다.

집사람은 두 달여를 치료시술 그리고 약을 복용해서 7킬로그램의 감량을 해냈다. 처음의 시작은 정맥탕이었다. 그것을 먹으면서 채소로만 3일을 견뎌야 하는 것이었다. 엉겁결에 시작을 하고 보니 상난이 아니었고 쉬운 일도 아니었다. 말 그대로 살과의 전쟁 그 자체였다. 뭣 모르고 시작한 게 후회되는 순간이었다. 과연 이렇게 해서 제대로 체중조절을 할 수 있을까 심히 걱정이 되는 순간이었다. 3일이 고비였다. 과연 이렇게 먹고도 견딜 수 있을까 하는 의구심이 들 정도였다. 허기가 져서 제대로 운신도 못하는 것 아닌가 했는데 전혀 아니었다. 대부분 젊은 여성들이 주 고객이었다. 경제적인 부담으로 인해 아무나 섣불리 할 수 있는 부분이 아니었다. 의지의 문제인 것 같았다. 어느 정도 확고한 결심을 갖고 시작하지 않으면 소기의 성과를 거두기가 쉽지 않을 것으로 보였다.

원래 새해 초에 올 한 해의 목표를 정할 때 감량 5킬로그램이 들어 있었다. 의지를 가지고 매진하고 하고자 하려는 열의를 불태우면 할 수 있을 것 같은 기분이 들기도 했다. 다이어트를 시작한 지 5일차에 시술을 하게 되었다. 처음 시술에 무척이나 긴장이 되었다. 맨 먼저 배에 두르고 팔에 두르고 허벅지에 두르고 전자기 같은 충격이 왔다. 전자기 강도의 정도를 높이면서 괜찮은지 물었다. 그리고 20분 정도를 지나면 다음 시술로 넘어갔다. 원장이 직접 손을 대지 않고 보조자가 해주는 부분이었다. 다음은 준비를 하고 있으면 원장이 와서 시술을 하고 그 다음은 보조자가 처치를 해주었다. 하나는 카복시라는 것이었다. 가스를 1200cc부터 차츰 적응도에 따라 치수를 200cc씩 높여가는 방식이었다. 배 쪽으로 주입을 시켜 지방을 분해하는 시술로 여겨졌다. 다음은 침술이었다. 12개 정도의 침을 배에 시술한다. 그런 다음 그 침 끝부분에 코드를 연결시켜 전기적인 자극을 주는 것이다. 그것도 보조자가 강도를 조정해서 시술자의 적응 정도에 맞춰준다. 처음에는 그냥 그러려니 하는 심정으로 받았는데 보통의 통증이 아니었다. 카복시 20분 등 세 코스를 다 하고 나면 거의 한 시간 내지 한 시간 30분 가량이 소요되었다. 일주일에 두 번씩 시술을 받았다.

거의 주중에 한번 또 한 번은 토요일에 받았다.

먼저 준비 단계는 옷을 간편한 복장으로 갈아입고 배를 드러내는 것으로 준비가 다 되는 것이었다. 3일이 지나고 나자 약이 배달되어 왔다. 직접 택배하는 이가 아파트 현관문까지 와서 밤늦은 시각에 배달해 주었다. 아침 약은 식전 또는 식후가 가능하고 점심과 저녁은 식전 30분 전에 먹어야 했다. 간간이 회식이나 불가피하게 술을 하게 되는 경우를 완전히 피할 수는 없었다. 그럴 경우에는 약을 복용하지 말라고 했다. 신기하게도 체중은 조금씩 빠져가기 시작했다. 예전에 저녁을 굶으며 간헐적으로 했었던 다이어트 3개월에서 조절할 수 있었던 체중은 겨우 2킬로그램 정도가 최대치였었다. 그리고 그것이 끝난 후에는 다시 또 원상태로 회복이 되었다. 그런데 이번에는 좀 다른 느낌이었다. 약藥도 한 달 반 정도가 지났다.

8월 초순도 지난 때쯤이었다. 줄어든 몸무게는 3킬로그램 정도였다. 약을 보름치 더 지었다. 그리고 시술은 끝났다. 이제는 보름 정도의 기간만 더해 보는 것이었다. 불가피한 술자리 외에는 모든 것을 피했다. 술도 거의 마시지 않았던 듯했다. 휴가기간도 끼여 있었다. 과식을 하지 않으려고 최대한 노력한 편이었다. 뚜렷하게 의욕적으로 살을 빼기 위해 적극적으로 노력을 한 것으로 여겨지진 않았다. 밀가루 음식이라든가 패스트푸드를 되도록 먹지 않으려고 노력한 편이었다. 처음에 시술하는 모습을 셀카로 찍어서 SNS에 올리기도 했으나 별로 자신을 갖지 못한 탓에 많은 이들에게 공표하진 못했다. 여직원이 대번에 알아보기도 했다. 그리고 체형의 변화까지도 단번에 알아보았다. 여러 사람들에게 공공연하게 표시를 하고 알리고 하는 것이 필요할 것 같기도 했다. 그래도 그런대로 교육 일정이 여유로웠던 것이 그나마 다행스러웠다. 그러나 8월에는 교육 일정이 많아 무척이나 바쁜 나날들을 보내는 시간들이었다. 어느 정도의 과정이 경과된 이후에 체중을 측정했다. 3킬로그램이 빠졌다. 내장지방 등도 상당히 호전되는 양상을 보였다.

결국은 시술은 관두고 약을 보름치 정도 더 먹는 것으로 했다. 8월 중순이 되었다. 시술에 대한 애로는 통증과 그리고 카복시를 할 때 낭심에 혈류가 차는 부분이었다. 애로를 호소해서 허리쯤에 고무줄로 묶는 조치를 하기도 했다. 시술을 위해 7시나 7시 30분까지 한의원에 당도하는 것이 예삿일이 아니었다. 늦어지기가 일쑤였다. 어떤 경우에는 택시를 이용해서 시간을 맞추기도 했다. 예약된 시간에 늦어져 도저히 시간을 할애割愛할 수 없을 경우에는 토요일로 예약 시간을 변경하기도 했다. 다이어트가 생각했던 것보다 훨씬 험난한 과정과 각고의 노력을 거쳐야만 한다는 것을 깨닫기에 많은 시간이 필요한 것은 아니었다.

두 달 간의 다이어트는 이제 종료되었다. 4.5킬로그램이 줄었다. 몸은 엄청 가벼워졌고 홀가분해졌다. 본인의 의지에 의한 것이 아니라 의학적인 처치에 의거해서 진행되었기에 별로 할 말은 없지만 그래도 처음이자 마지막으로 해본 다이어트는 무척이나 효과적이었고 기대치를 웃돌았다. 체질이 변화되어 식탐이라는 것이 제대로 없어졌는지는 장담할 수 없다. 단 이러한 과정을 통해서 느낄 수 있었던 것은 어떤 일이든 마찬가지로 목표한 바에 대해 의지를 가지고 노력과 정성을 다하고 혼신의 진력을 쏟아 붓는다면 이루지 못할 일이 없다는 것이다. 얼마나 힘든 과정인지 이제는 충분히 느껴보았고 그것으로 인해 몸이 얼마나 힘들어 하고 건강상 애로를 겪는지 실감해 볼 수 있었던 듯하다. 보통의 의지로 감당할 수 있는 부분이 아닌 듯했다. 정말 이루 말할 수 없는 그런 부분들이 항상 매사에 있는 것이라는 느낌이 있었다. 보통의 각오와 결심으로 선불리 덤빌 것이 아닌 듯 여겨졌다. 향후 또 다시 몸이 원래대로 되돌아갈지 알 수 없는 노릇이다. 하지만 어떻든 지금처럼 줄어든 몸을 유지하기 위해 심혈을 기울여 관리한다면 적정한 체중을 유지할 수 있으리라. 향후 요요현상이나 아니면 더욱 폭식을 하게 되고 더욱 패스트푸드 가공식품에 빠져들게 될지 모를 일이다.

두 번 다시 다이어트를 해야 하는 상황에 빠져들고 싶지 않다. 최대한 적절한 몸무게를 유지할 수 있도록 생활 습관을 만들어가고 유지시켜가야 하는 것이 절실해진다. 다이어트여 안녕을 계속 외칠 수 있도록 더욱 철저한 건강관리가 필요할 것이다.

참 좋은 다문화 교육

요즘은 다문화가 농촌에서는 대세다. 알려진 바로는 66천명의 다문화 배우자들이 우리나라에 있다고 한다. 통상 들어오는 교육생들을 보면 2개의 지역농협에서 다문화 가족 80여 명이 버스 두 대를 타고 연수원으로 입교한다. 통상 수요일 오전 11시30분경이다. 인솔자가 버스마다 둘이 탄다. 연수등록을 접수처에서 하고 방으로 짐을 가지고 들어가게 된다. 가족들은 각자에게 주어지는 명찰을 목에 걸고 숙소에 들어가게 된다. 숙소에 짐을 풀어놓고 근거리에 있는 식당으로 가서 식사를 하게 된다. 1식 3찬으로 되어 있고 숟가락과 젓가락을 사용한다. 식사가 끝나면 대기하고 있는 버스에 올라 연수원 중강당으로 입장한다. 진행 교수가 나와 자기소개를 하고 과정을 진행한다. 처음에는 노래배우기이다. '사랑해요 우리농촌' 노래를 노래강사 XX양과 같이 배우게 된다. 그런 다음 과정 담당교수가 2박3일 간의 일정에 대해 간략한 설명을 한다. 그렇게 과정 안내가 끝나게 되면 입교식을 진행한다. 입교식 순서는 국민의례, 원장 환영사. 그리고 사랑해요 우리농촌을 합창하면서 종료하게 된다. 그다음은 전 연수생이 연수원 입구에서 기념촬영을 한다. 아이들은 앞줄에 앉게 되고 다음은 의자에 앉고 다음은 서서 촬영을 한다. 구호는 농촌사랑이라고 외치면 나라사랑이라고 외치면서 박수를 치면 셔터를 누르게 된다. 다음은 지역명을 외치면 파이팅을 외치면서 주먹 쥔 손을 올리고 사진을 찍는다. 다음은 첫 강의로 '식사랑농사랑운동과 다문화 가족지원정책 이해'라는 내용으로 한 시간 여에 걸쳐 강의가 진행된다. 다음은 '다문화 생활법률' 특강이 진행된다. 그 이후는 다문화 가족관계 증진프로그램으로 즐겁고 유익한 시간을 보내게 된다. 입교식 이후에 아이들은 각 파트별로 나뉘어 초중학생들은 2층에서 미술교육을 수업 받게 된다. 그리고 어린아이들은 에어바운스로 만들어진 것에서 뛰고 뒹굴며 흥겹게 지내게 된다. 그리고 나머지 아이들은 서울농협의 고향주부모임 회장님들이 나와서 아이돌봄 서비스를 받게 된다. 자상하게 돌봐주기 때문에 전혀 신경 쓰지 않아도 될 정도이다. 다음은 저녁식사를 하게 되고 야간에는 복화술 쇼를 관람하게 된다. 이렇게 1일차 교육이 끝나게 되면 모두들 숙소로 이동해서 편안한 잠자리를 갖게 된다.

다음은 2일차 교육이다. 아침 8시에 출발한다. 버스로 이동하게 되는데 첫 방문지는 경복궁이다. 9시쯤 도착해서 한 바퀴 관람을 하게 된다. 해설은 담당교수가 핸드마이크로 설명을 한다. 여러 곳에서 사진도 촬영을 하면서 가족 간의 우의를 다진다. 우천 시에는 서울특별시에서 운영하는 박물관에 전시된 것을 관람하면서 설명을 듣게 된다. 경복궁 관람이 끝나면 버스를 타고 여의도 선착장으로 이동을 한다. 유람선을 타고 한강을 유람하면서 선상에서 뷔페식 식사를 한다. 여의도에서 북쪽으로 성산대교쯤까지 유람을 하게 되며 중간 중간에 지역에 대한 안내방송을 들으며 관광을 하는 것이다. 한 시간 여의 이동 시간동안 식사를 하는 것이어서 큰 무리나 부담은 따르지 않는다. 유람선관광이 끝나면 다시 버스에 승차해서 인근에 있는 63빌딩으로 간다. 연수원 교수요원의 안내를 받아 1층에 있는 아쿠아룸 형태의 수족관을 관람하면서 각종 수중 생물들의 향연을 보게 된다. 최종적으로는 계절에 따라 수중쇼를 관람하게 된다. 사람이 하는 경우도 있고 물범과 조련사가 공연을 펼치는 경우도 있다. 현란한 수중쇼에 모두들 감탄하게 되고 박수를 보내게 된다. 그 이후 순서는 63빌딩의 전망대에 가서 서울시내를 망원경으로 보게 되는 것이다. 서울시내 정경이 한눈에 펼쳐지고 한강의 모습과 남산타워 등 서울시내 곳곳을 볼 수 있는 기회를 갖게 된다. 그렇게 63빌딩 관광이 끝나게 되면 다시 버스로 잠깐 이동을 해서 서대문에 위치한 농업박물관을 관람한다. 박물관의 해설을 듣게 되는데 농업이 이루어지고 경작이 이루어지는 과정들을 살펴보면서 농업의 역사를 배우고 생활상을 느끼게 된다. 다음은 정동극장으로 가서 우리의 전통극 배비장전을 본다. 한 시간 여의 공연 관람을 마치면 공식적인 2일차 여정이 끝나고 저녁식사를 하게 된다. 식사는 서오릉에 위치한 곳에서 오리고기를 먹으면서 하루의 피로를 말끔히 씻게 된다. 넓은 마당과 충분한 휴식공간이 마련되어 있고 그네 등도 설치되어 있어 다들 좋아하는 곳이다. 그렇게 저녁식사를 마치게 되면 버스를 타고 연수원으로 이동한다. 그리고 연수원에 돌아와 이번 연수를 통해 느낀 점을 '남기고 싶은 말씀' 으로 작성하게 된다.

이제 3일차 연수가 시작된다. 아침 6시 30분에 일어나 세면 후 잠자리의 빨래거리를 복도에 내어놓는 것으로 하루가 시작된다. 아침식사를 하고 짐을 챙겨서 버스에 승차한다. 아침 8시에 버스는 여의도 국회의사당 헌정기념관으로 출발한다. 입구에서 삼삼오오 대열을 지어 이동해서 들어가는 곳이 헌정기념관의 강당이다. 그곳에서 국회를 설명하는 동영상 자료를 시청하게 된다. 아주 쉽고 평이하게 되어 있어 금방 이해할 수 있는 자료형식으로 만들어져 있다. 동영상 시청이 끝나면 국회 안내원의 설명을 들으며 1층과 2층 전시실을 둘러보게 된다. 역대 대통령들의 모습이 담겨진 자료실도 있고 의사당 모형 앞에서 사진을 촬영하기도 한다. 그렇게 국회의사당 관람이 끝나면 단체사진 촬영을 하고 다음 행선지로 이동한다. 그곳은 숙명여자대학교 한국음식연구원이라는 곳이다. 그곳에서는 가족들이 요리체험을 하게 되는 곳이다. 식교육용 전문 실습장에서 요리체험을 하는 것이다. 요리는 잡채, 오삼불고기, 오이소박이 이다. 어른들은 이렇게 요리체험을 두 시간 여에 걸쳐서 하게 되고 초등학생 수준은 쿠키를 만드는 체험을 하게 된다. 더 어린아이들은 또다시 다른 방에서 샌드위치 만들기 같은 간단한 요리체험을 한다. 나머지 방에는 갓난아기 등이 휴식을 취할 수 있도록 배려된다. 요리가 완료되면 그 요리로 점심식사를 하고 설거지까지 하면 마무리가 된다. 최종 마무리 말씀이 있게 되고 기념품 증정도 뒤따른다. 통상 기념품은 무릎담요로 한다. 그리고 입구에서는 최종 선물이 증정된다. 각 나라별로 된 요리 책자가 한권씩 주어진다. 자신들이 만든 쿠키를 가져가기도 한다. 최종적으로 숙대입구에서 버스에 오르면서 귀갓길을 서두르게 된다. 다들 먼 거리를 와서 2박3일간을 소화해 내느라 무척이나 힘들었을 법도 한데 모두들 밝고 희망찬 표정으로 버스 속에서 환송인파와 같이 손을 흔들며 귀로에 오른다.

다들 남기고 싶은 말씀에 남긴 것을 보면 한국에 온 것이 힘들고 어려웠지만 이제는 희망을 안고 열심히 살아가겠다는 각오를 다지는 계기가 되었다는 것이고 너무 좋았다는 소감이 주류를 이루고 있다. 다문화가족으로 생활하면서 많은 갈등과 아픔이 있었지만 헤쳐나왔고 이제는 밝고 건강하며 화목한 가정을 이루어 가도록 최선을 다하겠다는 다짐도 보인다. 다문화가족 교육은 복잡다기하게 이루어져 있고 많은 사람들이 일심동체가 되어 진력을 다하고 진정성이 엿보이지 않으면 제대로 효과를 거두기가 힘들다. 낯선 곳에 와서 생활하는 이들에게 따뜻한 손길을 보내고 격려하고 위로하며 힘이 되어 주는 역할이 지속적으로 이루어지는 것이 절실히 필요하다는 것을 느낀다. 참 좋은 다문화가족 교육이 항상 늘 진지하고 효과적으로 지속적으로 발전되기를 기원해본다.

의미있는 하루

무릇 사람이 세상을 살아가면서 의미있는 하루를 만들어 간다는 것은 쉽지 않은 일이다. 혹자는 그렇게 얘기한다. 인생이라는 것이 하루의 의미를 만들어 가는 것에서 만들어지고 그런 유의미해진 것이 쌓여가다 보면 생의 축적이 이루어지고 완성으로 되어 가는 것이라고 한다.

얼마전 갑작스럽게 부고를 받았다. 평소 잘 알고 지냈던 선배분의 모친상이었다. 이리저리 나름대로 급하게 머리를 굴리고 여러 가지를 복합적으로 조합해서 결론을 내렸다. 반휴를 내어서라도 문상을 다녀와야 한다. 마침 교육이 종료된 시기이고 업무적으로도 문제가 없을 것으로 판단이 되었다.

37년전 그분의 부친상을 당했을 때가 회상되었다. 풋풋한 대학 초년생 시절 멋모르고 선배들을 따라 문상을 갔다. 발인하는 것도 보게 되었고 출상하여 하관하는 절차를 목도할 수 있었다. 좀 특이했던 부분은 주검을 관에 넣은 후에 그 시신을 고정시키기 위해 두루마리 휴지 등으로 여백을 채워넣는 모습을 볼 수 있었다.

서로 간의 유대의 끈이 이렇게 오랫동안 존속되고 유지되어 온 것은 참으로 축복받을 일일 것이다. 선배는 이제 오랫동안 몸담았던 대기업에서의 직장생활을 접고 이제는 학계에서 제2의 생을 구가하고 있는 상태에 있었다. 예전에는 한 때 국회의원 비서관을 했던 누님과도 세상사에 관해 의기투합意氣投合해서 여러 가지 고견을 듣고 공감대를 갖기도 했었다. 항상 따뜻하게 맏형으로서의 역할에 충실하고자 했고 모임을 주관했었던 분이기도 했다.

문상을 가는 길은 멀고도 험했다. 일단 차량을 집사람에게 맡겨야 했다. 그래서 교육청에 차량을 주차해 두고 집까지 끌고 가는 것은 집사람에게 부탁해 두었다. 경희궁 앞에서 택시로 서울역으로 향했다. 매표소에는 항상 그렇듯이 줄이 길게 서 있었다. 발권을 하니 2시 30분발이었다. 도착 예정시간은 5시 7분이었다. 예전 같으면 부산으로의 문상이란 쉽지 않은 일이었다. 통상 이용 했었던 것이 항공편을 이용해서 오고 갔었던 적이 있었다. 요즘은 그래도 KTX라는 것이 있어 편리하게 이용할 수 있었다. 날씨도 차갑지 않고 포근한 겨울 날씨여서 도움이 되었다. 앞좌석에는 연인처럼 보이는 두남녀가 앉아 즐겁게 속삭이며 여행을 즐기고 있었다. 부산에 거의 도착할 때 쯤에 친구에게서 연락이 왔다. 광안리 횟집에서 회합을 하며 얘기를 하자는 것이었다. 문상을 간단히 마치고 그곳에서 만나기로 약속했다. 부산역에 내려서는 곧바로 택시를 탔다. 용호동에 성모병원이 있었다. 예전의 병원으로는 성분도 병원이었고 메리놀 병원인 셈이었다. 두 병원이 합쳐졌고 그것이 초량쪽에 있었는데 이제는 외곽쪽으로 이전한 상태라고 했다. 병원의 입구에 들어가서 보니 그 규모가 만만치 않았다. 상가喪家에는 첫날이라 그런지 한산한 편이었다. 형제자매가 많은 탓이어서 그런지 조화가 무척이나 즐비했다. 거의 50여 개 수준인 듯했다.

단히 문상을 하고 그곳을 빠져나왔다. 다시 대기중인 택시에 올라 광안리 수변공원 쪽으로 향했다. 부산의 날씨는 서울보다 더 포근한 것으로 여겨졌다. 국제연안부두 터미널이 제3부두 쪽에 개소開所가 된 듯했다. 문제는 영도와 연결된 다리가 부두 터미널 앞쪽에 있었다. 그래서 다리를 통과할 수 있는 배 즉 10만톤급 이하는 터미널로 들어오고 대용량의 배들은 영도 한쪽에 따로 터미널이 마련되었다는 얘기였다. 10년 앞을 내다보지 못한 결과라고 혀를 찼다. 택시로 오니 거리도 가까웠고 시간도 절약되었다.

약속 시간보다 30분쯤은 일찍 왔다. 바로 창가로는 광안대교가 내려다 보였다. 조금 있으니 친구들이 몰려왔다. 셋이 왔는데 한친구는 자주 만났던 사이였고 한친구는 학창시절 이후 처음 보는 얼굴이었지만 안면은 있었고 곧 알아볼 수 있었다.

핸드폰의 밧데리 용량이 다 되어 충전을 의뢰해 놓았다. 그런데 그것이 화근이었다. 다음에 오는 친구는 연락을 핸드폰으로 했는데 계속 통화가 되지 않으니 그냥 돌아갈려고 하던 차에 다른 친구의 전화를 받고 약속 장소로 왔다. 좌정을 하고 얘기꽃을 피웠다.

한 친구는 대학에서 중국어 교수를 하고 있었고 또다른 친구는 인근해서 부동산 중개업소를 하고 있었다. 이제는 중년의 나이답게 관록이 붙어 있었고 노숙함이 배어져 있는 듯했다.

한 친구가 운동화에 얽힌 부친의 얘기를 들려주었다. 한국전쟁시기에 중학교에 다녔단다. 그런데 그 중학까지의 거리가 25㎞였단다. 월요일마다 배낭에 양식을 싣고 그 먼길을 걸어서 가야했고 금요일이면 빈 배낭을 메고 돌아왔단다. 본래는 고무신을 신고 다녔는데 어느날 부모님이 큰맘 먹고 농구화같은 운동화를 한 켤레 사주었단다. 얼마나 기쁜 마음에 그것을 어깨에 두르고 가던 차에 빨치산을 만났단다. 그러자 그사람은 신발의 닳음이 극에 달해 있었다. 고무신의 밑바닥이 다 헤어져 그것을 감추기 위해 전기선으로 신발을 동여맨채로 신고 다니던 형편이었다는 것이다. 참으로 웃지 못할 얘기였다. 술을 제조해서 먹는 방법이 특이했다. 레몬을 썰어온 것을 얼음과 함께 섞어서 컵에 넣고 술을 따라서 칵테일을 해서 먹는 식이었다. 술의 도수가 매우 약해지는 듯했고 취기도 쉽게 오르지 않는 듯했다. 다섯명이 앉아서 이런저런 얘기를 하다 보니 시간이 금새 야심한 시간이 되었다. 결국 네 사람을 남겨둔 채 아쉬움을 뒤로하고 상경길에 올랐다. 그래도 친구들 덕에 유익하고 알찬시간을 보냈고 즐거움이 있었던 듯했다. 모두들 항상 새해를 맞아 건강하고 행복한 나날들을 보내고 의미있는 하루를 많이 만들어 갔으면 좋겠다.

즐거움이 가득했던 휴일날 오후

지난 휴일날이었다. 모처럼만에 바깥 나들이를 했다. 미리 약속이 되었던 터라 채비를 해서 약속장소로 나갔다. 그냥 술자리를 갖자는 것이 아니고 색다르게 두 시간쯤 운동을 하고 저녁을 먹기로 했다. 항상 촉박하게 약속을 하던 터라 그렇게 여유롭게 잡은 약속이 아니었고 많은 사람을 초대하려 했지만 휴일 오후여서 시간을 내기가 마땅치 않았다.

본래의 계획은 아들의 7개월 어학연수기간 중 보살핌을 받은데 대한 답례를 위한 자리였었다. 그런데 갑자기 주최자로 여겨졌던 집사람이 감기에 걸렸고 자리에 나오기가 곤란한 형편이 되었다. 주말에도 고민을 했었다. 약속 장소가 굳이 번잡한 곳에 할 필요가 있을까 하는 의구심이 들어 편안한 곳으로 옮길까도 고민했는데 여의칠 않았다. 약속 장소는 서대문 충정로 부근의 문화일보 앞에서 만나는 것으로 했다. 미리 사전에 지형이나 기타 운동을 할 수 있는 스크린 골프장을 찾아봐야 할 것 같아서 20여 분 일찍 약속상소에 노착했나. 인근을 둘러보니 마침 지척거리에 스크린 골프장이 한 곳이 있었다. 미리 둘러보고 조금 있다 오겠다고 양해를 구해 두었다. 시간이 다 되었음에도 나타나지 않아 연락을 드렸더니 거의 인근까지 온 것으로 보였다. 그래서 먼저 도착한 선배와 먼저 운동 장소로 자리를 옮겼다. 그리고 조금 늦어진 분에게 스크린 골프장의 위치를 알려주고 그곳을 찾아서 오도록 해 두었다. 평일이나 주말이 아닌 휴일이었기에 스크린 골프장도 한산했다. 신발과 장갑을 착용하고 연습스윙을 몇 번 하고 있던 차에 마지막 선수가 입장했다.

운동은 두 시간 정도가 소요되었다. 박프로, 김프로, 이프로로 등록을 하고 게임에 들어갔다. 각자가 옵션을 설정하고 본 경기에 들어갔다. 거의 두 분은 싱글 수준이었다. 실력이 보통이 아니었다. 어제도 했던 한 분도 있었다. 겨울내 손을 놓았던 터라 익숙해지기 위해서는 시간이 좀 필요했다.

일사천리로 진행된 경기는 두 시간 여만에 끝이 났다. 모두들 한 차례씩의 버디를 기록하기도 했다. 김프로 박프로 이프로 순의 스코아였다. 유쾌하고 가벼운 기분으로 스크린 골프장을 나왔다. 무교동에 있는 한 한정식집을 추천하기도 했으나 전화를 하니 영업을 쉰다고 해서 당초 예정해 놓은 장소로 갔다. 자주 만나왔던 터이기에 스스럼이 없었고 여러 가지 얘기도 나왔다. 박프로님은 아들의 프랑스인 친구가 2박3일 일정으로 여행을 와서 같이 서울시내 등을 구경시키고 관광시키느라 주말을 보냈다고 했다. 얼마전에 있었던 박프로님의 모친에 관한 얘기도 있었다. 요양병원을 겸한 호스피스 병동에서 마지막 2~3개월을 보냈었고 구순에 이르렀다고 했다. 현재 부산시장 특보로 있는 정특보가 조만간에 한번 모친의 묘소를 찾아 뵙겠다고 연락이 오기도 했단다. 10여분을 걸어서 근처에 있는 황우촌이란 곳에 들어갔다. 나무가 있는 풍경이라는 집도 근처에 있어 그곳에 갈까 하고 망설이기도 했지만 그냥 계획되었던 대로 진행이 되었다. 먼저 차돌배기를 시켜서 운동한 후에 목마름을 해소시켜 가면서 얘기를 나눴다. 옆 좌석에는 중국 관광객들이 들어와 제법 소란스러워지기도 했다. 김사장은 조카얘기를 잠깐 했다. 이번에 몇 년전에 대기업에서 근무를 하다 관두었는데 이번에 현대자동차에 다시 입사를 했단다. 그런데 그 초임이 상상을 초월하더라는 것이었다. 한국의 최고 기업답다는 얘기를 했다. 그러면서 자신이 경영하고 있는 기업에서 12년차인 중견직원도 그런 연봉에는 미치지 못한다고 하면서 안타까워 했다. 박프로님의 아들은 차이나 은행 한국지점에 취업이 되었다고 했다. 중국에 교환학생으로 갔다온 것이 여러모로 도움이 된 것으로 보였다. 이제는 아들 딸 모두 결혼만 시키면 노후를 편안히 보낼 수 있을 것 같아 보였다.

다음 음식은 등심이었다. 우무가사리가 나와서 그것에 관심이 집중되기도 했다. 간단히 저녁식사로는 누룽지를 시켜서 먹었다. 그리고 그곳을 나와 광화문쪽으로 발길을 돌렸다. 봄, 여름, 가을, 겨울 이라는 술집을 찾으려고 했으나 문이 닫혀져 있었다. 결국 옛추억을 되새길 만한 호프집에 찾아서 들어갔다. 신기하게도 뮤직박스가 있었고 수없는 LP판들이 뒤편에 꽂혀 있었다. 중후한 느낌의 DJ까지 자리하고 있었다. 급하게 음악을 신청했다. 한적했던 술집이 조금 지나자 시끌벅적하게 변했다. DJ는 낭낭한 목소리로 음악을 틀어주면서 추억을 얘기했고 사설을 늘어놓았다. 김사장이 얘기를 했다. 자신의 동기들 10명 중에 셋이 벌써 불귀의 객이 되있다고 했다. 침으로 인다끼운 일이었다.

한 선배가 추억이 되었다. 처음으로 같이 잠자리를 하던 때에 사이

먼 앤 카풍클의 팝에 관한 얘기를 설명해 주었다. 어떻게 '험한 세상의 다리가 되어' 를 모를 수 있냐고 그러면서 신기해 했다. 그 둘의 화음은 정말 절묘했고 인간으로서 최상의 목소리요 하모니라고 칭찬이 자자했었다. 그리고 그들의 명곡 더 박스속에 들어있는 챙하는 음들은 실제 샌드백 치는 소리를 따와서 녹음한 것이라고 했다. 열심히 팝의 세계에 빠졌었던 젊은 시절의 추억담이었다. 우리의 신청곡은 '더 로즈', '험한 세상의 다리가 되어', '친구의 주제곡' 등 7080세대에 주옥같은 명곡들이었다. 음악이 흘러나오자 우린 추억에 빠져 들었고 그 추억을 안주 삼아 맥주를 들이켰다. 2차를 마친 우리 일행은 바로 윗층에 있는 노래방으로 자리를 옮겼다. 한 시간을 계산하고 룸으로 들어가 한껏 목청을 돋우웠다. 배신자도 있었고 '나 어떻게', '백마강', '밀려오는 파도소리에' 등이 열창되었다. 바깥으로 나와 주인장에게 혹시 도우미가 있냐고 물었더니 이곳에는 없다로 잘라 말했다. 달리 도리가 없었다. 중년 남자 셋이서 목을 세워 핏대를 올려 노래를 부를 수밖에 없는 형편이었다. 끝나고 나오니 거의 자정에 가까운 시간이었다. 모두들 택시로 귀가를 서둘렀다.

이제는 노후를 준비해야할 때가 다 된 것처럼 보였다. 오랫동안의 직장생활을 마무리하고 제2의 생을 구가 하고 있는 이도 있었고 노후를 대비해야 할 시점에 이르러 있는 것처럼 느껴지기도 했다. 건강에는 별 무리가 없었으나 향후에는 많은 관심과 노력이 필요할 것으로 보였다. 종종 만나서 즐겁고 유익한 시간을 자주 갖는 돈독한 관계가 줄곧 이어지기를 기대해 본다. 정말 즐거움이 가득했던 휴일 오후였다.

계룡산을 오르며

보름 전쯤의 휴일이었다. 평소 목포 선원을 다니던 집사람이 휴일날에 계룡산 밑에 있는 신원사에 공을 들이러 간다는 것이었다. 졸지에 기사 노릇을 하게 되었다. 그냥 목포선원禪院에서 하루를 자고 일행들과 같이 가는 일정을 잡는 것이 정상인데 굳이 번거럽게 다시 또 서울로 왔다가 계룡산 밑의 신원사로 가는 상황이 된 것이었다. 그곳까지 가는 것도 일행과 어떻게 조우遭遇하게 될 것인가도 불투명한 상태였다. 병원을 운영하고 있는 원장이었는데 서울에서 같이 출발하게 되거나 아니면 대전-논산간 민자도로상의 충청도 정안 정도에서 같이 만나서 들어가게 되는 두 가지 방안이 있었다.

그것은 그날 아침에 결정이 되었다. 만남의 장소는 정안농협 하나로마트 앞에서 만나는 것으로 정해졌다. 신원사에 도착해야 하는 시간은 11시 30분까지였다. 집에서의 출발 시간은 8시경이었다. 여러 가지 길이 있었으나 일단은 그냥 가장 빠른 길이고 통상적으로 가야 하는 길로 잡았다. 집을 나서서 곧바로 88로 접어들었다. 그리고 한남대교 입구에서 경부고속도로로 접어들었다. 다행히 도로 사정은 양호한 편이었다. 휴일이라 상당한 정체가 있을 것으로 걱정을 했었는데 그런

대로 무난하게 달릴 수 있었다.

오랜만의 외출이었다. 고속도로 상의 안성휴게소에서 아침을 먹기로 했다. 국밥을 먹었다. 중간에 만나기로 한 원장에게 연락을 취했더니 거의 다 도착하고 있는 상황이어서 중간에 만나려고 했던 것은 결국 무산되었다. 다시 한 시간 여를 더 달려서 겨우 정안부근에 도착이 되었다. 그리고 병원 원장을 만날 수 있었다. 반갑게 인사를 나누고 이제는 최종 목적지이자 계룡산 자락에 위치한 신원사로 향하면 되었다. 거의 목적지까지 다 온 상황이어서 20분 남짓 가면 되었다. 신원사에 들어가는 입구에서는 '묵밥집 가요' 라고 외쳐야 했다. 입장료가 있었고 입장표를 끊어야 했기 때문에 다른 목적으로 입장을 하는 것을 표시하는 것이었다. 차량의 진행을 막는 차단을 풀어주었다.

집사람과 병원 원장을 내려주고 12시경에 다시 신원사 입구에서 만나기로 하고 헤어졌다. 차에서 물을 챙겨넣고 본격적인 등산에 들어갔다. 예전 20여 년 전쯤에 한 번 사무실에서 하는 행사에서 갑사에서 동학사 쪽으로 등산을 했던 기억이 떠올려졌다. 무척이나 힘들어했었던 한 직원이 있었던 듯했다.

남매탑에 대한 전설 얘기가 고교시절 국어교과서에 실려 있었다. 백제의 왕족으로 태어났던 한 사람이 있었다. 절에서 수도를 하고 있던 중이었다. 어느날 호랑이를 만났다. 가만히 호랑이의 입 안을 살펴보니 입안에 가시가 박혀 여러 가지로 곤혹스러워하고 있었다. 수도승은 호랑이에게 다가가서 가시를 뽑아주었다. 그러자 호랑이는 어느날 젊은 처자 하나를 데리고 왔다. 수도승은 아가씨를 보살펴 주다가 절에서 내려보냈고 집으로 돌려보냈다. 그러자 집안에서는 다시 스님에게로 보냈다. 그러자 스님은 오누이로 의를 맺자고 하고 평생을 같이 수도를 하면서 보냈다. 그리고 열반에 든 두 스님에게서는 많은 사리가 나왔단다. 그래서 그 사리를 보관하는 탑을 조성하게 되었고 두 개의 남매탑을 만들게 되었다. 참으로 대단한 사연이 아닐 수 없었다.

계룡산은 우리나라 4대 명산에 들어간다고 한다. 대전과 인접해 있고 논산 공주 등과도 접해있는 산으로 국립공원으로 되어 있다. 신원사는 보덕이라는 스님이 창건했다고 하고 중악단이라는 곳이 있는데 이곳은 산신령을 모시는 곳으로 알려져 있다. 그날도 보니 많은 산악회 사람들이 와서 산신제를 지내고 있었다. 아예 산신제를 지낼 수 있는 장소가 별도로 마련되어 있기도 했다.

일단 큰길로 쭉 따라서 올라갔다. 별도의 차량이 올라갈 수 있는 길이 있었다. 등반을 위한 준비로 해온 것이라고 등산화를 신었다는 것과 물을 한 통 가지고 가는 것 이외는 준비된 것이 없었다. 맨 위쪽에 고왕암이라는 암자가 있었다. 그리고 올라가야 하는 길은 이정표로 되어 있는 것이 연천봉이라는 곳이었고 입구에서 거리가 2.7Km로 나와 있었다. 시간이 한 시간 30분 정도 밖에 허용되어지지 않았기에 부지런히 갈 길을 재촉해야 하는 수밖에 달리 도리가 없었다. 아직 봄기운을 느끼기에는 기온이 무척이나 낮았다. 아직도 겨울의 기운이 감돌고 있었다. 봄이 멀지 않았다는 것을 느끼게 해주었으나 직접적으로 봄을 느끼기에는 시기상조였다. 드문 드문 등산객들이 있었다. 그래도 세상에서 알아주는 유명산인 점을 감안하면 명성에 걸맞지 않게 너무 한적하다고 느낄 수밖에 없었다. 거의 돌로 된 산이라고 하는 것이 맞을 듯했다. 관절에 상당한 무리가 될 것으로 여겨졌다. 연천봉으로 올라가는 길목에 중간 중간마다 이정표가 있었고 각종 산악회에서 걸어놓은 리본이 길을 안내해 주고 있었다. 언제나 그렇듯이 막판에는 가파른 곳이 나타났다. 금방 숨이 찼다. 급경사였기에 나무로 된 계단이 놓여져 있었다. 연천봉에 오르는 길목에 세 갈래길이 나왔다. 한쪽은 갑사였고 또 한쪽은 동학사로 내려가는 길이었다. 삼거리 길에서 여러 곳에서 온 등산객 일행들을 만날 수 있었다. 김천에서도 왔고 여러 가지 이름의 산악회에서 계룡산을 찾은 것 같았다. 거의 한 시간 20분 정도가 소요되었다. 본래 만나기로 약속했던 12시까지 내려간다는 것은 어려울 듯했다. 그러나 걸음을 재촉해야 할 것으로 보였다. 갈림길에서 목을 축이고 셀카를 찍고는 급하게 하산을 서둘렀다. 혹시나 하고 예전의 기억을 떠올려 보았지만 낯익은 곳은 아니었다. 그때의 기억을 더듬어 보면 제법 넓은 개활지가 있었고 그곳에서 막걸리도 한잔 했었는데 전혀 그럴만한 곳은 눈에 띄지 않았다. 짧은 시간 동안의 계룡산 산행이었지만 온몸이 땀으로 범벅이 되었다.

본래 계룡산은 영험한 곳으로 이름이 나있고 이곳을 도읍지로 정해야 하고 그리고 언젠가는 정씨가 나라를 이끌 것이라는 것으로 예언이 되어져 있다고도 한다. 아무튼 여러 가지 도를 닦는 사람들이 곳곳에 즐비한 그런 곳으로 알려져 있어 보통사람들은 쉽게 접근하기가 어려운 것인지도 모를 일이다. 본래부터 계룡산은 도참설 등 여러 가지 예언이 많았던 곳이기도 했다.

계룡산에서 거의 다 내려오고 보니 거의 정오를 훌쩍 넘긴 시간이었다. 법회나 불공도 예정시간 보다 늦어졌는지 12시 40분이 되어서야 식사를 하러 간다고 해서 일행들이 법당을 나오고 있었다. 경내에는 신원사의 사계 모습을 사진으로 찍은 것을 전시하고 있었다. 핸드폰으로 몇 컷을 담았다. 식사를 마치고 귀경길에 올랐다. 집사람의 선원 도반道伴인 병원원장의 사정 내용을 들을 수 있었다. 아들이 공주

부근의 기숙학교에 다니고 있었다. 아버지를 쫓아 의사로 진로를 정했는데 만만치 않은 일이었다. 일요일마다 아들의 학원수업을 위해 서울에서 내려온다는 것이었다. 7시경에 출발해서 아들의 과외를 시키고 오후쯤에 귀경하는 것을 매주 실행해오고 있다는 것이고 지난해에 이어서 올해에도 하고 있다는 것이다. 일반 서울 학생들은 매일 학원을 오가며 그렇게 뒷바라지를 하는 것에 비해서 일주일에 한 번이니 훨씬 가벼운 일이라고 위안을 삼았다.

계룡산을 오르며 옛 추억을 떠올렸다. 20여 년도 더 지난 일이지만 선명하게 추억이 되었다. 이제는 곧 봄이 닥칠 것이다. 봄은 본래 순식간에 지나는 것이 한 특성이다. 요즘은 하도 기후변화가 심해 봄과 가을이 없고 여름과 겨울만 남은 듯한 느낌도 든다. 어쨌든 사계절을 만끽하며 사는 것도 좋은 일일 것이다. 유럽이나 북구에 비하면 사계절이 뚜렷하다는 것도 무척이나 큰 축복일 수 있다.

봄날은 간다. 새로운 기분과 호기로움을 가지고 계룡산을 오르며 다시 한 번 봄을 만끽하면서 즐겁게 지낼 수 있기를 기대해 본다.

가을여행

모처럼의 기회였다. 하루 휴가를 내고 가을여행을 부부 간에 떠나기로 했다. 본래 일정은 2박3일이었는데 하루가 줄어 졸지에 1박 2일이 되었다. 출발이 늦었다. 그래도 평상시에 비하면 일찍 출발한 편이었는데 묘하게도 교통상황이 무척이나 비협조적이었다. 콧노래를 흥얼거리며 출발한 가을여행이었는데 도로 상황은 전혀 예상 밖이었다. 서울시내에서 88을 타고 가던 중에 국도로 접어들었다. 내비게이션에서 유도하는 곳으로 계속 나아갔는데 결국은 도로 정체에 갇혀버린 꼴이 되었다. 결국은 다시 고속도로로 방향을 잡고 가다보니 지체가 더했다. 결국 다시 접어든 곳이 곤지암 IC이었다. 겨우 도착해서 고속도로로 접어들고 보니 차들이 가다 서다를 반복하고 있었다. 그렇게 거북이걸음으로 가다 보니 하세월일 수밖에 도리가 없었다. 출발한 지 4시간 여를 달려 도착한 곳은 원주였다. 거의 평소 소요되는 시간의 두 배가 걸린 셈이었다.

식사시간이 되어 이리저리 수소문해서 찾아든 곳은 원주 시내에 위치한 중앙시장 내의 고깃집이었다. 조그만 시장 통 안에 고깃집이 즐비해 있었다. 총 13곳이 있는데 점심때 문을 여는 곳은 대여섯 곳

정도라고 했다. 고기를 시켜놓고 한숨을 돌렸다. 몇 년 전에 한번 다녀간 기억이 있었고 아주 맛있게 먹었던 추억이 서린 곳을 회상하며 열심히 기억을 더듬었는데 그곳을 다시 찾기는 어려웠다. 식당의 상호는 석탑이라는 곳이었다. 서울 유명 고깃집에 비하면 가격은 절반 수준이었다. 고기를 굽는 숯불이 따뜻했다. 식사를 하고 나니 그래도 오랜 시간을 소모시켜 가며 온 보람을 느껴볼 수 있었다.

본래 계획은 평일인 하루 전에 출발해서 영덕에서 하루를 묵을 계획이었는데 갑자기 일이 생겨 도저히 출발을 할 수 없는 상황이었다. 안타까운 노릇이었다. 다시 전열을 재정비해서 단단히 각오를 하고 목적지를 향해 출발했다. 도로 상황은 호전될 기미를 보이지 않았다. 너무 안일하게 생각했고 적절하게 대응을 하지 못한 것이 문제였다. 시간이 지날수록 늘어나는 단풍 여행객으로 인해 더욱 지체가 가중되는 느낌이었다. 거북이걸음이었고 명절의 정체 수준을 능가했다. 겨우 지체구간을 빠져나와 제법 속도를 낼 때가 되고 보니 거의 목적지에 도착이 되었다. 오후가 한참 지난 시간에 겨우 주문진 숙소에 도착할 수 있었다. 그나마 해가 지지않고 남아 있는 것이 다행스러웠다. 여행 후 지인에게 들은 얘기로 한 시간 일찍 출발을 했다는데 소요 시간이 거의 열 시간이 걸렸다고 하니 우리는 그나마 빨리 온 편이었다.

숙소에 도착해서 여장을 풀고 바로 눈앞에 펼쳐지는 가을바다를 보러 나갔다. 때늦은 바닷가여서 그런지 왠지 모르게 을씨년스러움이 가득했고 쓸쓸해 보였다. 파도소리는 시원스럽게 들려왔지만 해변에는 철이 지난 후여서인지 인적이 드물었다. 하얀 포말을 끊임없이 일으키며 내륙으로 밀려오는 파도는 언제나 그렇듯이 하염없었다. 핸드폰으로 인증 샷을 찍으며 마음껏 바다내음을 마셨다. 해변을 거닐며 인근의 지역을 살펴보았으나 식사를 할 만한 곳을 마땅히 찾지 못했다. 그래서 결국 차를 몰고 조금 더 올라가서 하조대로 갔다. 차로 30여 분을 해안가 도로를 달려 도착했다. 이제는 밤이 되어 깜깜해졌다. 교육원시절에 세 차례 가량 신규직원을 인솔해서 이곳을 방문했던 기억을 떠올렸다. 밤새도록 야간 극기 훈련을 하고 도착하는 곳이었다. 그때 갔었던 식당도 찾을 길이 없었다. 결국 해안가 근처의 횟집에 들어가 자리를 잡았다. 바깥에는 저녁놀이 붉게 물들여져 있어 장관을 연출하고 있었다. 먼저 주전부리가 나왔다. 고동 등을 빼 먹으며 예전 추억을 떠올리며 감상에 젖었다.

공교롭게도 옆 좌석에는 수녀님 두 분이 식도락을 즐기고 있었다. 우리가 담았던 파도가 밀려오는 모습을 똑같이 동영상으로 담아 그것을 재생시키고 있었다. 마음이 울적할 때 한 번씩 봐야겠다는 얘기였다. 바다가 보고 싶어질 때 꺼내 볼 것이라는 말씀을 했다. 유심히 관찰해 보니 제법 연륜을 가진 듯 했고 세상살이를 힘겹게 이어가는 보통사람들과 다를 게 없는 것처럼 그렇게 세상사의 희로애락에 일희일비할 수밖에 없지 않을까 하는 느낌도 있었다. 하나님의 종으로 엄격하게 계율을 지키며 살아가는 것이 쉽지 않을 것이라는 생각도 들었다.

언젠가 혹자는 그렇게 얘기를 하기도 했다. 인간이 갖는 미래의 고통을 해결해 주는 것이 성직자라고 했다. 그것은 결국 미래에 대한 불안, 걱정, 근심 등이 되지 않을까 여겨졌다. 술은 하지 않을 요량이었는데 결국 유혹을 이겨내시 못하고 약주 한 병을 시켰다. 그리고 집사람이 호기롭게 술잔을 기울였다.

가을밤은 금방 어두워졌고 금새 고혹해졌다. 파도소리를 더 가까이 느껴 보고픈 사람들은 야외에서 동해바다의 야경과 함께 흥취를 즐기기도 했다. 매운탕까지 먹고 포식을 한 우리 내외는 이제 다시 숙소로 돌아왔다. 잠깐 식당 인근에 소재한 편의점에서 맥주와 마른안주를 샀다. 숙소로 돌아온 다음 집사람은 취기가 올랐는지 곧바로 잠자리에 들었다.

다음날 아침이 밝았다. 리조트에서 제공하는 아침식사를 하러 식당으로 갔다. 뷔페식이었는데 그렇게 많은 종류의 음식이 준비된 것은 아니었다. 창가 자리에 앉아 바다를 바라보며 식사를 했다. 잠깐 빈자리인 줄 알고 앉았던 어린아이가 있었다. 그 보호자 되는 이가 집사람을 할머니라고 불러서 집사람이 기겁을 했다. 아침 바다는 보기 좋았다. 또 다른 맛을 느끼게 해주었다. 태양의 뜨거움이 남아 있지는 않았지만 온 대기가 새로운 기운으로 충만해져 가는 것을 느낄 수 있었다. 동해바다의 매력이 일출에 있다는 것이 빈말이 아닌 듯했다. 동해바다의 일출은 특히 특별한 의미를 지니고 있었다.

다음의 목적지는 설악산 내 신흥사였다. 리조트를 체크아웃하고 곧바로 그곳으로 향했다. 이미 가을은 성큼 다가온 듯했는데 단풍은 아직 절정에는 이르지 못했고 막 시작하는 단계였다. 설악산 입구는 울긋불긋한 색깔 옷으로 단장한 행락객들로 인산인해人山人海를 이루고 있었다. 입구에서 차를 주차해 놓고는 걸어서 올라갔다. 한쪽에는 셔틀버스를 기다리는 이들이 기다랗게 줄을 서서 대기하고 있는 모습도 눈에 띄었다. 줄을 서서 기다릴 엄두가 나지 않았다. 결국은 걸어서 주변의 가을 풍광風光을 감상하며 올라갔는데 중간에서 의자에 앉아 쉬기도 했다. 한 시간 여를 걸어서 올라가니 국립공원 설악산 입구가 나왔다. 입장권을 끊고 입장했다. 멀지않은 곳에 또 길게 줄을 서서 기다리고 있는 행렬이 있었다. 그것은 케이블카를 타고자 하는 이들이 만든 것이었다. 구름떼처럼 몰려든 행락객 때문에 제대로 가을의 정취를 느껴볼 수 있을지가 걱정되었다. 겨우 신흥사 경내만 간단히 둘러보고 하산하는 수밖에 없을 듯했다. 울산바위의 모습도 한쪽 귀퉁이만 조금 볼 수 있을 뿐이었다. 가을 가뭄 때문인지 옆 계곡도 바닥을 드러내고 있었다.

이제는 서울의 집으로 돌아가는 일정만 남았다. 설악산으로 가을 여행을 올 때 그렇게 차량 정체로 고생을 했던 터라 다시 그 길을 되돌아갈 엄두가 나지 않았다. 결국 다른 코스를 택했다. 미시령 한계령 쪽으로 해서 인제를 거쳐서 홍천 쪽과 춘천으로 가는 방향을 잡았다. 미시령을 앞두고 울산바위가 훤하게 보였다. 기념으로 차안에서 사진을 찍었다. 미시령 터널을 지나자 빗방울이 떨어지기 시작했다. 급기야 빗줄기가 굵어졌다. 무지개가 하늘에 걸리기도 했다. 한참을 빗길을 달려 인제에 도착하니 중식 때가 되었다. 막국수로 요기를 했다. 우산을 쓰고 다녀야 할 정도로 비가 내렸다.

평소에는 꿈도 꾸지 못할 가을여행이었는데 이제는 그렇게 할 수 있을 만큼 여유로워진 반증이 아닐까 여겨지기도 했다. 홀로 집에 남겨진 아이들이 걱정이 되기도 했지만 이제는 홀로 생활할 만큼 장성해 있다는 것이 큰 위안이었다. 이렇게 여유롭게 여행을 다닐 수 있을 날도 그렇게 많이 남아 있지 않았다. 경제적인 여유가 뒷받침되고 생활의 편안함이 갖춰질 때 가능한 부분일 것이다. 세계여행을 다니는 노부부들은 다 나이 들어 하는 것이 정상적으로 보인다. 그러나 그것도 기력이 있고 정신이 말짱할 때 가능한 것이고 필요한 부분일 것이다. 항상 새로운 것을 보고 느끼고 맛보는 여행이 주는 것은 생활에 활력을 되찾게 해준다. 앞으로 미래 우리 생활의 청량제처럼 그렇게 활기 넘치게 하는 작용을 할 것이고 그것이 일상화되는 날도 곧 오리라.

프랑스인들은 한 달 동안 충분한 휴가를 즐긴다. 그러면서 그들은 휴가를 가는 것을 계획하면서 6개월을 보내고 휴가를 다녀온 후에는 휴가에서 일어났던 일을 얘기하며 나머지를 보낸다. 우리에게 그런 날이 올 수는 있을까. 아무튼 가을 여행을 통해 새롭게 지난날을 되돌아보고 새로운 앞날을 설계하고 계획해 볼 수 있었던 소중한 시간이었다.

가을여행은 많은 추억과 얘깃거리를 남겨주었다. 이 가을이 가고 나면 또 다시 한 해가 저물어 갈 것이다. 언제나 그랬듯이 새 희망을 품고 새롭게 세상을 맞이할 각오와 준비를 시작하면 또한 새해가 힘차게 밝아 오리라.

원당골의 추억

농촌사랑지도자 연수원이 개원한지 10년이 지났다. 강산도 변한다는 10년의 세월동안 세상은 엄청난 변화를 겪었다. 또한 연수원도 변화하고 발전해 왔고 성장해 온 것이다. 농촌운동의 진원지이고 새마을 운동의 발상지였던 독농가연수원의 자리에서 출발한 연수원이 이제 새로운 도약기를 맞아야 할 것이고 장기적으로 더욱 진화되고 탁월한 모습으로 변신을 꾀해야 할 것으로 보인다. 농업·농촌·농협의 현실은 갈수록 어렵고 힘들어지고 있다. 농산물시장 개방, FTA 발효 등으로 인해 대외적인 여건이나 상황은 녹록지 않은 실정이다. 농촌사랑지도자 연수원에서의 기능과 역할이 더욱 강화되고 실효성있는 연수와 교육이 이루어지도록 해야할 것이다.

나는 2014년 2월 초에 농촌사랑지도자연수원 부원장으로 부임했다. 월례회의를 했고 부임 인사를 했던 것이 엊그제 같은데 벌써 2년의 세월이 흘렀다. 중앙회 조합구조개선지원부의 팀장으로 근무했던 2006년도에 연수원 교육을 1박2일로 받은 후, 처음으로 연수원 생활을 접하게 되었다. 교육원 생활을 7년 정도 했음에도 연수원 생활은 색달랐고 낯설었다. 교육원에서의 생활이야 농업인을 대상으로 한 영농기술교육 또는 농협의 임원을 대상으로 한 조직장 교육 등이 주류를 이루었던 것에 비해 연수원 교육은 생소하기 그지 없었다.

주기적으로 매주 화요일마다 서대문에서 개최되는 회의에 참석해서 연수원의 업무내용을 보고했다. 마을지도자를 중심으로 도농교류 또는 마을공동사업 등을 지도하고 지원하는 그런 체계로 되어 있었다. 연수원에 오자마자 얼마지나지 않아 여러 마을들을 돌아보았고 마을들의 사업여건, 실태 등을 살펴볼 기회를 가졌다. 농업인, 소비자, 임직원, 다문화가족 등 다양한 분야의 교육대상자를 적절하게 선발하고 그에 적합한 교육과 연수를 통해 식사랑농사랑 운동을 확산시키고 도농교류를 선도할 지도자를 양성하는 도농상생 전문연수원으로 발돋움해 가고 있었다.

봄부터 시작된 본격적인 교육을 통해서 어느정도 그 내용을 파악할 수 있었다. 다문화가족 농촌정착지원과정을 진행하는 것에 동참하면서 전가족을 교육하는 것에서 무척 고생스럽고 힘들게 고생하는 직원들의 수고가 애환으로 느껴졌다. 꽉 짜여진 교육일정으로 인해 좀체로 직원들간의 화합할 시간을 갖는 것도 쉽지 않았다.

춘계체육행사는 2014년 5월 24일에 있었다. 경기도 연천 푸르내마을에서 1일로 진행되었다. 일손돕기로 고구마밭의 두둑 만들기가 있었다. 일손돕기를 마치고 파주 심학산으로 가서 둘레길을 전직원이 걸었다. 심신의 피로를 풀었고 땀을 좀 흘림으로써 상쾌한 기분을 맞보기도 했다. 강화 불은농협에서 5월 중순에는 자문위원회가 있었다. 불은농협의 경제사업장을 둘러보고 오두돈대에서 저녁을 먹으며 위원들간의 우의를 돈독히 하기도 했다.

4월에는 세월호 사고가 있었다. 농촌체험관광이 줄줄이 취소되는 사태가 벌어지기도 했다. 마을사업의 위기였다. 8월에는 연수원에서 자문위원회가 개최되기도 했다.

가을에는 추계체육행사가 있었다. 연천의 나룻배 마을에서 있었다. 평화누리길이라는 곳을 걸었다. 두시간여 동안 심신을 단련했다. 인근에 있는 허브빌리지 농원을 살펴보기도 했다. 체험관 옥상에서 바비큐를 해서 먹으며 휘영청 밝은 달을 감상하기도 했었다.

11월쯤에는 연수원의 사업계획을 대의원조합장님들에게 설명하는 사전설명회가 개최되기도 했다. 일정에 쫓겨 정신없이 교육과정을 쫓아가다 보니 순식간에 1년이 지나가 버렸다. 팀장이 한명 연초에 승진한 일이 있었다. 인사적체가 심각한 수준이었다.

다시 한해가 시작되었다. 팀장이 한명 전출되고 두명이 전입되었다. 교수요원도 두명의 전입이 있었다. 다행스럽게도 4급에서 팀장으로의 승진은 두명이 되었다. 새롭게 조직이 정비되고 업무가 분장되었다. 새로운 부회장아래 북한산에서 사업추진 결의대회를 하기도 했다. 업무를 시작하면서 애로에 봉착했던 부분은 다문화가족의 요리교실 부분이었다. 숙명여대에서 계속 교육을 진행할 수 없다고 했다. 결국 예전에 요리교실을 했던 곳을 섭외해서 그곳에서 교육을 하기로 했다. 계약직 직원들은 수시로 교체가 되었다. 봄에는 갑작스럽게 메르스가 유행처럼 번지는 바람에 한달 정도를 교육이 중지되는 휴지기를 갖기도 했다. 상반기에 못했던 교육이 하반기로 몰리다 보니 하반기에는 단 하루의 여유도 없이 꽉 짜여진 일정을 소화해야만 했다. 2015년도 3월에는 농시조합상 선거가 있었나. 5월 경에는 기존 자문위원의 해촉식 이후 신규 위원에 대한 위촉식이 개최되기도 했다. 경기 여주지역에서 자문위원회를 개최하기도 했다. 10월말에 개최된 핵

심리더 워크숍 과정에서는 '지속가능한 마을 만들기' 라는 주제로 열띤 토론과 회합을 갖기도 했다. 토론자와 질의자간의 열띤 공방이 진지하게 이어졌고 마을공동사업의 애로와 여러 쟁점사항에 대한 논의를 활기차게 했다.

아무튼 농촌사랑지도자연수원에서의 교육과 연수는 농업인에게 희망을 안겨주고 마을 공동사업의 활성화를 통한 도농교류의 역량을 강화시키는 방향으로 농업농촌의 활력화를 도모해 가고 있다. 연수원 교수님들의 자질은 어떤 사무소보다 우수하고 탁월한 역량을 지니고 있다.

모두들 뛰어난 자질과 역량을 가졌고 항상 끊임없이 자기계발에도 열정을 쏟고 았다. 연수원이 항상 솔선수범하고 선도한다는 자긍심을 갖고 업무에 매진하고 있는 점에서 유별나고 성장하는 조직으로 발전되고 있음을 느껴볼 수 있다. 원당골은 교육이나 연수를 하기에 너무나 좋은 자연환경과 여건을 갖추고 있는 곳이다. 이곳은 최정예의 교수요원을 중심으로 일치단결해서 연수에 매진하므로써 소기의 성과를 거두고 있었다.

매년 각 교수마다 1교수 1마을을 선정해서 지도 지원을 하고 있는 등 교수요원 자체의 자질도 탁월할 뿐만 아니라 마을을 변화시키고 지도자를 육성하는데 심혈을 기울이는 모습이 일반 교육원과는 차원이 다른 모습을 보여주었다. 지도자들을 대하고 교육생들을 대하는 태도나 자세 자체가 일반 교육원과는 다르다는 것을 느껴볼 수 있었다. 연수원의 교직원은 모두는 항상 친절한 태도와 자세를 갖고 연수생을 맞이하고 있으며 열과 성의를 다해 진력하다 보니 높은 만족도와 성원을 받고 있는 것에서 더할 나위없는 보람과 긍지를 느껴가고 있는 듯하다. 2014년과 2015년 모두 업적평가에서는 최고등급을 받은 실적을 거양해 연수원의 위상을 드높였다. 다시한번 농촌사랑지도자 연수원의 개원10주년을 축하한다. 앞으로도 계속해서 항상 발전해가고 성장해가는 농촌사랑지도자연수원으로 비상하기를 간절히 기원해 본다.

취임사

안녕하십니까 구미교육원 교직원여러분!

금번 정기인사로 구미교육원장으로 오게된 이종수입니다. 인사올리겠습니다. 대단히 반갑습니다. 오늘날 우리를 둘러싸고 있는 농업 농촌 농협은 무척이나 힘들고 어려운 때를 맞이하고 있습니다. 작년도 연말에 발효된 한중 FTA 그리고 새해 병신년을 맞이해서 시작된 쌀 시장개방 등은 우리의 농업, 농촌을 더욱 힘들고 어렵게 하고 있습니다. 또한 우리 농협도 농민조합원이나 국민으로부터 심하게 질타받고 있고 외면시되고 있습니다. 우리 구미교육원은 농축협직원의 핵심인재의 산실로써 그 기능과 역할에 충실했습니다. 요즘은 다시 농협의 이념이 강조되고 있으며 교육 또한 주목의 대상이 되고 있습니다.

우리가 충실하게 농축협의 핵심인재의 양성에 진력을 다해 왔음에도 농축협의 경영이 힘들고 어렵고 힘든 상황에 빠졌다면 그에 대한 충분한 원인 규명이 되어야 할 것입니다. 교육원의 역할에서 필요한 부분은 농협이념에 투철한 인재 육성을 통하여 회원농협의 경영 건전화를 도모하고 지속가능한 협동조합이 될 수 있도록 하여 조합원의 편익을 증진할 수 있도록 하여야 할 것입니다.

농업인들이 어려워하고 농촌경제가 곤란을 겪고 있음에도 우리 직원모두가 방관하고 내몰라라 한다면 해법의 실마리는 찾을 길이 없을 것입니다. 역사의 수레바퀴를 이제와서 다시 돌릴 수는 없는 것입니다. 그것이 비록 고난의 역사이고 잘못된 것이라고 말입니다.

저는 제12대 구미교육원 원장으로 취임하면서 교육원 교직원 여러분께 당부말씀 몇가지만 드리겠습니다.

첫 번째는 협동조합정신이 정립된 교육원이 되어야 할 것입니다. 우리교육원은 농축협직원을 교육하는 곳입니다. 농협의 이념인 협동조합정신이 많이 해이해져 있습니다. 농업인을 위한 편익증진을 항상 염두에 두고 업무를 처리하여야 하고 교육생들에게도 끊임없이 협동조합 정신을 되살릴 수 있도록 교육하여야 할 것입니다. 협동조합정신은 우리조직의 근간이고 핵심요소입니다. 농협의 정체성이 많이 흔들리고 있고 혼란을 겪고 있는 상황입니다. 보다 철저하게 이념무장을 해서 우리의 정체성을 굳건하게 지켜가야 할 것입니다. 농협인으로서 긍지와 보람을 갖고 근무할 수 있는 농축협 직원을 양성하는데 심혈을 기울여야 할 것입니다.

둘째는 소통과 화합하는 조직입니다. 역사와 전통에 빛나는 구미교육원은 소통과 화합에 타의 추종을 불허하고 있습니다. 항상 서로간 소통이 활발하게 이루어지고 교수들간에 화합하는 분위기가 조성되도록 힘써야할 것입니다. 조직원들간 벽이 있거나 원할한 의사소통이 이루어지지 않으면 조직에 부여된 목표나 과업을 이뤄낼 수 없습니다. 항상 화기애애한 분위기를 만들고 그러한 분위기를 계속적이고 지속적으로 유지시켜나가는 노력을 다할 때 조직이 살아움직이고 역동적일 수 있으며 신명나는 교육원으로 탈바꿈할 수 있을 것입니다. 소통과 화합이 교육원의 근간이 되어야할 것이고 그것을 통해서 여느 교육원에 뒤지지 않는 조직으로 변모되어야 할 것입니다.

셋째 주인의식이 활력화된 교육원입니다. 구미교육원은 여기 계시는 교직원 모두의 것입니다. 내가 교육원의 주인이라는 생각과 사명감을 가지고 솔선수범하고 주체적으로 행동하고 모범적인 모습을 보여주어야 할 것입니다. 임제 선사라는 유명한 이가 한말에 수처작주 입처개진이라는 얘기가 있습니다. 가는 곳마다 주인이 되라. 서 있는 곳이 모두 참되다 라는 의미를 지니고 있습니다. 주체적인 삶을 살아야하고 어떤 부분이든 주인으로서의 의식을 갖고 주인으로서 어떻게 행동하고 말하고 처신할 것인가를 고민해야 한다는 것입니다. 주인의식을 갖고 생활하는 사람은 뭔가다른 부분을 갖고 있습니다. 그것은 자기가 하는 일에 긍지와 자부심을 갖고 긍정적인 생각으로 과업을 처리해 간다는 것입니다. 주인의식을 갖지 못한 직원은 언제나 피동적이고 소극적일 수밖에 없습니다. 항상 시키는대로 처리하고 시키는대로 했기 때문에 자신은 책임이 없다는 핑계에 연연합니다. 그렇게 피동적이고 수동적이어서는 발전할 수 없는 것입니다.

넷째는 교직원의 자기관리입니다. 교육원 교수는 대단히 높은 도덕적 수준과 탁월한 업무능력 또는 교수법을 가진 전문가가 되어야 할 것입니다. 자기관리는 교육원 교수의 필수적인 부분입니다. 건강관리에서부터 전문적인 소양을 갖추는 것까지 항상 자신에게 주어진 업무 또는 과업에 대해 완벽하게 해낼 수 있는 능력을 갖기 위해 끊임없이 자기계발을 하고 언제든지 진중하게 자신의 목표를 향해 발전해가는 모습을 견지해가야 할 것입니다. 일반적으로도 교수들은 모든 이들의 선망의 대상이고 존경의 대상입니다. 여러분의 직명이 교수인 것도 우리조직에서는 여러분보다 더 신뢰받고 존경받는 이들이 없다는 것을 항상 명심해야 합니다. 교수로서의 직분에 합당한 자기관리를 해야합니다. 도덕적으로 청렴해야 함은 물론 타의 모범이 되고 귀감이 되어

표상으로 우뚝설 수 있도록 여러분 자신을 담금질 해야 할 것입니다. 가족들도 다 건사해야하고 자기건강관리도 차질없도록 해야 하며 자신의 실력과 능력을 지속적으로 성장시켜나가도록 노력해야 하는 것입니다.

마지막으로 변화와 혁신입니다. 자고로 변화하지 않으면 살아남을 수 없는 것이 요즘의 세상입니다. 끊임없이 변화하고 혁신하지 않으면 도태될 수밖에 없습니다. 항상 변화하고 혁신하는 마음자세를 가졌을 때 성장하는 삶 올곧은 삶을 살아갈 수 있는 것입니다. 구미교육원의 원훈에 첫 번째가 변화이지 않습니까? 정체되어 있는 것은 언제나 퇴보하고 썩기 마련입니다. 언제나 발전적인 방향으로 변화하고 혁신하는 여러분이 되시기를 바랍니다.

구미교육원 교직원 여러분. 영국의 유명한 저술가 사무엘 스마일스는 그의 저서 '자조론'에서 하늘은 스스로 돕는자를 돕는다라고 했습니다. 인간으로서 자기가 할 수 있는 일에 진력하고 최선을 다해 노력을 한 것에 대해서는 하늘도 그 뜻을 알아준다는 의미를 갖고 있습니다. 여러분들은 모두 우리 조직의 미래를 책임지고 있는 직원들이고 우리 농축협의 직원들을 전문농협인으로 육성해 가는 중대한 임무를 맡고 있는 분들입니다. 항상 자신에게 주어진 업무를 탁월하게 성취할 수 있도록 노력해 간다면 우리 교육원을 농협최고의 교육원으로 만들어 갈 수 있을 것입니다.

아무쪼록 올 한해도 건강에 각별히 유의하시고 하시는 모든 일들이 모두 이뤄지기를 기원하오며 여러분의 가정에 항상 화목함과 행복이 가득하시기를 빌겠습니다.

감사합니다.

에필로그

지난 2년 간의 일상사 등이 잔흔으로 남아 제4권 산문집 '홍진속 마음의 정화'를 내놓게 되었다. 이제 300편 가량의 글을 써 본 셈이 되었다. 제대로 열성을 다한 글이 있는가 하면 무미건조하고 천편일률적이며 무색무취한 그런 내용들도 다소 있을 것이다.

오늘날 현대인들은 오로지 스마트폰에만 매달려 있다. 지하철에서 보면 모두가 열에 아홉은 스마트폰만 만지작거리고 있다. 책도 멀어진지 오래고 시도, 문학도, 소설도 이젠 더 이상 일상에 지친 사람들에게 정신을 정화시켜주는 역할을 제대로 해내고 있지 못하다. 모조리 눈과 입만 즐거우면 되는 듯하다. 문화가 살아 숨 쉬고 예술이 멋지게 꽃피워질 때 역사가 빛나고 정신세계가 고양될 수 있을 텐데 즉물적이고 감각적인 것에 몰입하다 보면 사상이 매몰되고 철학이 배태胚胎될 여지를 남기게 되질 않는다. 안타까운 노릇이다.

오늘날의 미국을 만든 것은 365일 동안 꺼지지 않는 하버드대학의 도서관의 힘이라는 얘기가 있다. 그곳에서 불철주야 학업에 매진하고 연구에 매진하는 미국의 젊은이들이 세계 최강의 강대국을 만들었고 그것을 오랫동안 유지하고 지속시킬 수 있었다. 사람은 책을 만들고 책은 사람을 인간으로 창조해낸다고도 한다. 역경을 딛고 일어선 인간 승리의 모든 역사가 항상 고전 속에 살아 숨 쉬고 명작 속에 그 근원을 두고 있다.

옛날얘기로 전해오는 것에 이런 얘기가 있다. 동방견문록을 쓴 서양 탐험가 마르코폴로가 실크로드를 지나던 중에 산적에게 잡혀 졸지에 억류抑留가 되었다. 산적두목이 자신의 서재를 보여주는데 그곳에는 엄청난 양의 세계적인 명작들이 가득했다. 폴로가 물었다. 아니 어떻게 당신은 이렇게 좋은 책을 읽었는데 산적두목이 되었느냐고 했다. 그러자 그 산적두목은 이렇게 얘기를 했단다. 나는 저 책 속에서 나쁜 것만 배워서 읽는다. 참으로 포복절도抱腹絕倒할 일이다. 악한 이의 눈에는 악한 것만 보이는 법인 것이다.

요즘 세상은 모두가 세속적이고 현세적인 것만을 좇아가고 추구하고 그것을 찾아다니는 형국이 되었다. 얼마 전 세계적 권위의 노벨상 수상자들이 속속 발표되었다. 10월 말이 되면 우리 국민이 한탄하게 되는 요소들 중의 하나가 그 수상자 명단에 우리 민족은 언제 그 속에 포함될 수 있을까 하는 부분이다. 중국, 일본에 수상자들이 심심찮게 이름을 올리고 있음에도 우리는 그렇게 노력하고 갈망하고 정성을 다하여 진력함에도 그런 소식은 들려오지 않는다. 특히 과학상에 있어서는 더욱 그렇다. 지속적이고 끊임없이 연구하고 하나의 이론화를 만들고 그 어떤 결실을 위해 오랜 세월을 두고 진력을 다해야 할 것으로 보인다. 자신이 이룬 성과를 후손에게 후학에게 넘겨주고 계속 이어갈 수 있게 만드는 등의 새로운 체계 구축이 필요할지도 모르겠다. 노벨상을 위해서 노력하는 것이 아니라 자신이 성취하고자 하는 대업의 완수를 모색하는 이들이 많아지면 결국 그 속에서 결실을 거두는 날이 올 것으로 보인다. 한 사람의 아인슈타인을 위해 3천 명의 자연과학도가 있어야 한다는 부분이 시사하는 바가 크다.

어린이를 대상으로 한 만족지연능력을 실험한 내용이다. 마시멜로를 아이에게 나눠준다. 마시멜로를 15분 동안 안 먹고 참으면 나중에 하나 더 준다는 그 실험으로 30%의 아이들이 참을성을 보여 2개의 마시멜로를 먹게 된다. 그리고 14년 후 이 실험에 참을성을 보인 아이들의 학업성적이 월등이 높았고 만족지연능력을 가지지 못한 아이들은 문제행동이나 부진한 성적을 보인 것으로 드러났다. 자기통제력은 어린 시절부터 길들이게 되는 것이 세상을 살아가는데 필요한 지혜인 것이다.

일찍이 공자도 그런 얘기를 했다고 한다. 제자와의 문답에서 하나의 습관을 들이기 위해 필요한 기간이 최소한 90일이라고 한다. 그렇게 90일 동안 계속해서 습관을 들이게 되면 그것이 버릇이 되고 생활이 일정하게 리듬화가 된다는 것이다.

우리의 조상인 곰도 굴속에서 100일 동안 쑥과 마늘을 먹고 인내하고 그 고통의 나날을 감내했기에 인간으로 환생할 수 있었고 우리의 조상으로 변모될 수 있었다.

요즘의 세상 세태에서는 그렇게 오랫동안 감내하고 인내하고 참아내면서 습관화를 이루는 것이 얼마나 어렵고 힘든 일이라는 것을 절감하고 있다. 세 살 버릇이 여든까지 간다고 한다. 유치원 시절에 길들여진 버릇 습관 행동양식 등은 평생을 지탱시켜주는 지주가 되고 초석이 될 것이다.

프랑스에서는 유치원 선생에서부터 대학원 교수까지 모두 같은 등급으로 같은 수준으로 예우하고 존경해마지 않는다고 한다. 참으로 본받고 배워야할 부분인 듯하다.

요즘 우리 사회는 국사교과서의 국정화로 몸살을 앓고 있다. 다양성이 계속적으로 유지되고 존속될 수 있는 환경이 사회를 건강하게 하고 밝고 맑게 하는 기폭제로 역할을 할 것이다.

이제는 올해 연말을 맞이하면서 같이 입사했던 이들이 정년을 맞이하게 된다. 항상 건강한 모습으로 제2의 인생을 멋지게 구가해 가길 기원해 본다. 이제 나도 얼마 남지 않은 직장생활이다. 미리 준비하고 대비해야 할 것이고 아름다운 노년이 되기를 갈구해 본다. 오곡백과五穀白果가 무르익어 가는 결실의 계절이다. 가을은 결실의 계절이기도 하지만 조락의 계절이기도 하다. 항상 겨울도 대비해야 하고 다음해의 준비도 게을리 해서는 안 된다. 항상 모든 사람이 올곧은 생각과 행동으로 생의 본질에 천착穿鑿해가는 삶을 충실히 영위해가는 모습을 견지해 가는 것이 필요하리라.